第六卷

文化旅游、烽火草原鲁艺人、清格尔泰专题

赤峰记忆

刘淑华　刘锦山　主编

文化藝術出版社

《赤峰记忆》编委会

主　任

黄　河

副主任

吴立新

主　编

刘淑华　刘锦山

编　委

黄　河　吴立新　薛　瑞　刘淑华　刘锦山　陈晓洁　方向灵　鞠红耘
乌云高娃　邢小兰　刘锦秀　周明璇　祁鹏莉　刘罡宇　张艳玲　刘剑英
罗显伟　陈　荣　刘　聪　杨玉婷　刘　敏　刘　帅　周　岚　白嘎力
李卫东　刘　昊　刘锦丽

速　写

刘　敏

"赤峰记忆"项目网站首页

于建设

孙永刚

董新林

秦博

吴汉勤

付丽娜

刘国猛

付德彬

苏国学

红山

二道井子遗址

二道井子遗址

辽上京遗址

辽祖陵及祖州城

赤峰市博物馆新馆广场(白显林摄影)

华夏第一村

新石器时代红山文化玉龙

喀喇沁旗王府博物馆

阿斯哈图石林

阿斯哈图石林

乌兰布统草原

乌兰布统草原

达里湖

李宝祥（中）、丛立贤（左）和刘淑华（右）

萨仁托娅

斯琴高娃

高娃

赛罕

胡尔查（左）和刘锦山（右）

草原鲁艺院刊《群众文艺》(刘锦山摄影)

莎莱赠送给李宝祥的马灯(已捐赠给赤峰市档案史志馆)

年轻时的敖德斯尔

证 明

在解放战争时期，冀察热辽联合大学鲁迅艺术文学院第一期戏音系学员奇哈拉哥集中锦州，后分批北上南下，未能领取一九四八年十二月颁发之毕业证书，特此证明。

原冀察热辽联合大学校长 赵毅敏
教育长 杜星垣
原冀察热辽联合大学鲁迅艺术文学院 教务长 始文

一九八八年五月

冀察热辽联合大学鲁迅艺术文学院学员奇哈拉哥毕业证明

部分冀察热辽联合大学鲁迅艺术文学院学员南下在湖北中山纪念堂留念

赵云

赛西拉雅图

李显良

2013年7月19日，清格尔泰向内蒙古清格尔泰蒙古语言文化基金会捐资40万元

2017年5月10日，清格尔泰文化纪念馆开馆暨《宁城县蒙古地名》首发仪式在清格尔泰文化纪念馆举行

目 录

前 言 001

文化旅游

于建设：中华文明现曙光 003

孙永刚：台城演绎青铜史 028

董新林：契丹后裔今何在 049

秦博：文博先行助发展 068

吴汉勤：特色王府巧布局 103

付丽娜：北方石林惊叹奇 121

刘国猛：风情浓郁观光地 132

付德彬：百鸟乐园留传奇 145

孙国学：文旅融合写传奇 158

烽火草原鲁艺人

鲁艺办学历史 183

鲁艺办学实践 195

鲁艺杰出教师 205

敖德斯尔：鲁艺杰出学员之一 216

斯琴高娃：鲁艺杰出学员之二　　　　　　229
奇哈拉哥：鲁艺杰出学员之三　　　　　　238
胡尔查：鲁艺杰出学员之四　　　　　　　263
鲁艺杰出学员之五　　　　　　　　　　　279
鲁艺历史贡献　　　　　　　　　　　　　290

清格尔泰

清格尔泰：最是说文能致远之一　　　　　303
清格尔泰：最是说文能致远之二　　　　　310
清格尔泰：最是说文能致远之三　　　　　316

后　记　　　　　　　　　　　　　　　　327

前 言

习近平总书记高度重视文化遗产保护，指出"历史文化是城市的灵魂，要像爱惜自己的生命一样保护好城市历史文化遗产"。党的十八届五中全会提出了"构建中华优秀传统文化传承体系，加强文化遗产保护"的要求。2015年12月，国家图书馆牵头发出《全国图书馆界共同开展记忆资源抢救与建设倡议书》，提出图书馆应成为记忆资源的汇聚之地、创造之地和传承之地。而早在2012年，国家图书馆就已经启动了"中国记忆"工程建设。

2015年，在赤峰市文化新闻出版广电局（现赤峰市文化和旅游局）领导下，赤峰市图书馆开始组织实施赤峰历史文化遗产长期保存口述历史数字工程——"赤峰记忆"，旨在以赤峰名人口述影像资料为基础，通过数字技术等手段对赤峰市近百年来有重要价值的人物、事件进行深度挖掘保存，为区域文化保存和传承做出积极贡献。

在项目论证阶段，得到了赤峰市委宣传部、赤峰市文化新闻出版广电局（现赤峰市文化和旅游局）、赤峰市发展和改革委员会、赤峰市财政局等有关部门的大力支持，有关领导对"赤峰记忆"的宗旨、目标、摄制思路以及人物遴选原则都给予了很好的指导，使"赤峰记忆"立项之初就对标"世界记忆"与"中国记忆"，视野开阔，立意高远。立项之后，有关部门在项目资金方面给予很大的支持。

为使项目尽快推进，"赤峰记忆"项目采取与文化企业合作的方式，赤峰市图书馆发挥地方文献和人物遴选方面的优势，合作企业发挥技术优势，于2016年年初完成了第一期的招标工作，确定由北京碧虚文化有限公司承担项目的摄制工作，正式拉开"赤峰记忆"项目建设的序幕。为使"赤峰记忆"项目能够全面、切实反映和记录赤峰市多姿多彩的历史文化风采，建立了由赤峰市文化新闻出版广电局（现赤峰市文化和旅游局）领导担任顾问，赤峰市图书馆与合作公司人员担任制片、导演、监制、摄影、字幕、场务等职务的领导、生产组织体系；制定了《"赤峰记忆"人物遴选标准》和遴选程序，并由赤峰市文化新闻出版广电局（现赤峰市文化和旅游局）向各区（县、旗）文旅系统主管部门下发通知，开展"赤峰记忆"项目推进工作。

为取得良好的传播效果，项目组制定了详细的传播策略。在拍摄过程中通过各种新媒体进行宣传推广，提前预热，吸引人们观看，还剪辑精彩花絮进行传播推广。为适应不同媒体，取得良好传播效果，制作了演播室访谈片、演播室访谈精粹片、文化专题片等形式多样、时长不等的作品，并通过会议、展览、报刊、电视台、网站、即时通信软件和短视频平台等多种媒介渠道对"赤峰记忆"项目进行宣传推广。专门开设了"赤峰记忆"网站，读者可以通过该网站观看视频。2017年9月，赤峰市图书馆举办"赤峰记忆"发布仪式，向社会公众推广第一期文化专题的成果，引起很大反响。2021年春节期间，"赤峰记忆"第三期非物质文化遗产专题在赤峰市广播电视台播出，在社会上引发了新一轮有关"赤峰记忆"的讨论和追捧。

截至2022年4月，"赤峰记忆"已陆续完成了六期的摄制工作，分别是第一期"文化专题"，第二期"乌兰牧骑专题"，第三期"非物质文化遗产专题"，第四期"杰出女性专题"，第五期"图书馆专题"，第六期"文化旅游专题"，共对相关领域90多位人物进行了访谈，制作了320多集5700多分钟的视频资源。此外，还拍摄制作了"烽火草原鲁艺人""清格尔泰"两个特别专题，以纪念在赤峰昭乌达草原创办的冀察热辽联合大学鲁迅艺术文学院和赤峰知名人士、我国著名语言学家、蒙古语言研究开拓者和奠基人清格尔泰先生。

随着"赤峰记忆"各专题的陆续制作完成和发布，有不少朋友建议推出"赤峰记忆"的相关书籍，以便随时品读。在赤峰市文化新闻出版广电局（现赤峰市文化和旅游局）的领导下，2021年10月，赤峰市图书馆与北京碧虚文化有限公司合作启动了"赤峰记忆"图书的编写工作。

《赤峰记忆》是在"赤峰记忆"项目的基础上进行的二度创作，力求全面、具体、系统地保存赤峰地区各领域发展变迁情况。本次出版的《赤峰记忆》共包括6卷，分别为：第一卷"文化专题"，第二卷"乌兰牧骑专题"，第三卷"非物质文化遗产专题"，第四卷"杰出女性专题"，第五卷"图书馆专题"和第六卷"文化旅游、烽火草原鲁艺人、清格尔泰专题"。

本书为《赤峰记忆》第六卷"文化旅游、烽火草原鲁艺人、清格尔泰专题"，收录整理了"赤峰记忆"项目第六期文旅专题9位人物、烽火草原鲁艺人专题7位人物和清格尔泰专题3位人物的访谈内容。其中文旅专题9位人物分别是赤峰学院红山文化研究院首席专家于建设、赤峰学院红山文化研究院院长孙永刚、中国社会科学院考古研究所研究员董新林、赤峰市博物馆馆长秦博、喀喇沁旗王府博物馆原副馆长吴汉勤、克什克腾旗文化旅游产业发展（集团）有限责任公司总经理助理付丽娜、克什克腾旗文化旅游产业发展（集团）有限责任公司副总经理刘国猛、克什克腾旗达里湖渔业有限责任公司董事长付德彬、赤峰学院经济与管理学院原副院长孙国学。烽火草原鲁艺人专题7位人物分别是赤峰市群众艺术馆原馆长李宝祥及夫人丛立贤，内蒙古电影家协会原副主席兼秘书长、原冀察热辽鲁迅艺术文学院学员敖德斯尔和斯琴高娃的女儿萨仁托娅，原冀察热辽鲁迅艺术文学院学员斯琴高娃，原冀察热辽鲁迅艺术文学院学员奇哈拉哥大女儿高娃，原冀察热辽鲁迅艺术文学院学员奇哈拉哥二女儿赛罕，内蒙古民间文艺家协会原主席、原冀察热辽鲁迅艺术文学院学员胡尔查。清格尔泰专题3位人物分别是清格尔泰先生的侄子赵云，内蒙古清格尔泰蒙古语言文化基金会秘书长赛西雅拉图和赤峰市宁城县人大常委会原主任、原党组书记李显良。

  本书所配图片，除了"赤峰记忆"项目组拍摄所得之外，还由各位被采访者提供。本书尽可能将每幅图片的摄影者一一注明，但由于时间久长，来源各异，不少图片的提供者亦不能说明每幅图片的摄影者，因此本书未能将一些图片的摄影者一一注明，特此说明。

  《赤峰记忆》的出版，是"赤峰记忆"项目二次创作的成果。希望本书的出版，能够帮助广大读者了解赤峰历史，讲好赤峰故事，弘扬北疆文化，坚定文化自信，铸牢中华民族共同体意识。

刘淑华

2023年12月1日

文化旅游

于建设

中华文明现曙光

采访时间：2021 年 7 月 9 日
初稿时间：2022 年 6 月 24 日
定稿时间：2022 年 7 月 24 日
采访地点：赤峰市图书馆"赤峰记忆"拍摄现场
版　　本：文字版

于建设速写

  于建设　教授、研究员。内蒙古自治区红山文化学会会长，赤峰市城市景观委员会主任，赤峰学院红山文化研究院首席专家。

  主持内蒙古哲学社会科学规划项目"红山文化与中华文明起源"。主持国家社科基金项目"红山文化社会形态研究"。主持内蒙古"草原英才"工程项目"红山文化创新团队"，该项目获内蒙古自治区党委宣传部支持。主持赤峰市服务地方项目大型歌舞剧《万古红山》，同时是剧本的作者和舞台剧的编导。

  在《新华文摘》《光明日报》《农业考古》《北方文物》等报刊发表学术论文数十篇。《光明日报（理论版）》全文刊发《敬天崇祖：红山文化时期的原始信仰》一文。出版《红山玉器》《赤峰金银器》《红山文化概论》《高原寻梦》《欧洲访古》《红山文化与中华文明》《中国北方古代文化国际学术研讨会备忘录》等 20 多部著作。先后在各级各类报刊上发表散文、诗歌、小说等 300 多篇。

刘锦山：各位朋友，大家好！今天是 2021 年 7 月 9 日，这里是赤峰市图书馆"赤峰记忆"第六期"文化旅游"专题拍摄现场。今天我们邀请到的嘉宾是内蒙古红山文化学会会长、赤峰学院原党委副书记、纪委书记于建设教授。于教授，您好。

于建设：您好。

一、红山文化研究的发展历程

刘锦山：于教授，非常高兴您能接受我们的采访。首先请您向大家谈谈您的职业生涯和学术经历，以及您是如何走上红山文化研究学术之路的。

于建设：好的，谢谢。走上红山文化研究之路，我有两个遇见：第一个遇见就是恢复高考之后我能顺利地进入大学，学了历史专业，使我能够受到比较系统的高等教育；第二个遇见就是我回到赤峰之后，遇见了红山文化，红山文

图 1　于建设（左）接受"赤峰记忆"采访

化也就成为我工作以后近四十年来一直坚守的一个文化梦想，也是我的重要研究方向。

红山文化研究的起步应该是在 20 世纪 90 年代初，我们当时主要的支持者是时任市委书记的刘云山同志，在他倡导下，我们于 1992 年成立了赤峰红山文化学会，同时也举行了相应的学术活动。著名考古学家苏秉琦先生为我们学会的成立题了词，同时也发来了贺信，使我们信心倍增。紧接着在 1993 年 8 月 12 日我们召开了中国北方古代文化（第一届）国际学术研讨会，这个研讨会获得巨大的成功。我们先后邀请了 14 个国家和地区 40 多位国外的学者和港台的学者来到我们赤峰地区，参加了为期 12 天的学术活动。在会议结束之后，我们出版了《中国北方古代文化国际学术研讨会论文集》，这个论文集到今天已经产生了广泛的影响。这个会议是一个具有开创性的会议。从此我们信心倍增，就准备把红山文化的国际化问题提到议程上来，为红山文化的深入研究和向国际的推广，做了一个基础性的、准备性的工作。

图 2　1993 年 8 月 12 日，中国北方古代文化（第一届）国际学术研讨会在赤峰召开（白显林摄影）

于建设：中华文明现曙光

图3 于建设在中国北方古代文化（第一届）国际学术研讨会进行学术交流（白显林摄影）

图4 中国北方古代文化（第一届）国际学术研讨会全体参会代表合影（白显林摄影）

图5 中国北方古代文化（第一届）国际学术研讨会中外学者参观赤峰红山后（白显林摄影）

时隔5年到了1998年，我们又召开了中国古代北方文化第二届国际学术研讨会，也是用十几天的时间，先后走了我们赤峰地区、通辽地区和辽西地区，到红山文化的相关地区进行了系统的学术考察。从1993年开始，确定了5年召开一届，到1998年是第二届，到了2003年，由于"非典"疫情我们推迟了一年，到2004年又召开了中国古代北方文化第三届国际学术研讨会，这个会议同样取得了巨大成功，得到国内学者的大力响应，有一批国际学者参加了这个会议。这个会议也出版了相关的学术文集，两部文集作为一个奠基性的研究，到今天仍然发挥着重要作用。

经过了三届国际

图6 1998年8月6日—8月20日，中国古代北方文化第二届国际学术研讨会在赤峰召开（白显林摄影）

于建设：中华文明现曙光　007

图7 中国古代北方文化第二届国际学术研讨会中外学者参观赤峰红山后（白显林摄影）

会议之后，我们考虑就把它做成一个常态化的研究平台。自此以后我们就连续每年举办一次红山文化（国际）高峰论坛，把会议规模缩小，把会议主题突出，把每次会议解决的问题都非常精准地体现出来，当然不是开议题非常广泛的会议，而是进行一些专题的研究和论证。到目前为止我们一年一届，共计召开了12届高峰论坛，而且后来每一届我们都出版会议论文集，形成了很好的、常态化的研究效果。自此以后红山文化就进入一个阵地化的研究。早期我们第一、二届国际会议的时候，还是以境外的学者和国内的著名学者为主，赤峰本土还没有自己的研究力量，经过近30年的发展，我们本土的研究队伍也逐步成熟起来。其实这也是一个借船出海的过程，能够引来大的学术专家，为我们打下了基础，同时我们自己的学术团队也开始形成，以赤峰学院和赤峰文博队伍为基本内核，构成了不同层次的组合与协作。这个研究到今天已经形成了一系列的成果，发表了大量的学术论文和学术著作，自此红山文化研究逐步回归它的本土。早期认为红山文化在中国，红山研究在国外；现在可以说红山文化在赤峰，红山文化的研究在本土。

刘锦山：于教授，您刚才谈到您遇见了高考，您是参加的1978年的高考？

于建设：对，恢复高考后。

刘锦山：我们了解到您在多年研究红山文化的过程中，出版了一系列的学术专著，请您把您学术专著的出版情况以及获得的一些学术荣誉给大家介绍一下。

于建设：好的。早期我主要是组织一些会议活动，后来我觉得应该能介入学术本身，就开始对红山文化进行系统的观察、思考与研究，先后出版了《红山玉器》《红山文化概论》，近几年又写了《红山文化十讲》，又扩大到《红山文化读本》；前年我们完成了国家课题项目，又出版了一本《红山文化与中华文明》；我还先后承担过国家的社科规划项目和自治区的社科规划项目。现在我们建立了赤峰学院的红山文化研究院，有了专门的团队，也有专门固定的经费，同时也有了系统的研究协同方式。

二、红山文化的发现与命名

刘锦山：于教授，接下来请您给大家介绍一下红山文化的命名，为什么叫红山文化而不是一个别的名称；同时也请您再向大家详细介绍一下红山文化的发现过程。

于建设：好的。这是个很久远的话题。因为赤峰这个城市东北角有一座红色的山峰，它的蒙古语叫乌兰哈达，乌兰就是红色的意思，哈达是山峰的意思，译成汉语就叫红山。同时，赤峰之名也是由此而来的，赤者红也，山者峰也，赤峰也就是红山的意思，也是蒙古语乌兰哈达的意思。实际上它们都是一个源头，就是由于这座红色山峰而得名。

红山文化的命名，最早应该在1908年，当时喀喇沁王府聘了一名日本的教师，这个人叫鸟居龙藏，是人类学博士，同时也是日本考古学的奠基人之一，学术地位很高。他在贡桑诺尔布亲王的邀请下来赤峰工作，在王府崇正学堂任教。鸟居龙藏利用假期和业余时间曾多次出入内蒙古北部地区、赤峰的北部地区，甚至蒙东的大部分地区。1908年，根据考察、思索，他发表了一篇文章叫《东蒙古的原始居民》，在国际上产生了很大影响。过去认为赤峰地区是塞外边地、不毛之地，业内也有"考古不出关"这样的说法。因此认为这个地方没有什么史前的文明，都是荒漠、草原、边塞。而他发表的这篇文章认为，这里有大量的史前文化遗存，引起了人们的关注。

图8 赤峰市红山（刘锦山摄影）

图9 全国重点文物保护单位红山遗址群（刘锦山摄影）

20世纪20年代，来了两位法国传教士，一位叫桑志华，一位叫德日进。他们都属于收藏家和博物学家，并且收藏的面很广，人文的、历史的、文化的、自然的、生物的都有收藏。他们收藏的东西依托当地天主教会下面的基层组织，他们的活动范围都很大，甚至都到过外蒙古地区，蒙西地区也有他们的足迹。他们在这里收藏了大量的东西，其中就包括一批红山玉器，这批玉器还在赤峰做过一个小型的展览，后来他们把这批东西就运到了天津。天津有个马场道，他们还创办了北疆博物院，在中国做了不少工作。红山文化的大量馆藏玉器在天津发现和这两个人的工作有密切关系，直到现在除了我们本土所藏的玉器之外，埠外地区主要还是天津藏量大，这和早期他们的收集密切相关。1931年以后，日本在整个东北地区建立了伪满洲国，日本的"开拓团"也到达了赤峰。当时在赤峰曾经有一个日本的领事馆，领事收集了大量的石器、骨器、蚌器，也有少量的玉器，他觉得这个很要紧，虽然不专业，但是他把这些信息向日本国内传达了。几经周折，后来引来了日本东亚考古学会，他们都是些专业人才。1935年，他们组团到这里进行了一个红山后遗址的发掘，出了一本考古报告《赤峰红山后：热河省赤峰红山后史前遗迹》（简称《赤峰红山后》），这是1938年完成的。继鸟居龙藏之后，他们在这里又做了大量的工作。《赤峰红山后》出版之后，他们就提出了赤峰一期文化和赤峰二期文化的概念。

在此之前，还有梁思永先生，他1931年挖掘完了黑龙江

图10 《赤峰红山后》书影

的昂昂溪文化之后，曾绕道通辽、开鲁，然后到天山，到了林西，一路又到赤峰。他专门到赤峰看了红山后的情况，回去也发表了报告。他认为这是中原的新石器文化和北方地区的一个细石器文化的交错地带，它的地位非常重要，应该引起足够的重视。因为时间所限，他没有在这里发掘，只是做了一些观察、调查之后就匆匆地离开了。但据他初步观察认为这个地方是非常重要的。后来由于抗日战争，考古工作基本就陷于停顿了。

新中国成立以后，在1954年的时候，由北京大学裴文中教授率领的一批学生曾经到赤峰做过发掘，也到了林西地区。到1954年，我们国家的考古事业已经形成了基本格局，尹达先生出版了一部叫《新石器时代》的书，他根据梁先生的建议在后边又专加了一章《关于赤峰红山后的新石器时代遗址》，红山文化就此命名。这就是整个的命名过程。日本人称为赤峰一期文化，后来也就是因为尹达先生这部著作把它正式命名为红山文化。

命名是一个早期的工作，但是大量的发掘工作还没有展开。从1954年开始，而后经历了近70年的发展历程。红山文化命名是有了，但是这个文化的面目还是不太清晰，人们对这个文化到底是个什么性质、有什么特点，还是把握不清楚。1971年的时候，翁牛特旗三星他拉发现了一件"C"字形大玉龙，就是现在中国国家博物馆收藏的那件具有标志性的中华第一龙。当时也没认出来，不知道是什么样的一件器物，请赤峰本土包括外地专家来鉴定，他们认为是商代早期或者更早一些，但找不到它确切的类型关系和地层关系。

1969—1979年那个时间正是赤峰归辽宁管辖的10年。这10年中正好相继发现了红山文化的重大线索，如东山嘴、胡头沟的发现，而后辽宁又发现了牛河梁，牛河梁的发掘一下找到了大量的玉器，同时也找到了相应的证据，像各种陶片关系、埋葬习俗，以至各种器物出土，这就印证了大玉龙是红山文化的一个龙的造型，由此就找到了和它相同的地层关系和类型关系的器物。发现原来这是一条龙，"中华第一龙"以此命名。现在华夏银行所使用的LOGO就是根据大玉龙提炼设计出来的。这就是红山文化整个的认识发展过程。

进入21世纪，陆续有一些发掘，赤峰地区发掘了草帽山，也发掘了一些中小型遗址，辽宁地区除了牛河梁完成了基本发掘之外，还有像杨家营子、半拉山这些地方陆续都做了发掘，早期的胡头沟和其他的一些红山遗址都系统地被揭示，这样红山文化的面目终于比较清晰地展现在了人们面前。这个过程从1908年算起到现在已经有一百多年的历史了，其实这中间还有一个插曲。1921年，一个瑞典的科学家叫安特生，这个人大家都很熟悉，因为他是仰韶文化的发现人，实际上他同时还发现了红山文化。他发现红山文化的时候，当时叫锦西的地方有个沙锅屯，沙锅屯有个洞穴遗址，他做了发掘，他发现了彩陶片，也发现了很重要的一些红山文化的遗物，但是由于认识上的局限，他认为这个文化是仰韶文化的分支，而且和仰韶文化有密切关系，因此他认为没有必要命名为一种独立的文化。他认为仰韶文化的遗址和这个文化有关系，这个看法有一定的合理性，但是它不是仰韶文化，这样他的认识又产生了局限。所以安特生与红山文化失之交臂，要不红山文化的发现可以提早到1921年，这个时间甚至比仰韶发掘还要早。1921年6月，安特生挖掘的沙锅屯遗址，到了10月才挖掘的仰韶，所以后来的仰韶报告也出了，沙锅屯报告也出了，我们看到这两份报告后发现，他在文化认识上、材料上和思考上，还都有局限性。这是红山文化发现过程中的一个插曲。

刘锦山：于教授，您介绍到日本学者出了一本书叫《赤峰红山后》，它为什么叫"红山后"，是不是这些出土的玉器、这些文物都是在山后面发现的？

于建设：因为考古学界有一个规矩，就是一种文化的命名都要以具体出土地这个小地名来命名，比如红山文化首次在红山后发现、发掘，它就以这个山命名；像仰韶文化是在仰韶村首次发现，就以村命名；良渚文化是以良渚具体的地点来命名。这是考古学界命名的一个规矩。红山文化发现之后正式命名是在1954年，以前日本人叫过赤峰一期和赤峰二期文化，这也接触到红山文化的内核，但是我们正式命名的时候把它叫作红山文化。

三、红山文化的源流与体系

刘锦山：于教授，红山文化为什么诞生在赤峰地区？这方面情况请您给大家介绍一下。

于建设：中国的四大高原其中就有内蒙古高原，赤峰地区位于松辽平原和华北平原的过渡地带，这个地方统称为辽西山地。山地的平均海拔不足1000米，海拔偏低。我们这个地方又有浑善达克和科尔沁两块大的沙地。其中，科尔沁沙地规模是很大的，它和其他的沙漠、戈壁都不一样，它虽然也是沙漠化范围很大，但是它属于有水沙地。有水沙地上面有大量的腐殖质，同时还遍布着树林、草原，可以想象当年的场景，沙漠之间有大片的湖泊，还有沼泽，同时地面上有稀疏的森林景观，树下长着大量的、各种各样的草本科、禾本科植物。这个地方又是植物多样性和动物多样性地区。这里从高原一直到平原，从最高的海拔2000米的大光顶子山，再往下，下降到800米川谷、台地这些地域，然后再下降到四五百米以下的沙漠地带，往南越过燕山就进入华北平原，往东边越过科尔沁沙地就进入了东北平原，它正处在一个交汇地上。这里正好处于400毫米等降水量线上，400毫米等降水量线是催生文明的一个重要条件。它既有游牧条件，有渔猎条件，同时也有农耕条件和采集条件，这个地形、地貌的多样性决定了动物、植物群落的多样性，也就决定了人们的生活方式的多样性。就是一句话，可以打猎、捕鱼，也可以养羊、养猪、养狗，同时出门也能采集野果和根茎类的食物，最重要的是还能发展农业，特别是在有水的沙地上发展农业是一个非常大的优势。农业当时在红山表现得并不十分突出，因为当时有很好的食物来源，可以轻易获得可食用的动植物，"棒打狍子瓢舀鱼，野鸡飞到饭锅里"描述的就是这种景象，它的农业并不完全占主导地位。

红山文化本身有自己的文化传统，它受过外来文化影响，但更多的还是自己的文化传统。一万年来，各种文化生生不息，从小河西文化、兴隆洼文化、赵宝沟文化到红山文化，它一路走来都很系统，那么它一旦受到外来文化影响，就迸发出一种文明的火花，就成为一个非常耀眼的星座。赤峰地区红山文化在距今5500年到5000年期间就是非常耀眼的一颗明星，中国这时候正处在一个文明的发端阶段，也就是从满天星斗向月朗星稀的这个阶段转化，也就是我们以后要讲到的中国红山文化的古国时代，怎么样从古国走向方国，从方国走向帝国，这么一步步走来的。其实任何一种文化、一种文明，走到今天，都有着自己的历史基因，有自己的文化传承，而不是凭空产生的。中国之所以为中国，中华民族之所以为中华民族，都受着地理环境的影响与限制，都受到历史文化传统的影响与规范。

刘锦山：于教授，龙出红山的依据，或者说龙出赤峰的依据，您给大家再介绍一下。

于建设：其他地方也有龙文化的，包括陕西、河南。但我的感觉，龙出红山这是确证无误的一件事情。河南仰韶文化时期西水坡发现一个蚌塑的龙，那个很接近现代的龙，它是一个孤证，我的感觉它不像是龙，也有人说是鳄鱼或其他爬行动物，但是龙出红山第一个证据就是咱们这里出现大量的龙形玉玦，就是那种C形的玦龙。这个龙分成两个形态，一个就是大型的C形龙，还有一个是猪形龙、猪首龙，这些龙的功能、作用是一样的。为什么这里大量出现龙呢？龙图腾崇拜证明是红山文化一个普遍的精神信仰，把这个龙当成一个非常要紧的神兽，或者一个图腾来崇拜。为什么在这个地区要崇拜龙呢？因为这里是半干旱地区，前面讲到的400毫米等降水量线，往北边去经常是干旱少雨，导致了人们要密切关注天象，就是期望下雨。到了现代，赤峰地区改造自然的能力大大增强了，有大量的农业设施，有滴水灌溉设施，在古代靠天吃饭，一不下雨几乎不是绝收，就是大幅减产，人们会遭遇严重的困难。不仅农业是这样，不下雨，草原没草，抓鱼都抓不着，打猎都打不着，动物都锐减。所以人们认为管下雨的事有一个神兽，这个神兽来了就能行云布雨，带着隆隆的雷声，霹雳闪电，神龙见首不见尾就过来了。只要有了隆隆的雷声，一有紫电惊天，金蛇狂舞，人们就想到这是上天派来的神兽给人间带来雨露甘霖，龙就成了中国的一个与水相关的神兽。所以龙王爷一直是管水的，是管降雨的，人们崇拜龙的原因也就在这里。为啥叫龙，我想还是和隆隆的雷声有关系，龙者隆也，它就是隆隆，通常首先打雷，打雷然后才下雨。古人认为，龙一般就会在最干旱的季节最需要下雨的时候现出，有了雷声，就是龙来了。龙的起源我想和隆隆的雷声密切相关。

另外我们从造字上来看也是这样，甲骨文的这个"龙"字，和我们红山出土的这个玉玦龙、猪首龙是高度相似的。甲骨文龙字的写法实际就是画的一条小玉龙，所以我从这些道理上来考察和印证龙出红山。苏秉琦先生"华山玫瑰燕山龙"的诗句就说的是这个事儿。华者花也，中华的华就源于花，龙出在燕山，就是出在我们红山地域，称之为燕山南北西辽河上游，这个地方最早出的龙。这一点苏先生说得非常明确，因为他是我们新中国考古学界的一个具有祖师爷地位的人，特别是他对红山文化的认识和开拓具有真知灼见，并创立了自己的学说。所以我们认为龙出红山是可信的。

刘锦山：赤峰地区这种优越的地理环境孕育了红山文化。于教授，红山文化为什么属于新石器晚期文化？请您把这方面的情况介绍一下。

于建设：国际上通用的一个概念就是新旧石器时代。新石器一般说是一万年以前或者说再往前延伸到一万二千年左右，新石器时代晚期就已经接近青铜时代了，称之为早期、中期、晚期就是从这儿得来的概念，就是说有了磨制石器以后就称为新石器时代，同时人们掌握了烧陶技术，这是很重要的一个标志，旧石器都是打制石器，少有陶器。陶器的发明是很重要的一个里程碑，它是水、土、火相结合的一个产物，是人工制品，不再是一个自然物品的加工了。还有一个是农业的发明，到了新石器时代几乎各地都有了农业的萌芽，甚至有的地区农业已经占到相当重要的位置。赤峰地区在八千年前就有粟和黍，粟米也称小米。根据体质人类学鉴定，这两种作物还没有占主导地位，当时的红山人吃肉的比重大，因为当时可以捕鱼，可以捉蟹，可以捉蚌，我们发现这里有很大的河蚌。那时候生活条件并不太严酷，才能诞生这种文化。更为要紧的是，这个地区作为新石器文化的一部分，出现了相对集中的聚落，另外它有相当规模等级的精神信仰，这个特征很要紧。进入新石器时代晚期，青铜时代之前，它已经达到了高峰。

我们谈到了这五百年间，就是距今5500年到5000年这个时间内，红山文化作为最辉煌的、最耀眼的一颗新星，在东方天幕上文明的霞光里已渐渐升起，使得我们中华文明的原始底色和光芒照亮了东方天际，这就是红山文化的价值。它在新石器时代的地位和意义就在这里，它是等级非常高的一种文明形态，我们把它定为初级文明阶段。一般都说国家是文明的集中体现，有了国王，有了领土，有了民众，有了法庭，有了监狱、军队，这是国家的完备体系，但是到这个程度它还差得很远。但是早期人类已经开始从一种游团的状态向人类有计划、有组织甚至有相当大的组织力的社会结构转变了，我们称之为早期社会，也就是后面我们要讲到的古国社会。

古国是苏秉琦先生为红山文化进行的一个文化定性，他定性的这句话说的是，古国是基于氏族公社而又高于氏族公社的一个部落联盟，它的内涵并不是十分清晰，但是现在我们的研究跟国外、国内一些传统文化所说的东西对比起来看，都处在一个时代。比如西方所说的酋邦社会，酋邦正好也和古国这个事相对应。还有马克思和恩格斯，特别是恩格斯在《家庭、私有制和国家的起源》里谈到的原始共产主义，与这个时代是相对应的，只是大家都站在不同的方向来观察这个社会现象。恩格斯特别是在研究了北美的社会结构之后，做了大量社会调查，根据摩尔根学说，他认为人类有过一个叫原始共产主义的时代，大家共同劳动，生活无处不饱暖，无处不均匀，但实际上这是个低水平、低等级的社会。

我们再看中国距今2500年，也正是到红山文化时期的一个对折时期，到孔子所在年代，孔子怎么认为这个社会？他说的两个概念，现在我们还用，一个叫"大同"，一个叫"小康"。孔子认为大同社会就是尧舜之前这段社会，路不拾遗，夜不闭户，老有所终，壮有所用，幼有所长，矜寡孤独废疾者皆有所养，男有分，女有归。他描述的大同社会，实际说的就是这个史前社会，距今5000年左右，中国正是处在这样一个叫原始共产主义社会也好，叫酋邦社会也好，叫大同社会也好，还是叫古国时代也好，统一的指向都是距今5000年，就是进入新石器时代晚期这个社会形态，没有大规模的战争，没有争夺，没有利益的不公分割，人类几乎都处在这样一个平等生存的环境下。因为人在大自然面前是无足轻重的沙砾和尘埃，在大自然面前人得需要扎堆取暖，才能生存下去，像现代这种战争，这种争夺，你死我活，你高我低的情况是不存在的。有社会差异，有社会分工，但是没有社会阶层和社会阶级，这就和孔子的论述、恩格斯的记述以及苏先生的判断都是一致的。西方社会所说的酋邦社会也是这样，它是以神灵和信仰为纽带、为中心的社会。所以古国社会这个定位是科学的、准确的，这是我们中国人的话语体系里对红山文化的阐述。

四、红山文化的特征与内涵

刘锦山：于教授，红山文化与其他文化如仰韶文化、良渚文化相比，它有哪些自己的特点呢？

于建设：红山文化的特点第一就是体量巨大。红山文化的分布面积达20多万平方千米，我们的蒙东地区，就是以赤峰、通辽这个地区为核心，像河北张家口地区、承德地区也有发现，像辽西地区的辽西五市几乎都有红山文化分布，它的分布面积非常大。第二点是它的文化面貌非常单一，非常清晰；它的彩陶片独具特色，虽然接受过仰韶文化的影响，但是自成体系，也是红底黑彩，画的纹饰和仰韶大有不同，如独有的龙纹，我们也叫垂弧纹，大粗线条很有特点。另外，出土的陶器也都非常不同，有大量的无底筒形器，器物造型还继承了我们本土文化的一些传统。红山文化不是一种纯粹的外来的东西，它是近万年来赤峰地区的本土文化，从小河西文化（距今9000年）、兴隆洼文化（距今8000年）、赵宝沟文化（距今7000年），到红山文化（距今6000年），再到小河沿文化（距今5000年以内），还有一个距今4000年的夏家店下层文化和距今3000年的夏家店上层文化。我们本土的文化脉络十分清晰，一路走来筚路蓝缕，红山文化在中间起着一个重要的中枢和承转作用。实际上，红山文化在我们本土有完整的谱系，同时又发现大量的玉器，这是其他文化中都少见的。像仰韶文化，它虽然分布地域也很广，它的文化交流也很充分，但是它很少或者说几乎没有发现玉器。它也有很好的聚落、村庄，整个的生业模式都很发达，但它在信仰体系上没有红山这么丰富多彩。而且，红山玉器多是动物造型，当时所能见到的动物在玉器、陶器及其他器物上都有体现。红山有最早的人物塑像、造像系统，发现了非常丰富的人物造像，这是其他文化中也很难见到的。仰韶文化几乎见不到太好的人物造像，良渚文化也是这样，其他有几种文化像凌家滩文化、石家河文化也有一些人物造像，但是红山文化的人物造像是极为丰富的。我们说它文化交流充分，和辽西地区这种地理位置、地理环境是密切相关的。南方也有一些比较发达的文化，但是它们都是我们说的神龛式的文化，也就是一窝一窝的，出了这一个地区就很难见到。尽管文化成就和文化水平都比较高，但是分布面积很小，体量小就决定它能量小，它的传播能力、辐射能力就大打折扣了。这是我们红山文化的一个重要特征。

刘锦山：于教授，您刚从宏观形态上介绍了红山文化的一些特点。那么，红山文化与其他文化相比自身有哪些文化特征呢？

于建设：它的特征，第一个是它大量地用玉。良渚也用玉，玉的规模也很大，但良渚玉的形态都比较单一，主要以琮为主，很少出现动物纹饰、动物造型。而赤峰地区和红山文化分布区内大量地使用动物造型，像我们说的玉龙很典型，像鹰类的、天鹅类的，各种鸟类的，特别是鸮，也就是猫头鹰这类的，也有蝗虫甚至是蝉这类的东西，几乎都能见到，这些造型有什么功能我们以后再做分析。三大玉器比如说玉龙，还有勾云形玉佩，还有马蹄形的玉箍、箍形器，这是红山文化的典型特征。红山文化还有一个特征，即它有坛庙冢，有祭坛，有庙，还有大型的积石冢，这些东西是别的地方都没有的。这和后世中国文化遗址相关，苏秉琦先生认为这个坛和明清的天坛是一脉相承的。它的庙和皇帝的家庙，也就是现在北京的劳动人民文化宫，是相通的。那个地方明清两代曾是皇帝祭祖的地方。它的积石冢和十三陵或者清东陵、清西陵是相通的，它的埋葬规制、等级都很高。中华文明走到今天，文化是血脉相连的，它的文化理念在这里，虽然是5000多年前的遗存，但和我们后世中国人的思维方式和精神价值是一脉相承的。它还有更多的特点，如红山文化中诞生了龙，虽然其他地方也有龙，但是红山龙是独一无二的。所谓中国人是龙的传人，崇拜的是龙的图腾，龙的出现最早应该是在红山。其他地方的证据我认为都不足，红山文化的龙规模大，数量多，反复出现，一个孤例和反复出现的例证就完全不一样。红山文化显著的特征还有大量的人物造像，这一现象是其他文化见不到的。它的实质就是祖先崇拜。

刘锦山：请您介绍一下玉器在红山文化中的价值和地位。

于建设：用玉的地方很多。整个环太平洋地区都有过用玉带，但是唯独东方的玉，中国的玉，是至高无上的。现在发现有好几万年前的旧石器时代的一些玉石材料，经过人类加工的叫玉器，不加工的原始材料叫玉石。在俄罗斯远东地区洞穴里就有加工过的玉料，也可以称之为玉器。中华玉文化有两大源头，南良渚北红山，红山的玉是源头，但其实这个地区不产玉，整个大兴安岭南部都没有玉石成矿带，红山的玉是哪来的？这还是个谜。我去年考察了东北地区，特别到黑龙江小南山遗址做了考察，考察之后发现它的玉料、玉石加工工艺和我们红山文化高度相似，到底是小南山传的红山，还是红山传的小南山？小南山的玉器没有发展成一个独特的高等级的文化，红山玉料来了以后它成了高等级文化。所以我们就判断红山的玉石原料，甚至它的加工工艺都是来自东北地区。有可能和远东地区也有关系，因为大家知道远东在清代中期以前，都是中国的领土。有人认为它是缅玉，这不可能；羊脂玉（也就是和田玉）也不可能，那么遥远的地方，玉石没有能力运过来；多数人认为是岫玉，但是在镜下观察和地质学家的分析，岫玉大多和红山玉器不合，就是说红山人不选择岫玉作为玉器。所以现在的一个说法叫俄玉，也就是俄罗斯远东地区来的玉料。

现在有个说法叫"玉石之路"。玉在新石器时代是人类所能选择的敬天最好的材料，上乘之品。在那个时代，人们最信仰最追捧的东西就是有件像样的玉器。那么遥远的路途，人们去求玉，去制玉，能够把玉料运过来，加工出来，难度可想而知。那个时代玉是极其高端的东西，所以就把玉做成龙，做成凤，做成各种鸟，做成各种兽，甚至是筒形器、勾云佩，这些都是它的价值所在，后世也是这样。所以研究玉器的专家认为中国玉经过三个阶段，这和我们的研究也相符。即早期阶段叫巫玉，就是巫用来通神的玉，被称作巫玉之光，王玉之本。等后来进入了王权时代，特别是到了战国以后秦始皇时代，玉就成为王和王权的象征，甚至成了贵族的象征，因此君子无故玉不去身。咱们看战国时代的贵族，走起来玉环、玉佩在身上叮当作响。虢国墓那个大玉佩，几十斤重，穿在身上走路行动非常困难，但是那是礼乐规定，必须满身佩玉。汉代有金缕玉衣的用玉制度，人死之后埋葬都用玉塞堵住七窍，认为有玉覆盖，人身体可以不腐。到了宋代以后，玉开始进入民间，就是老百姓可以用玉了，有些什么帽正、烟袋嘴、扳指等一些把玩的东西。有一件东西是代表中国文化万年来生生不息的一个载体，那就是玉，黄金、青铜都代表不了，它没那么久远，真正久远的东西就是玉石。孔子说玉有五德，玉也代表中国人的精神品格，温润、温良恭俭让；它性凉，通体通透，它瑕不掩瑜，碎不伤人，非常温和；另外宁为玉碎不为瓦全，绝不是随意能把它弯曲的。所以君子以德配玉，也就是把中国人的人格都凝练集中到玉石里，这就是玉的价值。

五、一脉相承的信仰体系

刘锦山：红山文化的社会为什么说是一个神本社会呢？

于建设：我们之前一个基本判断是它是一个古国社会，古国我们也都大体上做了一些分析，它有了确切的精神价值和生活方式。说它是神本，并不是说人们都是为爱而生、为爱而活的，实际上是啥呢？它有个价值信仰体系，这个信仰体系是什么呢？就是神灵的存在。红山文化跟其他的文化相比较，最大的特征就是人生活在两重世界里，一个神的世界，一个人的世界。人无足轻重，神更加重要。无论是天神，还是祖先神，这两大系统在红山社会中表现得特别清楚。你看它的天神，主要象征就是我们说的，它建造的坛、大量的筒形器、大量的勾云形玉佩，还有玉龙，都是和天相关的东西；你再看其他的一些器物，大量的人物造像，有陶像，有泥塑像，有玉雕像，还有石雕像，还有大量其他的一些蚌壳类的塑像，这些东西都是祭祀远祖的类似图腾的东西。这就是说，在红山人的精神世界有两大神灵系统，即天神和祖神。因为在强大的自然前面，人是无依无助的，他怎么办呢？就是通过祭祀，通过祖先来求天，来问天。我说的这一套东西可以在商代得到确切的证明。咱们看中国文字的起源，甲骨文是干什么用的？第一它是占卜，第二它是记载占卜，就是巫史祝卜这些人都是和祭祀、求卜、问卜相关的。中国文字的产生和祭祀是密切相关的，它也就是和这两大神灵系统中的问天、问祖相关。现在我们看到的甲骨几乎都是问卜的事情，通过占卜来记载占卜，这样就导致了文字的出现。等到了后世汉字功能就大大扩展了，但是它的起点、它的原点就在问卜上，就在祭天敬祖上。所以我把它归结为红山文化的基本特征，叫敬天法祖，效法祖宗，尊敬天，敬畏天神。天后来就逐渐演化成了王权，就是把国家叫天下，把皇帝叫天子，老百姓是无主则乱，一定要上天派他的儿子来治理人间。所以自古中国王权和百姓没关系，都是奉天承运，天子是代表天来治理民间的。这就是我们说神本社会的深刻内涵。商代一直继承这个传统，到了周代以后都是这样，它虽然有所增衍，有所变迁，但是它的文化主脉的根须是一以贯之，而且筚路蓝缕地走到了今天。

刘锦山：巫在当时社会中居于一种什么样的地位呢？

于建设：当时社会有强大的神灵系统，这种神灵不是灌输给人们的，让大家都得信神，都得去敬天法祖，它是普遍的社会精神价值，是社会普遍的一种意识形态。人们都普遍认为头上三尺就是青天，天上就有神灵，你的一举一动、一言一行，天视之，民视之，人听之，天听之，你不能乱说、乱动，老天爷在天上监控着你，管理着你，所以人们也不是随心所欲的。原始社会不是光着屁股满山跑，不是那种绝对自由状态，而是有一个精神价值在里面起着核心作用。那么谁来和天沟通，怎么沟通，这就是一个问题了。所以这就在人间出现了巫，巫与天来沟通。这个巫师不是一个现代意义上的装神弄鬼的巫婆神汉，实际上是中国文化的一个根源，是一个干细胞，它从这里不断地裂变，不断地演化形成今天的中华文化。巫师传统强大就是因为有巫的出现，才导致了社会分层，大巫即是大王，才能做到社会整合，才能整合起人们的精神价值，整合起社会，传播出文化导向，使几十万平方千米的土地上有了共同的价值信仰，同时也有强大的社会动员能力。像牛河梁地区，有几十万立方米的大石头，都是从十几千米之外运过来的，那是相当大的劳动量。那个时候既没军队，也没警察，也没有强有力的政府，靠什么呢？靠巫的力量，靠信仰的力量，就把人们都动员起来了，这些大的工程才得以实现，它强大的组织力和强大的发动力，是非常鲜明的。

这就是我研究得出的一个结论：中华文化是由巫而王，由祀而礼的一个发展道路。顶级的大巫出现了，就逐渐演化成了王权，巫权、神权演化成王权，由祭祀鬼神，祭祀天和祖先，然后才演变成了礼仪。到了周代，它演变成了礼乐制度。礼乐制度这种演变就是把对神灵的祭祀演变成了一个对人间关系的调整，巫是调节天人关系的，王是调节人人关系的，调节人和人之间怎么样和谐相处。等到孔子以后，中华文化主脉就是调节人人关系的。我们对比起来分析，西方从苏格拉底、亚里士多德时代，他们思考的是人和物的关系；印度的释迦牟尼，他思考的是人和神的关系；孔子思考的就是怎么解决人和人的关系。中国文化一直走到现在，都是在思考人和人的关系，怎么样解决人和人的关系，这是中华文化的一个鲜明特色。中国没有发展出近代科学，和不重视人和物的关系有密切的关系，这就是东方传统。但是中国人经过近百年的追赶，实现了现代化，这是后话。就咱们自己本身而言，发展出近代科学是个很困难的事情。所以巫的价值就在这里，你打开甲骨文一看，通篇都是巫的杰作。大巫不是说仅仅装神弄鬼，他得观察自然，得研究天象，得理解天意、释天道，他得整合人间，诉说人间的苦难，同时传达上天意志。巫形成了与人沟通的核心价值，这就是巫的价值所在。

刘锦山：您刚才谈到了坛庙冢，坛庙冢的出现意味着什么呢？

于建设：坛实际是什么呢？天坛，地坛，这个坛是干什么的？它是用来祭天地的。红山文化的坛，我们觉得它也是三重圜丘，层层铺陈向上，周边用筒形器摆放，也有竖形的条石，上面有高大圜坛，坛上几乎没有发现其他任何东西，埋葬的东西或者其他的一些祭祀的东西都没有。这意味着什么呢？它是古人向天说话的一个地方。能向天说话的人，能和天对话的人，得到天意、明白天道、知晓天意甚至是明确天机，这都是很要紧的事情。与天对话的地方才是坛。现在我们北京的天坛也是这样，不是普通老百姓能和天对话，只有天子才能和天对话，我们中国人的概念里还是天为上，所以你看天坛的皇穹宇、回音壁，那些东西都是和至高无上的天来交流对话的，所以天这个概念非常重要，坛是和天、大自然、自然神密切相关的。

庙是和祖先有关系的。我们现在常见的像孔庙，也叫文庙；像武庙供姜子牙，像道家的庙就供老子，佛家的庙就供释迦牟尼。庙里都是和远祖记忆、和人相关的东西，是放在庙里祭祀的，甚至有些人家里也有家庙，皇帝家当然有家庙，另外还有一些是祭祀各种信仰的。像这些小神、小庙，它和坛不是一个概念。冢就是埋葬地，中国人一直很重视坟茔的设计和选择，实际上中国人一直认为有两大系统在保佑着人间的旦夕祸福，一个是天，一个是祖。天是你的生存环境，人类能耐再大也得是受命于天的，也是在天之下活动的，包括王。我们直到今天还受此影响，把国家叫天下，它的原因就是有深刻的历史文化记忆。我们说"赤峰记忆"也是国家记忆的一部分，也是从这里衍生出来。

一路走到今天，我们中国人很相信祖先能保佑后人。每逢中国春节有大的人口迁徙，在全球都是罕见的一个现象，其实不仅是和亲人要团聚，同时他要回乡祭祖，这是很大的一个事情。中国人祭祖也有一个功利性的目标，那就是要通过祭祖，通过和祖先的沟通来保佑后人的发展，这是一个很深刻的文化原因。他不仅回去要孝敬父母，那是他的近祖，他的远祖还有灵魂的存在，他的远祖还要保佑着后人的繁衍发展，这就是坛庙冢一直走到今天的原因。后世的天已经逐渐被皇帝垄断了，也就是帝王垄断了祭天的权利了，老百姓就只能祭别的神。如祭灶王爷，腊月二十三把灶王送到天上。他是上天言好事，下界保平安，横批叫一家之主，这个记忆在这儿呢。沟通天的事和老百姓没关系了，你就祭祀你的祖宗，祭祀你的灶王。但是中国祭祖的传统由来已久，早期祭祀叫事死如事生，就是把死去的人当生的人一样地对待，甚至那些帝王家族都是生殉，殉的车马，殉的活人，殉的猪狗，后来到秦始皇时代就用陶俑了，到汉代又做了大量木俑。等以后咱们发明了纸张，就开始做纸俑。到今天，一到清明节便有很多祭祀习俗，特别在乡下大量地烧纸。现在还是有这种传统，实际体现着从红山文化时代就出现的事死如事生的传统。这就是坛庙冢的深刻内涵。

六、红山文化对后世文化的影响

刘锦山：于教授，请您介绍一下红山文化对后世的影响。

于建设：红山文化经历了五千多年的风云雨雪，走过了漫漫的长途。要说中华文化五千多年有什么生生不息的东西，那就是整个五千多年来的精神价值。五千多年来，中国人的精神价值没有断，文化信仰没有断，东方人的集体人格没有变，这个是很重要的东西。因为它不像西方，不像印度，印度从唐僧取经以来就发生了几次大的变化，日耳曼人去过，马其顿人去过，蒙古人去过，阿拉伯人去过，印度成了调色板，它五颜六色，找不着它的本土文化。四大文明古国中的埃及，现在的埃及还是古埃及吗？现在的两河还是古两河吗？已经不是原生文化了。中国恰恰不是这样的，中国古代社会经历数千年而生生不息，这种精神价值是什么呢？首先一点就是君权神授的政治观。君权神授是一个大的话题，王权是上天赋予的，和天有关系，和百姓没关系。这个价值观我们必须把它说穿，这是古人认同的一种价值，它和西方的自由人、契约论完全不同。所以，这就导致了政治观上古代的老百姓是认同的，皇帝就是皇帝，老百姓就是老百姓，和西方社会契约、权利让渡形成一个利益共同体是不一样的。这是第一点。

第二点是家国同构的社会观。家和国是一体的，国是放大的家，家是缩小的国，古往今来都是这样。所以到了春秋时代还讲修齐治平，修身、齐家、治国、平天下，它讲究的就是家国同构，家和国的命运联系在一起。这个家一定要有好的家长带头，家长也一定要为百姓负责，为这个家族负责，所以他的身家性命、他的价值所在、他的历史使命不是当官做老爷，他得要为民请命，他得代民受过，如果发生了重大的灾难，有了大的天气异象，他最担忧。这是双向的东西，天能听到民情民意，帝王、各级官员也是，我们到现在还有一句俗语叫县官都是老百姓的父母官。所以中国的国家更像个家庭，西方的国家更像个有限责任公司。而现在我们中华民族实际也是个大家族，这有利于战胜各种重大的社会灾难、解决历史难题。

还有一个叫忠孝一体，中国古往今来伦理观是忠孝一体的。你不忠于君王，你不忠于国家，你哪能孝敬父母呢？你不孝敬父母，你哪能忠于国家呢？由亲情推理出一个伦理，一个政治伦理，中国的东西大都是从亲情社会出发的。比如咱们坐在一起，我们兄弟几个人，谁是大哥，咱们得排排行，中国人高度重视伦理关系。我们刚才说从孔子开始就研究人和人的关系问题，这就是传统特色，由此得出无孝则无忠。中国在汉代，甚至在南北朝时期都是举孝廉，不孝你能做官吗？不孝在古代是一个大罪。忠和孝是一体的，伦理上就是这样，由家庭伦理延伸到政治伦理。

还有一个就是天人合一的自然观。有天神的存在，人是在天之下活动的一个群体，你不能逆天行事。逆天是最大的罪恶。中国的原始文化起点就在天上，天这个字是很重要的，就一个道理，你不能和自然对着干，你得顺天道，懂天意，这是对君王的要求。老百姓也是这样，天实际就是延伸到今天的自然，所谓天人合一，就是你不能和自然对着干。

最后一点就是兼容并包，中国文化还是相对包容的。西方的基督教来了也好，佛教来了也好，无论什么，它都在为中国所化。中国文化之所以五千年生生不息，很重要的原因是它始终能保持着自己的文化传统。虽然有几次大的变迁，但是文化主脉没变，像辽代、元代乃至更早的十六国时期，文化主脉都没有变，谁进来之后都是遵从敬天法祖的原则，都开始尊孔重教，这就成了中国的一个基本特征。

刘锦山：于教授，红山文化的价值有哪些呢？

于建设：我们谈到的这些问题基本上把它的价值也说清楚了。今天我们研究红山文化，就是研究古代基因奠定的这种多元一体的文化传统。苏秉琦先生也说过，红山文化是中华文化直根系中的主根系。啥叫主根系？就是树木有多条根，和主干相连的最大的根叫主根。有的文化是侧根，虽然它也参与了文化的互建，有了文化贡献，但是它有主根，有主脉。草原文化不是主根，它是侧根或者是一个分根，它参与了文化的互建和塑造过程，使我们今天所说的中华文化根深叶茂，历久弥新。一个重要原因就是我们所强调的文化自信，不仅要到孔子那儿去找，到夏商周去找，还要到新石器时期去找。实际上，真正的文化品格的确立、文化基因的奠定是从新石器时代开始的，人应该追溯到这个时代才能找到各个民族的性格和集体人格。中国人之所以是中国人，中国汉字之所以这么写，中国人交往之所以是这样的，这都和早期的人的文化基因密切相关。

七、红山文化的传承与发展

刘锦山：于教授，最后请您谈一下您对红山文化进一步的研究和传播工作是怎么考虑的。

于建设：我的研究就是两个方向。一个是要走学术的精深化。学术精深化的目标是要创立中国红山文化学，把这个学科创立成一个二级学科，也就是真正地在一个专门史中成立一个二级学科。这个已经是看见了曙光，有了桅杆，我们的学科体系已经基本确立，我们的考古成果也已经大量地公布，现在就是在新的时代把它进行全方位的综合、提炼、梳理，最后按照我们的学术思路和研究的价值方向向前推进，最终创立中国红山文化学，这也是我想要完成的一个历史使命。二是要向社会大众传播。我们说的这些东西，说巫师传统，说精神价值，可能很多老百姓听不懂，我们用一个直观的东西、感性的东西向社会来传达。我们编了一个历史大剧叫《万古红山》，就是通过具象的、表演的形式让人们知道，5000多年前我们的祖先这样生活，他们和我们有什么样的差距，有什么样的相同之处、不同之处，和我们当今的生活紧密地勾连在一起。这就是做价值性的转化，做创新性的发展，把红山文化从学者的书斋中拿出来，变成广大群众喜闻乐见的一种方式来传播。也希望媒体有时间能参与到活动中来，不仅报道我们红山文化研究的成果，也传播我们创新性转化的成果。此生完成这两件事，我就对红山有了个交代。

刘锦山：于教授，您讲得非常好。祝愿红山文化在您和一大批专家学者的深入研究和推广下，越来越发扬光大，为咱们坚定文化自信，铸牢中华民族共同体意识做出更大的贡献。谢谢您接受我们的采访。

于建设：谢谢你。

孙永刚

台城演绎青铜史

采访时间：2021年7月16日
初稿时间：2022年7月22日
定稿时间：2022年7月25日
采访地点：赤峰市图书馆"赤峰记忆"拍摄现场
版　　本：文字版

孙永刚速写

　　孙永刚　吉林大学考古学博士后，教授、硕士研究生导师，赤峰学院党委委员、副院长，赤峰学院红山文化研究院院长，内蒙古高等学校人文社会科学重点研究基地——红山文化研究基地主任，内蒙古高等学校人文社会科学协同创新中心——红山文化与中华早期文明协同创新中心主任，内蒙古铸牢中华民族共同体研究基地——红山文化与中华民族共同体研究基地首席专家，中国考古学会植物考古专业委员会秘书长、副主任，教育部文物保护行业职业教育教学指导委员会委员，国家社科基金通讯评审专家，内蒙古红山文化学会副会长。荣获内蒙古自治区高等学校"教坛新秀"，自治区教育系统优秀教师。入选自治区"新世纪321人才"第一层次，内蒙古"草原英才"青年创新人才第一层次，自治区高等学校"青年科技英才"领军人才，赤峰市"玉龙英才"人选。主持国家社科基金、中国博士后科学基金、省级规划项目10余项，在全国中文核心期刊发表论文 50 余篇，出版论著 6 部。论文、专著多次获得内蒙古自治区哲学社会科学优秀成果政府奖、赤峰市社会科学优秀成果政府奖。

刘锦山：各位朋友，大家好！今天是 2021 年 7 月 16 日，这里是赤峰市图书馆"赤峰记忆"第六期"文化旅游"专题拍摄现场。今天我们邀请到的嘉宾是赤峰学院历史文化学院院长孙永刚教授。孙教授，您好！

孙永刚：你好，刘老师。

一、投身塞外考古　探源中华文明

刘锦山：非常高兴您能接受我们的采访。首先请您给大家谈谈您的职业生涯和学术情况。

孙永刚：好。我是赤峰人。1998 年考入内蒙古民族师范学院，四年的时间

图1　孙永刚（左）接受"赤峰记忆"采访

学习历史，2002年毕业分到了赤峰民族师范高等专科学校，就是赤峰学院的前身。来到这所学校之后，才发现这所学校的历史学的方向是红山文化和契丹辽文化，但在大学的时候，说句心里话，对这方面不是特别了解。当时跟着北大毕业的几位先生学习断代史，我对历史很感兴趣。但是参加工作之后，随着学校主攻方向的变化，自然而然我的学术方向也发生了变化。2004年7月，学校派我到北京大学考古学系进修一年，主攻中国考古学，这样就对中国考古学，对以赤峰地区为代表的北方的考古有了大概的了解。2007年，我又考取了内蒙古大学的考古学及博物馆学的硕士研究生，师从内蒙古自治区文物考古研究所所长、内蒙古博物院院长塔拉教授，同时又跟随中国社会科学院考古研究所科技考古中心赵志军老师学习植物考古学。硕士毕业之后，又考取了内蒙古师范大学科学技术史专业科技考古方向博士研究生。

我一直以来从事赤峰地区、内蒙古地区以及中国东北地区史前时期至青铜时代的考古学研究，同时在科技考古方面也做了大量的工作。2016年，我又师从吉林大学考古学院院长赵宾福教授进入博士后工作站。这些年来，带着学生主持参与发掘了赤峰地区若干处大的遗址，比如说一会儿我们会讲到的二道井子夏家店下层文化聚落遗址、新石器时代晚期哈民忙哈聚落遗址，还有赤峰市红山区的魏家窝铺红山文化聚落遗址；同时，我和我的学生在赤峰地区开展了多次考古调查工作，与赤峰市文物局等相关的文博单位对赤峰地区不同时期的遗址开展了区域性的调查，获取了大量的资料。在这个过程中，赤峰学院的学科、专业也获得了一个快速发展的机遇期。我借这个机会也简单介绍一下我们赤峰学院的考古学专业。

赤峰学院是2003年新升本的一所学校，当时历史学专业就一个历史学本科。2005年，学校承办了中国社会科学院史学方面的一个会议。当时，中国社会科学院考古研究所副所长王巍先生和白云翔先生到赤峰，建议说，赤峰有这么厚重的历史文化资源，中国社会科学院考古研究所、内蒙古工作队两支考古队都集中在赤峰地区工作，作为一个新建本科院校，为什么不申请考古学本科或者专科专业呢？受此启发，2007年我们开设了考古学的专科，其实就是文物鉴定与修复。但是当时我们在专业的后面，加了一个括弧叫考古技术方向，说白了就是培养目前活跃在一线或者工作在一线的高级技术工人。通过我们十几年的培养，现在很多省份都有我们的毕业生。在这个基础上，2010年我们申报了考古学本科；2011年又很快获批了文物与博物馆专业硕士学位建设单位；2018年获批了文物与博物馆、教育（学科教学历史）硕士两个点；2017年又获批了文物保护技术本科。

我个人的发展，还有历史文化学院专业的发展，是赶上了一个好时候，整个专业发展得非常迅速，我们的师资队伍、人才培养，得到了世界的认可。近些年来，围绕着我的专业方向和学校的历史学学科的发展方向，我承担了国家社科基金两项、中国博士后科学基金两项及内蒙古自治区教育厅高等学校人文社科重点研究基地课题、内蒙古自治区哲学社会科学规划办公室的课题等省级课题10余项；出版专著6部，发表论文50余篇，也有幸先后入选了内蒙古自治区"新世纪321人才"第一层次、内蒙古"草原英才"青年创新人才第一层次、自治区高等学校"青年科技英才"领军人才，也多次获批自治区教坛新秀、自治区优秀教师，还有赤峰市"玉龙英才"和内蒙古自治区政府颁发的首届青年创新人才奖。

我想这些奖项、这些项目的取得，依赖于赤峰丰富的文化资源和这样一个深厚的文化土壤的培育。我现在担任中国考古学会植物考古专业委员会的秘书长，中国考古学会每年都有一次植物考古学的学术研讨会；同时赤峰学院也多次承办赤峰红山文化国际学术研讨会，还是有一定的影响。对于宣传、提升赤峰的文化知名度，我们也做了一定的工作。

二、方国文明的代表——夏家店下层文化

刘锦山：孙院长，刚才通过您的介绍，我们了解到您个人的学术之路，以及赤峰学院历史文化学院的发展，确实成就显著。我们知道，赤峰地区历史悠久，文化灿烂，是中华民族的重要发祥地之一，古代的文化遗址发现得也比较多，其中夏家店文化遗址是北方早期青铜时期的典型代表。所以，接下来请您围绕夏家

店遗址的发掘以及目前发现的成果、它的意义，给大家做一下介绍。首先请您谈谈夏家店遗址的发掘、发现情况。

孙永刚：好。我们向世人、向外面介绍赤峰的时候，正如您说的，它文化底蕴很深厚，是中华文明发源地之一，在中华民族多元一体格局中占有很重要的位置。我们介绍赤峰历史，说有四大文化高峰，或者说五大文化高峰。四大高峰的第一个就是史前文化，以红山文化为代表；第二大高峰就是以夏家店下层文化和夏家店上层文化为代表的青铜文明；第三大高峰是契丹辽文化；第四大高峰是元文化。在这四大高峰中，我想以夏家店下层文化为代表的中国北方的青铜文化、青铜文明，在中国文明形成过程中占据非常重要的地位。夏家店下层文化是中国北方乃至东北亚地区青铜时代早期一支重要的考古学文化，距今4000—3500年，这是碳-14数据表明的一个年代，大致相当于中原地区的夏至早商时期。我们知道夏至早商时期，正是中国文明形成的关键期，所以说在这个时间节点上，中原地区是有文字记载的，至少有出土的甲骨文能够印证那段历史。通过考古地下材料跟地上材料，能够对夏至早商时期的历史有一个清晰的了解。但是在北方地区，在长城以北，关于这一时期的文献就非常少了，几乎没有，所以对于这一段历史的了解，我们主要是借助于考古学文化。

夏家店下层文化的发现，应该是与中国考古学诞生同时的。今年是建党100周年，也是中国考古学诞生100年。1921年6月，著名的考古学家安特生在辽宁锦西沙锅屯，也就是今天辽宁的葫芦岛，进行了中国考古学史上第一次田野考古发掘。在沙锅屯发掘之后，安特生又到了河南渑池仰韶村发掘了仰韶文化。虽然现在我们的教科书中，说安特生发掘仰韶文化是中国考古学的开端，但是从我们查找史料来看，最早的考古发掘还是在辽西地区所做的工作。就在安特生发掘仰韶文化的那一个时间段，日本东亚考古学会这一在20世纪初在学术界非常有影响的一个学术机构，于1929年出版了《貔子窝》。在这部报告中，就有当时称为圆肩铭鼓腹鬲，腹有绳纹和加划纹的罐形鼎，还有筒腹鬲，当时认为这个年代要偏晚。1935年，滨田耕作、水野清一在赤峰市东郊的红山后进行发掘，揭露了不同时期的文化遗存，当时就把包含了夏家店下层文化的这类遗存，通通命名为赤峰第二期文化。因为当时在发掘过程中发现了明刀，发掘者就将赤峰第二期文化遗存视为秦汉时期的遗物。这是新中国成立前对夏家店下层文化的一个简单的认知。

新中国成立之后，中国社会科学院考古研究所的安志敏先生在河北唐山的小官庄发掘了六座石棺墓。在发掘石棺墓之后，安先生就敏锐地认识到这批石棺墓的年代早到东周时期，时间就由秦汉提到了东周时期。在这个过程中，北京大学的吕遵谔和严文明先生在红山后发掘，严先生本科阶段的第一次实习就是在赤峰。红山后是不同文化时期相互叠压的一个遗址，相互叠压也就意味着不同时期的人都在这里生存，留下了这个遗迹。在发掘过程中，就发现了夏家店下层文化的陶片，还有石器。吕先生认为，红山后发现的这类遗存，比当年日本人揭露的所谓的赤峰第二期文化的年代应该要早，并且它里面所包含的文化不止一处。

1960年是对夏家店下层文化认识的一个关键期。这一年，中国科学院考古研究所（后来改为中国社会科学院）内蒙古工作队在刘观民、徐光冀两位先生的带领、主持下，对赤峰市松山区夏家店遗址进行发掘。在发掘过程中虽然发现的遗物不多，但是发现的文化层非常清晰，在之前所认识的无论是《貔子窝》，还是滨田耕作、水野清一发现的红山后，乃至安志敏先生发现的唐山的小官庄等地为代表的这一类遗存，在夏家店的下层非常清晰地呈现出来了，并且它的上层又与下层的包含物截然不同。这就是命名了以夏家店下层遗存为代表的，我们今天熟知的夏家店下层文化；以夏家店上层遗存为代表的，就是我们今天熟知的夏家店上层文化。其实是两支不同的考古学文化，并且夏家店下层文化距今4000—3500年，而夏家店上层文化距今是3000—2500年，从这组数字看，中间有一个500年的时间差呢。我们期望两种文化是有联系的，但是考古学是一分材料说一分话，得需要大量的实证、后续的发掘来建构下层和上层之间的联系，但就夏家店下层遗址而言，是两支截然不同的考古学文化。我们今天向外面介绍，有的学者就说夏家店文化，有时候我纠正，我说所谓的夏家店文化，应该包含了夏家店下层文化是青铜时代早期，夏家店上层文化是青铜时代晚期，到了春秋战国时期了。

随着夏家店下层文化的揭露和命名，我们开始对夏家店下层文化的分布、它的内涵、它的社会性质、它的生业方式，包括它的源流都开展了研究，并取得了一定的成果。这个过程中发掘了大甸子遗址，发掘了辽宁北票丰下遗址，21世纪我们又发掘了松山区的三座店石城遗址，还有红山区我们的学生参与实习的二道井子遗址等。像大甸子遗址，我们目前来看，应该是当时夏家店下层文化一个大的分布区。夏家店下层文化的分布区以内蒙古的赤峰、辽宁的朝阳为中心，面积向东到达了辽河口，向北到达了今天辽宁的铁岭，也就是西流松花江，那是吉林长春这样一个区域，向西到达了张家口，向南越过了燕山，进入了京津冀地区，面积非常大。而我刚才讲的大甸子遗址，应该是当时夏家店下层文化分布区稍微缩一缩，也是以赤峰和朝阳为代表的一个核心区的中心。为什么这样说呢？在夏家店下层文化遗址的发掘过程中，对它的城址没有做大面积的揭露，但是揭露了804座墓。804座墓没有一座叠压打破关系，排列非常规整，墓又分区，并且像它的C区埋葬的墓主人，就不是夏家店下层文化的人群，而是来自沈阳高台

图2　大甸子遗址墓葬分布图

山的。为什么说它是一个中心,中心又是什么?是不同的文化汇聚的一个地方,在这里我们看到了交流。当年沈阳地区的青铜时代的人群,就是生于兹,长于兹,虽然没有文献记载,但是能看到当时那种文化的交往、交流和交融。

还有更为关键的,在夏家店下层文化的大甸子遗址的几座大墓中,发现了彩绘陶。红山文化和仰韶文化发现的叫彩陶,彩陶是绘好之后放到窑穴里去烧的;而彩绘陶是烧制成器之后,再在器物的表面用矿物质颜料绘上白色和红色,以黑色作为底,形成黑、白、红这样三种颜色相间。那么值得注意的是,在大甸子遗址发现的彩绘陶纹饰非常复杂,有的学者也研究,我们也都关注着。它的纹饰与中原地区青铜器的纹饰非常相似,并且暗含着文化之间存在着联系。但是中原地区的青铜器,真正的纹饰发达是到了晚商时期,或者说商至西周时期,而我们所认知的夏家店下层文化的年代是夏至早商时期,也就是意味着彩绘陶图案的年代要比中原地区发达的青铜器的纹饰要早。也就是说,一是暗含着交流,二是这种交流应该是很复杂。

我们今天不能说夏至早商的这种文化的主题元素是夏家店下层文化的,但是至少可以知道,夏家店下层文化对中原地区的影响是非常大的,并且发现的这种彩绘陶都在大墓中。在这个大墓中,除了彩绘陶器之外还发现了玉器、漆器。漆器是南方地区在夏商周以后常见的使用器、礼器或者明器,但是在北方地区绝对是舶来品。并且这种彩绘陶在辽宁北票丰下遗址、松山区的三座店石城遗址,以及其他的大型的夏家店下层墓遗址中非常少见或者几乎见不到。我们现在综合各

图 3 夏家店下层彩绘陶纹饰(左)与二里岗文化青铜器纹饰(右)

方面因素考虑，大甸子遗址应该是夏家店下层文化的一个中心区。今年，中国考古学会要专门在赤峰召开夏家店下层文化命名60周年会议，我想以此为契机，对于夏家店下层文化，对于大甸子遗址的揭露，都有很关键的作用。这是大甸子遗址的情况。

还有松山区的三座店石城遗址，它是以石头垒砌的一个城址。像松山区三座店石城遗址这样的城址，在整个阴河流域达到100余座。为什么说夏家店下层文化在中国文明起源和形成，尤其是中国文明的形成过程中产生了非常重要的影响呢？后世的很多的文化现象在这支文化中都能够找到根。我举个简单的例子，阴河流域的石城，在阴河的北岸沿着山的走势分布，它不是无序的，而是沿着山脊，在河的北岸沿河分布，100多座延续了几十公里，近百公里。当时中国考古学会的理事长、北京大学教授苏秉琦先生，提出考古学文化区系类型理论，被考古学界称为一代宗师。苏先生认为夏家店下层文化石城堡带，可能就是长城的雏

图4 三座店遗址航拍图

形。古国、方国和帝国这样的一个发展模式，是北方方国的代表。

你看从大甸子遗址、三座店石城遗址，还有后续发掘的二道井子遗址等来看，我们对于夏家店下层文化的分布有了了解，对于夏家店下层文化的内涵，我们也有了深化的认识。随着科技考古或者科技手段的发展和介入，对夏家店下层文化的生业方式、生存方式，我们也有了深入的认知。比如说原来认为夏家店下层文化就是以农业为主的，有窖穴。因为我本身是做科技考古和植物考古学研究的，我对松山区三座店石城遗址和二道井子遗址开展了科学的浮选。科学的浮选就是我们首先采样是科学的，每一个遗址单位都要采样，并且通过水的浮力，在不破坏它的物质性质的前提下，我们获得了丰富的碳化的农作物。之前可能认为赤峰地区就是种植小米，8000年前的小米，红山文化是5000年以前的小米，那么在夏家店下层文化，不仅仅发现了小米，并且有两种小米，一种是粟，一种是黍，还发现了大豆、大麻，它是多品种农作物种植的结构。从我们植物考古学来看，单一品种和多品种最大的区别在哪儿呢？多品种农作物的种植能够抵御风险，说白了就是你今年不收这个还收那个呢，但是你如果是单一品种不收了，一年不收还可以，两年不收，三年不收，那可能就会危害或者是影响到人的生存了，他就会迁移，或者这个遗址就会被废弃。

我们通过这样的一些技术手段，对于夏家店下层文化的生业方式，包括现在的体质人类学DNA，了解到夏家店下层文化的人群也不是单一的。我们今天讲文化的交流、交往、交融，赤峰在近代的移民文化，如闯关东，还有内蒙古西部的走西口，在夏家店下层文化时期，这种文化的交流就非常密切了。当然，文化交流不仅仅是在4000年前才出现，在6000年前、8000年前也有这样的迹象。夏家店下层文化这样一个时间段，北方的人群、中原地区的人群在这里汇聚，从DNA就能够看出来，当时是非常复杂的。人群的复杂也就意味着技术的复杂，技术的复杂可能影响到文化的复杂性。对于认识夏家店下层文化的性质，在没有文献记载的前提下，我们通过考古学或者多学科的合作，包括与经济、法律、科技等多学科的合作，来揭露和阐释这个文明和那一段历史。从夏家店下层文化来说，我们也开展了大量的工作，取得了丰硕的成果。

三、东方庞贝古城——二道井子遗址

刘锦山：孙教授，刚才您向大家介绍了夏家店下层文化的整体情况，接下来请您谈谈二道井子遗址的发掘以及二道井子遗址博物馆的馆藏情况。

孙永刚：好。二道井子遗址之前我也讲了，是我们的学生参与发掘的，这是一个配合基建的项目，是赤峰至朝阳高速公路沿线的一个遗址，当地也称为大灰包。主持发掘的是内蒙古文物考古研究所时任副所长曹建恩研究员，现在是内蒙古自治区文物局的局长。曹老师主持二道井子遗址的发掘，执行领队是孙金松先生。那时正值赤峰学院考古学专科刚刚招生培养的第二年，大家也都很期待，我们也很努力，但苦于没有一个实操的平台。当时曹老师许可赤峰学院历史学院2007级的文物鉴定与修复专业的专科生到这个遗址去实习。

其实二道井子遗址并不是在修赤峰至朝阳高速公路才发现的。20世纪80年代，国家文物局启动了第二次全国文物普查，这个遗址就已经在普查范围之内

图5 二道井子遗址发掘现场

了。而像二道井子遗址这样的被称为大灰包的夏家店下层文化遗址，仅赤峰地区就有 3000 余处，分布的密集度是很高的，其中敖汉旗就有 2000 多处，并且比二道井子遗址面积大的遗址也有很多。正是因为要修赤峰至朝阳的高速公路，才让我们对二道井子遗址有了这样一个认识的机会，也可以说让它重见天日。

我记得非常清楚，我们是 2009 年 4 月 26 日进驻二道井子遗址的，一直到 11 月初。赤峰地区到了 11 月就非常冷了，我记得在走的那几天，第一场雪已经覆盖赤峰大地了。当时二道井子有一个航拍片，呈现了银装素裹下的 4000 年前的古城。当时进行了长达 5 个多月的发掘。二道井子遗址总面积是 27000 余平方米，比它大的，10 万平方米以上的遗址也有很多，但是就这个近 3 万平方米的城址，也基本上包含了这一时期常见的大的城址的所有功能。比如说我们 2009 年发掘了近 5000 平方米，就包括环壕、房址、窖穴、灰坑、墓葬，还包括院落、街道等若干个一级单位，我拣几个介绍一下。

比如说在发掘过程中，我们当时布了一排探方，挖到底，看它整个的地层的

图 6 二道井子遗址全景

叠压打破关系就可以了。考古学遗存的叠压，是自下而上叠压的；而考古发掘恰恰相反，是自上而下逐层揭露，也就意味着最下面的是遗址时代最早的，最上面是遗址时代最晚的。我们通过第一排探方，发现叠压了七八层，在辽西地区或者在赤峰地区的史前文化，没有叠压这么厚的。叠压的时间长，也就意味着当时人在这里生存的时间长。后续的测年也印证了这个遗址存在了近300年。我记得发掘到8月或9月初，在我们发掘第二排探方的时候，也就是揭露这个遗址稍晚时期的遗存的时候，发现了几组院落，保留得非常好，并且这几组院落被完整的街道给串联到了一起，这很关键。

我们考古学讲，每个遗迹单位有一个共时性，意思是不是一个时期的。比如说我们看兴隆洼遗址的房子，一百多座房子成排分布，大家可能感觉到，当时是经过有序规划的。那我们就想，紧挨着的两个房子是不是一个时期的？按理来说应该是一个时期的，但是没有可靠的证据，我会提出疑义。二道井子遗址晚期的这几个院落，它被有序的、完整的街道给串联到一起了，就像我们今天农村的柏油马路，边上的房子，是新农村建设的成果，都是一个时期的。当时中国考古学会的理事长张忠培先生到了之后，他说从事考古四五十年了，没有见过保存这么好的遗址。当时国家文物局的专家、内蒙古自治区文物局的专家来了之后，大家召开论证会议，这个遗址得以保留下来。这就是我们今天到二道井子遗址博物馆看到的东侧的那几处保存完好的院落。

其实二道井子遗址发掘的还有很多，我们依次来介绍一下。比如说它的房子，基本上分为两种，一种是圆形的，一种是圆角方形的，这是辽西地区史前时期常见的一种形式。但是辽西地区常见的房子是半地穴式的。我们知道北方地区天气冷，半地穴式可以避寒，可以躲避凛冽的西北风。但是到了二道井子，到了夏家店下层文化时期，都是地面起建的建筑，房子的规模也不小。单纯从房址来看，刚才讲到有圆形的，有圆角方形的，还有一个相对奇特的现象：一般来说，史前时期的房子，房内都有柱洞，它要支撑房梁结构的，而在二道井子遗址，圆形的、面积小的房子有柱洞，面积大的房子是没有柱洞的。我记得应该是在8月初，在发掘第一排房子中间位置的时候，发现了这个小型的房子就是这样的。它

图7　二道井子遗址院落

的墙越往上越收回来了，类似于我们今天的蒙古包，被圈起来了。我们之前只是推测圆形的房子有柱洞，比如说史前的房子也有柱洞，到底这个柱洞是怎样支撑房架结构的，我们没法推测。而我们今天发掘的这个房子，到了这个位置是向内收了，那我们自然而然就想象向内收应该是圆形的，圆形的一侧内收，那么其他的柱侧都在内收，最后汇聚到一个点，类似于我们今天的蒙古包。这就说明它的这个柱洞，的的确确是支撑房梁的。而大房子呢，没有柱洞，它上面是怎么办的呢？后来我们发现，大房子有一个保存较好的门道，门道很低。当时人的身高，根据我们对墓葬的发掘，在一米六至一米八这样。门道是一米高左右，我们猜测它上面也不会太高了，还要考虑上面这个房架结构。我们在清理的时候，地面有很多草拌泥的结块等，它上面应该是事先做了一个草棚，在草棚扣上之后，上面再敷上草拌泥，这基本上是塌不了的。今天，在美洲、非洲原住民居住的地方，我们也能看到类似的房子。

推测二道井子遗址所发现的这两种房子的建筑形式，还值得注意的是它们绝大多数都是土坯建筑。夏家店下层文化的房子主要有两种建筑形式：一种是以松山区三座店石城遗址为代表的石制建筑，完全是用石块垒砌的，在垒砌的过程中加了料姜石，用黄土泥和细沙灌浆，在墙的内壁的角落，也用料姜石进行了处理，这是一种石制建筑形式；另一种是以二道井子遗址为代表的土坯建筑，并且这个土坯和我们今天赤峰地区农村所见的土坯是不一样的。我是农村长大的孩子，小时候还真坨过土坯。今天赤峰农村所见的土坯，是用水把土搅拌之后放上植物的秸秆，我记得主要是放小麦秆，经搅拌，类似于草拌泥式的。而二道井子遗址的土坯是用纯的黑黏土制作的，并且体型还挺大，一般长都在三四十厘米，宽也在二三十厘米，厚度有十到十五厘米。后来我们也想，是二道井子先人发明的土坯技术吗？也是有可能。但是考古学是需要材料说话的。这种土坯较早是在新石器时代早期西亚地区出现的，而在我们今天的甘肃齐家文化时期也发现了土坯。齐家文化的年代要比夏家店下层文化年代早一些。我们根据其他的一些遗存现象来看，二道井子遗址土坯应该是从西面传播过来的。一块小小的土坯，见证了背后的文化交流。这就是它的建筑形式。用土坯垒砌之后，在它的内侧和外侧用细的或者相对粗的草拌泥进行了抹砌，之后用火再烘烤，这就进一步加固了，也防潮了。这是一个单体的建筑。

二道井子遗址重要在哪儿呢？它不仅仅是发现了这个院落，后来还发现了几组房子，就是几个房子构成了一组房子。什么意思呢？就是用院墙或者用单体的墙，将几座房子连到了一起，并且是成组出现的。我们今天坐在一起是因为我们有了沟通、有了联系才坐在一起了；那么4000年前也是因为二者有关系，才能用一堵墙把它连在一起，而不是隔开的。一个房子可能当时是一个家庭，因为在6000年前的红山文化、在8000年前的兴隆洼文化，既发现了房子，也发现了成年男女合葬墓，很多迹象表明家的出现应该是很早的，到了二道井子遗址存在的夏家店下层文化时期应该是成型了。而在家的基础上，用院墙将房子连接到了一起，意味着家族出现了，并且家族是明确的，这就意味着当时的这种关系已经由一种血缘关系进一步凝聚了，达到没达到地缘关系我们不太了解，但血缘关系已经非常明确了。这种血缘关系，一直影响到后来的宗法制度，这样一种家族观念，一直影响了中国文化几千年。也就是说，以家族为代表的社会组织形式在二道井子遗址存在的时间内已经出现了。

在二道井子遗址还有一处最大的房子叫F8。F8虽然不是我亲自发掘的，但是我就在F8的边上发掘的探方，所以说一直瞅着，关注着F8揭露的由晚到早的这样一个过程。F8是在二道井子城址的东北角，是在这个遗址的最高处。从这个村落营建到废弃，F8一直是存在的。刚才我们讲到二道井子遗址的房子有七八层的叠压关系，这种叠压被考古学家称为宅基地，就像今天我们有了房产证。为什么这样说呢？上下层的叠压，最大的差10—20厘米，基本上是重合的，也就意味着上一层的房子废弃了之后，再营造晚期的房子的时候，只能在原来的位置营建。说明当时的这种规划是有的，是一种管理系统下的规划。叠压了七八层，至少来说应该有了七八代，这只是推测，因为不知道当时房子存续时间到底有多长。刚才我们讲碳-14测年，由下到上存续了近300年。当年二道井子先民生于兹，葬于兹，在这儿生产生活，而那个F8一直存在。F8经过了多次的维修扩建，墙体比其他房子的墙体厚一倍多，墙体的高度也是很壮观的。还有一个关键点，F8的外围是空的。刚才我们讲的街道、院落，是与相对较窄的街道进行了连接，而F8的外面是一个空旷的广场，广场首先界明了F8的位置，在那样一个有限的地理空间下，还能给F8预备一个广场，足见F8的重要性。可能F8是基于祭祀、集会等多功能于一体的一个单位。

其实在这个遗址发掘过程中，我们还揭露了大量的窖穴。那些窖穴很规整，有的甚至比我们今天农家营造的窖穴还要规整，凹下地面，地面掏空之后再两三米深，并且窖穴内壁也是用草拌泥，用火烘烤了，非常规整光洁，窖穴内壁还有脚坎，人可以顺着脚坎上来。而窖穴的上面，还有高出地面10—20厘米的圆形的一面墙。我们对所有的窖穴和房子进行了采样和浮选，不仅仅从窖穴发现了粟、黍、大豆、大麻，还发现了很多碳化的木材，共发现了20余种木本植物，我们请中国社科院考古研究所科技考古中心的王树芝做了木材分析研究。植物是生态的晴雨表，如果植物是单一的，说明当时的生态环境应该不太好；如果是多品种农作物或者多种木本植物在这里生存，说明当时的气候环境还是不错的。还

图 8　二道井子遗址中心房址 F8

发现了大量的碳化木屑，为什么会落到窖穴中？窖穴是保存粮食的，我们推测当时这个窖穴是有盖的，这个盖烧塌之后，自然就落到这个窖穴里了。它是有盖的，并且很规整，说明当时对窖穴是很看重的。我们在这个窖穴中，不仅仅发现了粟、黍、大豆、大麻等，而且发现的量还非常多，有的窖穴甚至有厚达几十厘米的粮食。我们这个资料已经发表了，二道井子的农业的遗存所显示的生业方式是以农业为主的，并且是一种相对发达的农业。在这里还发现了猪的骨头、鹿的骨头，说明当时延续了早期的狩猎生活。我们在一些窖穴、灰坑中，还发现了豆科植物，豆科植物一般来说都是作为饲料用的。通过我们的植物考古学、动物考古学，向大家呈现了当时的生产生活，当时人的餐桌是丰盛的，当时的植物资源、动物资源也是丰盛的。经济基础决定上层建筑，只有发达的经济作为支撑，当时的整个社会组织形式、社会结构才能得以延续，得以发展。所以说夏家店下层文化时期，它的发达或者它的影响力，在中国文明起源，在中华民族多元一体格局中占有重要的地位，我想是有道理的。

除了窖穴之外，还有二道井子遗址的环壕。环壕一是宽，二是深。环壕的建筑形式是开凿了一个环形的基槽，把环壕内的土直接折到了内侧，折到了墙体。这样在建的过程中，墙体不断升高，环壕不断加深，既可以排水，防止野兽，我想也有军事的防御功能，二道井子遗址环壕绝对不是单一的。我们联想到之前讲到的三座店石城遗址，在阴河流域有上百座石城址沿河分布，并且石城大城的北面都有高大的石制马面，说明当时的防御体系相对完善。当时的社会也是复杂化的，如果大家生活都很安逸，没有必要花费大量的人力、物力，构筑这样强大的防御体系。所以说对二道井子的防御体系，应该从多个角度来进行把握。

2010年我们又在紧挨着二道井子遗址城的主体的南侧，发掘揭露了200余座墓葬，也就是说当时的二道井子人是聚族而居、聚族而葬的。刚才我们讲这种家族形式，还有这种血缘凝聚，在这里体现得非常清晰。200余座墓葬，经过吉林大学考古学院的张全超教授进行鉴定，成果还没有发表，据说就像大甸子城址揭露的804座墓葬，当时的人群或者人种不是单一的，相对来说是复杂的，不同地域的人群呈现出这种交流，那也就意味着不仅仅大甸子遗址的墓葬是这样，二道井子遗址也是这样的。当时的人群的交流，促进了生产、生活、技术等的交流，在交流过程中，新的生产生活的元素、新的技术进来，共同推动了二道井子遗址发展，或者说共同推动了夏家店下层文化的发展，达到这样一个高峰。

所以说夏家店下层文化、二道井子遗址能够存续时间长，有多方面原因，我们从它的社会性质、文化内涵、生产生活所体现出的生业方式，乃至于大甸子遗址发现的彩绘陶，从它的思想或宗教信仰来看，都达到了一定的高度。二道井子墓葬中也发现了几件彩绘陶，虽然不多，但当时的彩绘陶应该就是礼器，它已经不单纯是墓葬中所随葬的明器，而是以礼器的形式存在了。二道井子的文化不是一元的，它是多元的，并且是中国北方地区介于夏至早商时期一支发达的青铜文化。刚才我们讲从它的土坯、铜耳环、农作物以及墓葬中所发现的人骨的DNA等来看，当时的这种文化的交流、交往、交融是存在的，甚至是密切的。

四、发达的青铜文化——夏家店上层文化

刘锦山：孙教授，您刚才给大家介绍了二道井子遗址、夏家店下层文化遗址的考古和基本情况。接下来请您再向大家介绍一下夏家店上层文化遗址的一些情况。

孙永刚：好。1960 年，刘观民、徐光冀两位先生在松山区的夏家店发掘了该遗址。而该遗址的地层呈现出来的是两支不同的文化遗存或者考古学文化：一支就是我们刚才讲的夏家店下层文化，距今 4000—3500 年；另一支是夏家店上层文化，距今 3000—2500 年，也就是西周至春秋战国时期。夏家店上层文化时期处于青铜时代的晚期，这一时期的文化内涵较夏家店下层文化有了很大的不同。一是当时的聚落已经不像夏家店下层文化分布得这么密集，分布范围这么广，城址的规模这么大，而是进行了一个收缩。并且很有意思的是，夏家店下层文化大多都与今天的居民区所处的位置大体相当，也就是河谷漫滩、一级台地、二级台地都有分布，主要是以一级台地为主；而到了夏家店上层文化时期，突然之间占据了高山的顶端，大量的遗址是在高山顶端的。高山顶端是不太适合人居住的，但是当时的夏家店上层文化时期的人喜欢选择在高山的顶端。还有，夏家店下层文化时期陶器有筒腹鬲、鼓腹鬲、鼓腹罐等，无论是自己本身的系统，还是受到周边地区文化的影响，陶器都很发达；而到了夏家店上层文化时期，陶器制作的工艺就相对要差一些了，如夹砂陶，陶质非常疏松。

但是值得指出的是，到了夏家店上层文化时期，青铜器进入一个发展的高峰期。夏家店下层文化时期，见到的只是耳环、匕首这样一些小型的、素面的、小件的青铜器；而到了夏家店上层文化时期，比如赤峰宁城的南山根遗址、赤峰宁城的小黑石沟遗址、克什克腾旗的龙头山遗址等，发现了大量的青铜器，这些青铜器有两个特点：一是北方草原畜牧、游牧的色彩、特色非常鲜明，说白了就是动物形的器物大量地增加，鹿的、马的、羊的、虎的等非常多，即使像青铜剑、青铜刀的刀柄都是羊首、鹿首的，一看就具有浓郁的北方草原的特点。除此之外，还有一批中原的器物影响至此，比如说在通辽市霍林河发现了一个邢姜太宰

簋，簋的铭文是"邢姜太宰它铸其宝簋子子孙孙永宝用享"，一看就是中原的器物，是邢国的姜氏夫人的属下叫"它"铸的簋，是中原的制造技术，中原的青铜器铭文的书写体例。

虽然说夏家店上层文化时期陶器相对弱了一些，但是青铜器发达，这些青铜器有自己的一些特点，所以说当时学者一看到夏家店上层文化时期的这些草原青铜器，就与东胡联系到一起。东胡是秦时期北方草原非常强大的一个北方民族，像燕将秦开北却东胡千里，演绎了这样一个战争的故事，是很强大的。通过对夏家店下层文化的生业方式等的了解，有的学者开始倾向于认为夏家店上层文化的族属应该是山戎，还是以农业和牧业相结合的一个古族。我做了二道井子遗址、三座店石城遗址的浮选，也做了夏家店上层文化热水汤遗址的浮选，二道井子遗址、三座店石城遗址植物的出土概率达到了90%甚至100%，而到了夏家店上层文化时期，出土概率仍然达到了一半以上，即50%—60%，说明当时农业的比重还是很大的。

活跃在赤峰地区不同时期的民族的生业方式不是单一的，应该是农牧并重的，在某一个时间段可能农业偏重一些，在某一个时间段可能牧业稍微提升了一些，但总是农牧结合的。我经常和我的研究生讨论，生业方式或者这种经济模式直接影响了它的社会结构，农业社会、牧业社会和游牧社会的管理体制是不一样的，这是我们认识一个文化很关键的一个因素。所以我觉得对生业方式的了解，也有助于对夏家店上层文化的了解，它的青铜器制作非常发达，并且它的这种草

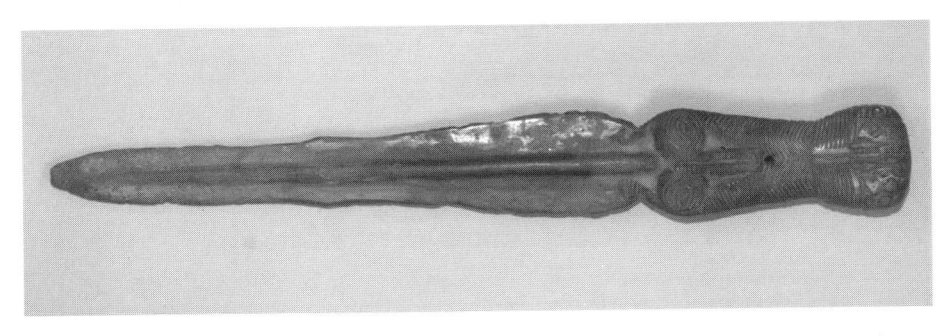

图9 夏家店上层文化青铜匕首（赤峰市博物馆藏）

原游牧色彩，或者说草原畜牧色彩非常浓，但是不能仅仅根据青铜器的变化来看它的族属是游牧的。当然这并不影响夏家店上层文化在青铜时代晚期，在中国东北地区乃至中国北方地区青铜文化发展的地位和影响。

刘锦山：孙教授，非常感谢您接受我们的采访。

董新林

契丹后裔今何在

采访时间：2021 年 7 月 16 日
初稿时间：2024 年 3 月 4 日
定稿时间：2024 年 5 月 1 日
采访地点：赤峰市图书馆"赤峰记忆"拍摄现场
版　　本：文字版

董新林速写

　　董新林　现任中国社会科学院考古研究所研究员，辽上京考古队队长。中国社会科学院大学研究生院教授、博士生导师，中国社会科学院考古研究所契丹辽文化考古研究基地主任、中国考古学会理事、宋辽金元明清考古专业委员会常务副主任、中国历史文化名城名镇名村保护专家委员会委员（2019），教育部文物保护职业教育教学指导委员会委员（2020），吉林大学、辽宁大学、赤峰学院等高校硕士研究生校外指导教师，国家社科基金重大项目首席专家。曾任《中国大百科全书·考古卷》（第三版）隋唐宋元明清考古分支主编，《中国考古学·宋辽金元明卷》执行主编。

　　长期从事田野考古发掘工作，研究领域为中国历史时期考古发掘与研究，中外文化交流的考古学比较研究。作为考古领队，主持发掘的辽祖陵黑龙门遗址荣获国家文物局"2009—2010 年田野考古发掘奖"一等奖；辽上京皇城西山坡佛寺遗址荣获2012年度"全国十大考古新发现"。著有《中国古代陵墓考古研究》等考古学论著，执行主编《中国考古学·宋辽金元明卷》等；发表《辽上京规制和北宋东京模式》《辽祖陵陵寝制度初步研究》《辽墓壁画所反映的辽代社会生活》《宋代埋葬制度和丧葬习俗研究》《长城以北地区金墓初探》等学术论文100余篇。

刘锦山：各位朋友，大家好！今天是2021年7月16日，这里是赤峰市图书馆"赤峰记忆"第六期"文化旅游"专题拍摄现场。今天我们邀请到的嘉宾是中国社会科学院考古研究所董新林教授。董教授您好。

董新林：您好。

图1　董新林（左）接受"赤峰记忆"采访

一、被低估的辽王朝

刘锦山：非常高兴您能接受我们的采访。董教授，首先请您给大家介绍一下您的个人情况和学术生涯情况。

董新林：好。我是1985年考入吉林大学考古系的，1989年又考入北京大学考古学系，后来改成考古文博学院。1993年7月进入中国社会科学院考古研究所汉唐考古研究室。到考古所之后，我觉得有两位先生应该要感谢一下。一位是刘晋祥先生。我到了考古所，被分到了内蒙古工作队。一年以后，老队长刘晋祥先生就安排我开始整理敖汉赵宝沟遗址的考古发掘报告。《敖汉赵宝沟：新石器时代聚落》考古发掘报告在1997年就正式出版了。后来又出现了一个机缘巧合的情况。原来我在北京大学，是跟随著名考古学家李伯谦教授学习商周考古，所以到内蒙古工作队后，我是计划对赤峰地区的燕山南北，包括以赤峰为重心的夏家店下层文化和夏家店上层文化做进一步深入的考古发掘和研究。但是在1996年前后，我们社科院考古研究所开始主编一套大型的九卷本《中国考古学》的系列专著。其中《中国考古学·宋辽金元明卷》是由时任汉唐考古研究室主任孟凡人先生来主编的。当时因为我们室里没有做宋元时期考古学研究的年轻人，所以他就建议我从商周考古转到宋元考古研究。当时我并不太情愿，因为我完全不熟悉宋元考古，而且据说宋元考古比较难搞。但是因为孟先生强烈要求，我也只能硬着头皮，边学边做，开始对辽宋金元明时期墓葬资料进行收集和研究。在学习和研究中发现，宋元时期考古学的研究空白点较多，研究的人少，学术空间更大，所以我把学术研究重点从商周考古转移到了宋元考古。所以说，我也很感谢孟先生给我提供了这个转研究方向的机会。从1998年开始，在我们考古研究所领导的大力支持下，我开始对赤峰地区和通辽地区的辽墓进行专题的考古调查。在国家文物局领导的大力支持下，1999年中国社会科学院考古研究所和内蒙古自治区文物考古研究所联合组成辽墓考古发掘队，在内蒙古扎鲁特旗开始对辽墓进行考古发掘和研究。根据我们所的工作特点，我把自己的学术研究定位在契丹辽文化的考古发掘和研究方面。考古发掘当然是最重要的基础。

刘锦山：董教授，听您刚才介绍，您是这个领域的资深专家了，多少年一直从事这方面的田野发掘和研究。我们知道，中国是一个统一的多民族国家，那么在统一多民族国家形成和发展过程中，各个朝代都做出了积极的贡献。一般来说，唐宋元明提得多一点，对辽和金提得相对少一点。那么我想就这个问题请您谈谈您的研究和看法。

董新林：我觉得这涉及一个历史观的问题。很多研究中经常讲秦汉唐宋元明清，这样就把跟北宋和南宋大体同时的辽朝和金朝忽略掉了。其实如果我们站在多元一体的中华民族史观的角度来看问题的话，我们就不会把契丹人建立的辽朝和女真人建立的金朝，和北宋、南宋对立起来。在我们看来，唐朝之后，中国北部的辽朝和金朝，与中国南部的五代、北宋、南宋共同开启了中国第二次南北朝的局面。实际上，考古发掘资料越来越证明，契丹人建立的辽朝对于多元一体中华民族国家的形成曾做出了很重要的贡献。以往我们对辽朝的政治、经济、文化水平等方面有所低估。我们说，契丹辽王朝是真正意义上第一次同时统治游牧民族为主的草原地区和燕山以南的以汉民族为主的农耕地区，即燕云十六州地区。辽朝采取了"因俗而治"的统治理念，对后来的金朝、元朝和清朝都产生了很重要的影响。我想从这个角度来讲，契丹族建立的辽王朝统一了包括外蒙古高原，即现在整个蒙古高原的广袤地区，占据到外兴安岭一线，为后来的金朝挺进中原，元朝统一全国奠定了基础。辽朝是北方民族和汉民族共同建立的一个多民族统一的王朝。我想从这个角度来讲，契丹辽王朝对中国历史的发展进程做出了很重要的贡献。

二、契丹族的起兴

刘锦山：董老师，您刚才讲辽朝是契丹人建立的，那么接下来请您给大家介绍一下契丹人的起源，以及他们建立辽王朝的经过。

董新林：契丹族是东胡的一支，从鲜卑族里分离出来的，后来逐渐壮大，形成了契丹族。《辽史》里有一个美丽的传说：相传有神人乘白马，自马盂山浮土河而东，有天女驾青牛车由平地松林泛潢河而下。至木叶山，二水合流，相遇为配偶，生八子。其后族属渐盛，分为八部。有学者认为，这实际是在点明当时契丹人"住地、八部同源说和木叶山信仰"三个重要的要素。我觉得是有一定道理的。所以这个传说实际上比我们说它的族源可能要晚一点。我们说，契丹族是从东部鲜卑宇文部的一支分离出来的。从344年起契丹族一直活跃在中国北方地区。公元907年耶律阿保机成为契丹部落联盟的可汗，公元916年登基称"天皇帝"，立国号"契丹"。契丹族是一个很了不起的古代民族。它经过几百年之后，建立了一个统治中国北方地区200多年的王朝，到1125年被金所灭，跨度长达210多年。辽朝占据的疆域很大，北到克鲁伦河流域和外兴安岭一线，东到日本海，西到阿尔泰山，南到河北高碑店的白沟一线。辽朝灭亡后，契丹族人耶律大石到今新疆和中亚地区又建立了西辽（1132—1218），存在将近百年。所以这契丹民族延续的历史还是很长的。从这个角度来讲，契丹这个民族对中国历史也做出了很重要的贡献。

刘锦山：您刚才谈到契丹起源在平地松林，平地松林是不是咱们现在的大兴安岭地区？

董新林：《辽史》讲的"平地松林"，通常认为就是赤峰市克什克腾旗附近的这一片区域。在赤峰有《辽史》提及的两条重要河流，一条是潢河，就是西拉木伦河；一条是土河，就是老哈河。两条河相交汇的"木叶山"通常指的是现在翁牛特旗的海金山。如果把契丹辽王朝作为一个文化旅游资源的话，我们可以说契丹辽文化应该是内蒙古地区仅次于元文化第二重要的旅游资源。那么换个角度说，如果放在赤峰来讲，它应该是一个有垄断性的、最重要的旅游资源。因为在赤峰地区有两个都城，即辽上京，在巴林左旗林东镇；还有辽中京，在赤峰市宁城县大明镇。还有三处帝陵，即巴林左旗的辽祖陵、巴林右旗的辽怀陵和辽庆陵。此外还有一系列非常重要的城址、佛塔和贵族墓葬。现在我们大家都比较熟知的、很著名的墓葬，有阿鲁科尔沁旗耶律羽之墓和宝山辽墓，巴林左旗韩匡嗣家族墓地等。韩匡嗣是韩知古之子、韩德让之父，是辽朝汉族中的第一大家族。韩德让获赐国姓，更名耶律隆运。还有很多其他的辽代遗存。所以契丹辽文化是

图 2　巴林左旗林东镇辽上京遗址（刘锦山摄影）

图 3　辽祖陵及祖州城遗址（刘锦山摄影）

图4　辽祖陵及祖州城遗址（刘锦山摄影）

赤峰市最为重要、具有垄断性的文化资源。我认为，红山文化、夏家店下层文化、契丹辽文化和元文化，构成了赤峰市最重要的四种文化旅游资源。

刘锦山：董老师，"契丹"这个词的意思是什么？

董新林：对于"契丹"这个词解释有很多种。现在从《金史》来讲，他们就说这个词可能是"镔铁"的意思。这是比较常用的一种说法。此外还有很多其他的说法，都不是主流。

三、辽朝特色制度

刘锦山：董老师，您刚才介绍了契丹人的起源，以及辽朝的一些情况。我们知道契丹在长达200多年，加上西辽的话有300多年的这个历史过程中间，也有自己一些独特的文化，或制度上面的创建。我想请您接下来再给大家介绍一下辽朝这两三百年的发展过程，以及他们在文化和制度方面一些创造或新的特点。

董新林：这个问题说起来比较大，那么我想选几个截面简单说一下。我觉得辽朝长期以来都被低估了。从政治上看，辽朝实际上是传承和效仿唐朝的统治制度。耶律阿保机十分尊崇中华文化。他从当可汗开始，就想像汉人一样做皇帝。中华帝统其实和北方游牧民族三年一次选可汗的传统是有矛盾的。所以耶律阿保机当可汗后，一直不让位，导致他自己的亲兄弟不断谋反。他的几个亲兄弟三次谋反，想让耶律阿保机让位。耶律阿保机软硬兼施，平定迭剌部内部斗争后，于916年正式登基做皇帝，国号"契丹"，建元神册，立长子耶律倍为太子。耶律阿保机要坚持汉人传统的帝制可以说是一种先进的观念，但和游牧民族可汗的世选制（虽然是本民族特色）之间存在很大的冲突和矛盾。耶律阿保机长子耶律倍虽为太子，但并没当上皇帝；而能征善战的二儿子耶律德光则当了辽朝第二个皇帝；耶律倍的儿子篡位称帝，即世宗；经穆宗后，世宗的儿子耶律贤再次称帝，为景宗。直到辽景宗，已经是耶律阿保机的重孙，才真正意义上确立了按嫡长子继承帝位。所以说在辽朝早期还是经过了所谓的农耕文明帝制和游牧民族世选制传统之间的角力。从这个角度来讲，至少从建国开始，耶律阿保机就想像中原农耕文明王朝一样建立帝制。他非常重用汉人。早期他有韩知古、韩延徽等很多汉人谋士，给他出了很多主意，包括实行"因俗而治"，即"以国制治契丹，以汉制待汉人"政策，实行州县制、营建都城，等等。耶律阿保机在营建首都辽上京时，首先诏建了孔庙，尊崇并传承中华优秀传统文化。同时辽上京皇城里还有佛寺、道观等。可见当时是非常开放的，多种信仰并行发展。耶律阿保机高瞻远瞩，既保留了本民族的特色，同时又积极地吸取中原汉文化先进的传统。

在赤峰境内，现在还存留不少辽塔。同时我们在辽代建筑基址的考古发掘中发现，辽人在建筑中大量地使用白灰做黏合剂和勾缝。据我们所的前辈学者讲，在北宋的建筑中，他们还没有大量地使用白灰，还在用黄泥做黏合剂和勾缝，到了南宋才开始大量地使用白灰。当然这个观点还需要更多考古资料验证。如果这样的说法不错的话，那就说明辽朝大量使用白灰的建筑技术是领先的。南宋有文献记载，契丹马鞍的质量是当时天下第一的。

刘锦山：董老师，我们知道契丹有五京制。接下来您会重点给大家讲辽上京，现在请您再给大家介绍一下契丹的五京制。

董新林：文献记载，辽朝有五京。这个多京制从汉朝就开始有的，唐朝和宋朝也都是多京制。唐朝属国渤海国也是五京制。至于说为什么是这样，我也不好说得很清楚。因为我对这一方面没有专门的研究。但是我们知道，辽朝五京不是同时设置的，有先有后。辽朝的五京实际分两大类。第一大类以辽上京和辽中京为代表。这两个京城是契丹统治者平地起建的新城，是两个非常重要的都城。第二大类还有三个都城，就是辽阳的辽东京、现在北京的辽南京和山西大同的辽西京。这三个城都是在唐朝州城的基础上改建的，而且分布区域也不一样。新建的两个都城在燕山以北，是契丹族人的核心区，即西拉木伦河和老哈河流域。而在唐朝州城基础上改建的这三个都城，辽东京是以汉人和渤海人为主的区域，另二者是在汉人居住的核心区域。其中，辽上京是辽代始建最早、使用时间最长、最重要的首都。澶渊之盟之后建立的辽中京，虽然也很重要，但是它在政治地位上没有取代辽上京的核心地位。所以另外四个应该都是陪都。除了五京之外，辽朝还有五处帝陵，即巴林左旗的辽祖陵、巴林右旗的辽怀陵和辽庆陵，另外还有两处帝陵在辽宁省北镇市，一个是辽显陵，一个是辽乾陵。

四、消失的契丹族

刘锦山：您刚才把五京的情况向大家做了介绍，还有个问题再请您谈谈，我们知道契丹创建了自己的文字，有大字和小字，但现在大家认识的也不太多。请您把契丹文字的情况给大家再简单介绍一下。

董新林：这也不是我的专长。据我了解的情况，契丹大字主要是用汉字的偏旁、部首来形成的会意字。现在整体的研究进展比较缓慢，所以现在对契丹大字的识别并不多。契丹小字通常的说法是根据回鹘文形成的一种拼音文字。以中国社会科学院民族学与人类学研究所的刘凤翥先生，内蒙古大学清格尔泰教授及其弟子为代表的两大支，是研究契丹文字的重镇，研究水平都非常厉害。这些学者通过现代的科技手段把契丹小字的表音符号基本电子化了，然后根据释读需要，拆开来重新组合。就像汉字拼音一样，可以把这个字拼出来。所以通过这些先生们的研究，契丹小字现在研究得比较深入，识别的字比较多。我相信有现代科技手段的辅助，契丹文字的研究也会越来越有突破。

刘锦山：契丹文字比较难认，也和契丹人在元朝以后消失了有关系。请您给大家介绍一下契丹这个民族到最后为什么消失了。

董新林：现在我们说中国有56个民族，里边并没有契丹民族。据我所知，从明朝就开始没有契丹这个族名了，明朝的文献里就不再提契丹了。现在我们知道，在辽朝灭亡之后，其实更多的契丹族融入了当地的汉人、女真人等不同的民族之中。至少是中下层民众，更容易跟其他的民族融合。我觉得这是主要的一部分。还有一部分是刚才已经提到，耶律大石在辽末带着一支队伍到了新疆和中亚地区，建立了西辽。那么这一部分又延续了契丹族的血脉，这是一支。另外就是到元朝的时候，一些怀有复国或者复仇思想的契丹人，像以耶律楚材为代表的这些契丹族人，他们依附了蒙古国政权，在成吉思汗的部下征战，出谋划策。其中《元史》记载，有一个叫耶律秃花的契丹王族，归顺成吉思汗后，立下赫赫战功。其子曾带着几万人跟着蒙古大军南下，征战云南、贵州地区，并世守云南。所以现在云南省施甸县有一批人，他们自称"本人"，有将近几万人，号称有十万之众，一直供奉契丹族的祖先。这些人应该就是远征云贵地区留下来的契丹人后裔。所以现在还有很多当地的人来到赤峰地区，到巴林左旗去寻根。还有一部分就是现在的达斡尔族人。根据DNA鉴定和分子考古学的研究，达斡尔族与契丹人有最近的遗传和血缘关系。现在内蒙古莫力达瓦达斡尔自治旗、黑龙江梅里斯达斡尔区和新疆塔城市，是达斡尔族人主要分布区。他们的生活习俗，以及口口相传的一些祖先的传说，更接近于契丹族。所以现在通常认为达斡尔族是契丹人的直系后裔。

刘锦山：您刚才谈到分子考古学，把现在人们的DNA提取出来跟古代什么人的DNA比对？

董新林：就是从我们考古发掘出来的契丹人墓葬里提取人骨资料。科学家再从契丹人的尸体骨骼中提取DNA，然后再和现代人的DNA进行比对研究。

刘锦山：那就是您刚才讲的云南的本人、达斡尔族人他们的DNA。

董新林：是的。这些人都做过比对，都进行过科学的研究。

五、辽朝的历史价值

刘锦山：董老师，接下来请您总结一下契丹辽王朝的历史价值。

董新林：我觉得契丹辽王朝对于多元一体中华民族的形成确实做出了很大的贡献。所以说，契丹辽王朝是从以汉族为中心的政权，到多元一体中华民族的大中国的一个十分重要的转变时期。为什么这么说呢？我们讲中国历史，通常说的是秦汉、隋唐、宋元、明清。我们说以中原王朝汉民族为主体的王朝来建立的国家，即使是盛极一时的汉、唐、明疆域，如果按长期实际控制的范围考量，都没有完全地跨到蒙古高原。但是从契丹人建立的辽朝开始占据北方，经过女真人建立的金朝，到蒙古人建立的元朝，后来为满人建立的清朝所承继。我们说辽朝是第一个真正意义上把游牧民族的蒙古高原和燕山南部农耕文化的燕云十六州有机地融合在一起，采用"因俗而治"统治理念的多民族一统的王朝，对后来的金朝、元朝、清朝产生了重要影响。我想从这个角度来讲，辽朝首先统一了中国的北方，它的意义还是很大的。我们刚才也提到辽朝和五代北宋开启了中国第二次南北朝的局面，为后来的元朝统一奠定了一个非常好的基础，就像第一次南北朝为隋唐帝国统一奠定基础一样。这种历史价值是不可低估的。

从另外一个角度看，辽朝时期，草原丝绸之路也很兴盛。辽上京等一些城市都是草原丝绸之路很重要的节点。辽上京对于南北文化的交融，以及东西方文化的交流曾做出了重要贡献。辽朝和北宋一样，都是中国对外宣传的一个窗口。我们知道，印欧语系里又分语族。拉丁语族中用"China"来称呼中国，以俄罗斯为代表的斯拉夫语族，他们就用"Китай"（"契丹"音译）来称呼中国。可以说契丹在中世纪以来对于欧洲中亚地区，在中华文化传播和交流方面曾起到非常重要的作用。

刘锦山：对，有些国家用"契丹"来指称中国。

董新林：俄语就是这样的，用 Китай 代指中国，发音就是契丹。

六、辽代考古发掘成果

刘锦山：董教授，您从事契丹历史文化研究这么多年，请把您最重要的一些工作向大家介绍一下。

董新林：我主要是做辽代考古发掘和研究。新世纪以来，最重要的工作应该是有两项：一项是辽祖陵遗址的考古发掘和研究；另外一项是辽上京遗址的考古发掘和研究。

辽祖陵主要工作有：从 2003 年开始，中国社会科学院考古研究所内蒙古第二工作队开始对辽祖陵遗址进行考古调查。在国家文物局有关领导的大力支持下，中国社会科学院考古研究所和内蒙古文物考古研究所联合组成了辽祖陵考古队，从 2007 年到 2010 年对辽祖陵进行了大规模的考古发掘和研究。北京大学齐东方教授曾指出，辽祖陵遗址的考古工作是中国学者对中国辽代帝陵考古的第一次大规模的考古工作，也是对世界考古学的一个回应。

辽祖陵遗址的发掘主要有几项重要收获。第一，我们把辽祖陵陵区的构成基本搞清楚了。辽祖陵陵区范围较大，辽祖陵陵园、奉陵邑祖州城、陵园外的陪葬墓区和陵园外祭祀区等四个主要部分构成了辽祖陵的陵区。其中最核心的部分就是辽祖陵陵园。这个陵园是一个口袋形的山谷，仅在东南方向有一个狭窄的出入口，即文献记载的黑龙门。我们通过考古调查和发掘，基本搞清了辽祖陵陵园内的主要布局。我们锁定了辽太祖陵玄宫的位置，也就是埋葬耶律阿保机的地点，我们叫太祖玄宫。实际上在祖陵陵园内西侧有三道山岭，其中最北边那道山岭凸出向东，在最前边是用一个很大体积的夯土形成了一个封土丘。这个封土丘已被考古试掘确认。它是由一层夯土，再垫一层石头块，再打垫夯土，再垫小石块，这样一层层夯起来的。这个地方就是埋葬耶律阿保机的玄宫所在。同时我们根据文献记载，找到了南岭上的"膳堂"遗址。其东侧平地上的甲组建筑基址，应是一处与佛殿有关的大型殿址。在南岭的西南侧，我们清理了被盗掘过的一号陪葬墓。通过我们的考证，认为这是耶律阿保机的小儿子耶律李胡墓。在它的右前方还有祭祀性的献殿。我们通过研究确认，辽祖陵陵园内玄宫和案山之间，可能有明确的轴线规划。辽祖陵是依山而建，以自然山脊为陵墙，只有在有豁口的地方会用石块封堵一下。陵园只有东南一个门，这都是辽祖陵的重要特点。后来的辽怀陵、辽庆陵等，基本是按照这样的一个模式来修建的，具有一定的传承性。另外，辽祖陵一号陪葬墓

图5 《辽祖陵：2003—2010年考古调查发掘报告》书影

和我们发现的大量辽墓一样，都是"类屋式墓"也即像房子一样的墓葬。这种形式跟中原汉文化的传统是一致的。所以我们说辽祖陵主体继承了唐代帝陵的传统。唐晚期皇陵也是在山上建的，但它在山脊上要垒砌陵墙，四面辟司马门。辽祖陵实际是对唐朝礼制和文化的尊崇和效仿。同时又有自己的特色，如陵园只有一个黑龙门，依山为阙；以自然的山脊为陵墙等。因此说，辽祖陵考古发掘和研究，丰富了我们对于辽代陵寝制度的认识，同时也推进了对于中国古代陵寝制度的研究。

辽上京遗址的考古发掘主要有：2011年在国家文物局的大力支持下，中国社会科学院考古研究所和内蒙古文物考古研究所联合组成了辽上京考古队，开始对辽上京皇城遗址进行大规模的考古发掘和研究，今年已经是第11个年头。我

们这 10 年的考古工作，主要都是围绕着辽上京的布局和沿革来开展的。为什么要做辽上京遗址呢？因为辽上京遗址是全国第一批重点文物保护单位。当时全国一共只有 26 处古遗址入选，可见它的重要价值。辽上京遗址保存得相对完好。1961 年成为国保单位之后，巴林左旗委、旗政府就把辽上京皇城内的土地全部征为国有土地，所以至今城内没有大量的现代建筑。这对辽上京遗址的保护作出了巨大贡献。

辽上京遗址平面呈"日"字形。北边的城《辽史》称"皇城"，南边的城《辽史》称"汉城"。什么意思呢？就是说北城是契丹皇帝和契丹贵族生活的区域；南城是汉人和商人等生活的区域。通过对辽上京皇城遗址的考古发掘和研究，我们现在认识到，辽上京是唐朝以后新出现的一种都城规制。我现在写了一篇文章，就在讲唐朝以后，中国都城出现了两个系统。北方以辽上京为代表的北方游牧民族建立的都城，形成了辽上京规制；南方以北宋东京城为代表的农耕文明建立的都城，形成北宋东京模式。这两种都城有什么不同呢？后面我会再讲一讲。

现在先说说辽上京考古的重要发现。这 10 年考古工作主要是在辽上京皇城（北城），目的就是要搞清辽上京的布局和沿革。布局有哪些变化呢？我们知道辽上京虽然叫"辽上京"，实际在辽朝灭亡之后，金朝又沿用了 100 余年。金朝对辽上京城破坏很大，把辽上京宫城全部破坏掉了，只是继续用北边的大城。到金朝末期，蒙古人占领此城，很快就废弃了。正因如此，这个城才能保留到现在。《辽史》记载辽上京皇城内有大内，但是以前经过几次考古钻探，都没有确定这个皇宫在哪里。我们从 2013 年开始对辽上京皇城进行全面的考古钻探和试掘，最后确定了辽上京宫城的四面城墙和形制规模。这个宫城位于辽上京皇城的中部偏东，大体呈方形，约 740 米 ×770 米这样的一个面积，是很大的一个宫城。宫城的确认是辽上京考古工作的重大发现。在此基础上，我们通过对宫城、皇城城门及其道路的考古试掘和发掘，对宫城内建筑基址的试掘等得知，辽上京皇城是朝东规划的，并存在一条东向的轴线。我们知道中国古代都城大部分都是朝南的，都是以南向为尊，但是辽上京不是，它是以东向为尊的。文献记载，辽朝分南北面官。南面官管汉人的事务，北面官管理契丹族和北方民族的事务。这是从政治角度说的。我们考古发现，辽上京宫城内，皇帝的正殿是坐西朝东规划的。也就是说，皇帝接见大臣的时候，是坐西朝东的。什么概念？大臣上朝只能南北面立。所以我在想，当时称南面官、北面官，是否也跟辽上京皇城的东向规划有关呢？这是一个很有意思的问题。我们现在考古发掘的辽代大型殿址都是朝东向设计的，然而到金朝建筑又都改建成南向了。这是一个很大的变化。辽上京皇城东向轴线的确定是辽上京考古的又一个重大发现。第三个考古收获是，在辽上京皇城内西南部有一个自然高地，是一个全城的制高点，被称为西山坡。原来有些学者推测这里原来可能是辽早期的宫殿遗址。经过我们发掘之后，确认这是辽代始建、金代沿用的一处皇家寺院。这对于辽上京皇城的整体布局具有很重要的意义。西山坡佛塔台基上还发现了一些精美的泥塑罗汉像，这是第一次考古出土的辽金时期泥塑的罗汉像，很珍贵。所以这个发现获得了全国"十大考古新发现"。现在这批材料已经放到了辽上京博物馆进行展出。还有一些布局方面的收获，限于时间关系，我就不细讲了。

图6 巴林左旗林东镇辽上京古城遗址（白显林摄影）

图 7　巴林左旗林东镇辽上京古城城墙（白显林摄影）

沿革方面的收获有：我们知道，辽上京是辽金沿用的城址。辽朝灭亡之后，金朝继续用这个城。其大城在用，但是辽上京宫城被废弃了。所以说从辽代"回"字形首都，到金代"口"字形地方城，从辽到金城市的大格局是有变化的。在辽上京遗址，我们强调精耕细作和关键性解剖考古发掘。我们发现辽朝的100多年，辽上京皇城内的宫殿遗址早期和晚期也有改建或修补等变化。辽代的城门和大型殿址都能分为早期和晚期，反映了辽朝建筑从始建、使用到废弃的过程。另外，我们通过对有层位关系的遗物，像变化比较敏感的建筑构件中的瓦当和瓷器等进行类型学研究，进行分期。目前已可以区分辽代和金代的典型器物，推进了辽上京历史沿革方面的研究。

说到这里，我们要回到辽上京规制。辽上京规制从哪里体现呢？我觉得，一是体现在城市的规划理念上。辽上京平面呈"日"字形，北边是皇城，南边是汉城；北边是契丹人，南边是汉人。它反映了"因俗而治"的统治理念。契丹族统治者尊崇中原文化，在辽上京城内建孔庙，同时也带有非常鲜明的本民族特色。金上京也是双城制，元大都和南部的金中都同时使用，也是变体的双城制。清朝用的也是明朝的北京城，南边一个城，北边一个城。清朝初期，统治者把所有的汉人都赶到了南城，在使用上，北边是皇帝、满人和八旗生活的区域，南城是汉人为主的生活区域。实际上其统治理念是一脉相承的。所以说辽上京规制对于后来的都城制度有非常重要的影响。北宋东京城，体现的是中原文化的统治理念。我们说隋唐长安城是一座封闭式里坊制，南向为尊，道路和建筑对称分布的规整城市。到北宋东京城是三重城环套。中间有宫皇城，再有内城，再有外城。东京城有明确的南向轴线。所以说，唐朝以后出现南北两套不同的都城系统。元大都是蒙古人建立的大元国都。元朝是一个统一多民族的王朝。辽上京规制和北宋东京城模式，其中的一些元素在元大都营建中都有体现。大家通常认为，元大都是遵循了《周礼·考工记》的规划思想，反映了汉族尊崇的一种传统礼制。这也体现了北方民族对农耕文明的尊崇。多元一体的中华民族国家是以汉族为主的一种向心力，多民族不断地交往、交流和交融。

七、考古工作进展与规划

刘锦山：董教授，那您目前在做什么工作呢？

董新林：我们在2012年发掘了西山坡佛寺遗址。当时我们在调查的时候发现，这个遗址占地面积很大，也是辽上京皇城布局中很重要的一个部分，所以我们当时发掘了北院的三个圆形台基。当时学者对这三个圆形台基有不同的推测。甚至有人认为这是契丹大帐，即皇帝住的大帐，早期的宫殿遗址。那么我们发掘之后发现，它们是三个六边形的塔基。其中，中间是六边形的大塔基，塔基的对角线直径可以达到40米。这是什么概念？就相当于宁城县辽中京大明塔的底座体量，和应县木塔底座也是相仿的。这样我们大概可以推测一下这个塔的高度和它的体量。两边还有两个小塔基，大塔由中间的一个砖构佛塔，外包一周有木构的回廊，再外面的台面是台明部分。在木构的回廊里面，我们发现了大量的泥塑罗汉像残块，其中我们复原了6尊，非常精美。这个大塔没有发现地宫，两边的小塔倒是发现有地宫，但是被盗掘一空。除了北部这个塔院之外，我们注意到它的南边还有个院落，这个院落很可能是佛殿的院落。所以从2020年开始，我们就开始对佛殿的院落进行发掘，2020年的工作没有做完，延续到今年。今年我们还在做佛殿院落的发掘。这是一处带回廊的长方形院落，轴线上由门殿、前殿和后殿组成。殿址分辽、金两大期。辽代的建筑更讲究，夯土台基质量更好，所用的莲花石柱础也更精美。到金朝，建筑的体量变小，柱础也都是以素面为主，还用了一些辽代的旧础。我们再次明确这是一处辽朝始建的皇家寺院，到金朝继续沿用这个佛寺。

刘锦山： 董教授，您刚才提到宁城县的中京，前面也谈到辽的五京，其中上京和中京是新建的，其他三京是在过去州城的基础上建立起来的。我想向您请教一下，把中京和上京的规制各方面相互比较一下，有没有各自的一些特点。这方面不知道您有没有了解。

董新林： 刚才对辽上京遗址考古发掘收获及其研究做了介绍。辽上京城平面呈"日"字形，有明确的东向轴线，是辽代始建最早、使用时间最长的首都。而辽中京是在澶渊之盟之后新建的，所以中京城的体量更大。现在初步推测，辽中京平面是一个"回"字形，有南向的轴线。内蒙古著名学者李逸友先生在20世纪五六十年代曾做了一些调查和发掘工作。因为发掘的材料有限，现在对这个城的整体情况还只是处于一种初步的认识阶段。更多的学者认为，辽中京是模仿了北宋东京城来进行规划营建的。从辽代中期建城之后，金朝、元朝一直作为地方城沿用，直到明初才废弃。可见这个城沿用时间很长。我推测，辽中京城的破坏程度应该会很严重。换个角度来讲，如果要做考古发掘的话，考古工作难度更大。

刘锦山： 董教授，还有最后一个问题，请您谈谈您今后在学术研究、考古工作方面的一些计划。

董新林： 就目前来看，最重要的工作就是辽祖陵遗址考古发掘报告的整理和编写工作。现在是最后的收尾阶段，预计明年就可以出版了。这是我们现阶段最重要的考古成果。把辽祖陵遗址考古发掘的成果共享给学术界，是我们对中国古代帝陵考古研究的一个重要贡献。这是我们现在做的一项重要工作。另外一项重要工作就是辽上京皇城遗址的考古发掘和研究。我们现在已经申请了关于辽上京遗址的一个国家社科基金重大项目，也要整理考古发掘报告。现在我们已经在《考古》上发表了一系列考古简报。我们希望通过系统的室内整理，尽快把辽上京皇城遗址的发掘成果共享给学术界。这是我们考古队的重要工作。从我个人来讲，现在就是立足于辽金时期的考古发掘和研究，放眼于整个辽宋金元时期的城市考古和陵墓考古研究。我期望能有机会对中国城市考古发掘技术和方法等做一些总结。这是我自己的一个研究想法。

刘锦山：好，董教授，谢谢您接受我们的采访。

秦博

文博先行助发展

采访时间：2021 年 7 月 11 日
初稿时间：2024 年 2 月 28 日
定稿时间：2024 年 3 月 1 日
采访地点：赤峰市图书馆"赤峰记忆"拍摄现场
版　　本：文字版

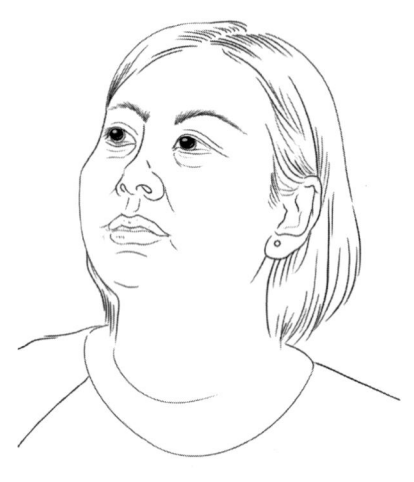

秦博速写

　　秦博　蒙古族，1981 年出生，2009 年 9 月参加工作，中共党员，中央民族大学硕士研究生，文博研究馆员，赤峰市博物馆馆长，中国博物馆协会博物馆学专业委员会常务委员。

　　2019 年 5 月被评为"市先进工作者"。2019 年 7 月 15 日，习近平总书记考察赤峰期间，为总书记介绍赤峰历史。2020 年被评为"内蒙古自治区先进工作者"。

　　曾策划"金枝连朔漠——下嫁赤峰的清公主历史文化展"等原创展，与浙江省博物馆联合策划"双璧同辉——红山良渚文化展"。出版图书《赤峰博物馆 100 件文物背后的故事》（主编）、《你好，红山》（编著），发表博物馆学相关论文 10 余篇。

刘锦山：各位朋友，大家好！今天是 2021 年 7 月 11 日，这里是赤峰市图书馆"赤峰记忆"第六期"文化旅游"专题拍摄现场。今天我们邀请到的嘉宾是赤峰博物馆秦博馆长。秦馆长，您好。

秦博：你好，刘博士。

一、文物大市

刘锦山：非常高兴您能接受我们的采访。秦馆长，首先请您给大家谈谈您的职业生涯情况。

秦博：好的。我 2009 年从中央民族大学民俗学专业毕业。在毕业的当年，我就到了赤峰博物馆工作。在赤峰博物馆工作的这十年，其实也一直从事的是社会教育和展览陈列研究。刚到赤峰博物馆工作之初，我是一名普通的工作人员，在社会教育部工作，之后陆续担任社会教育部主任、副馆长、馆长。

图1 秦博（左）接受"赤峰记忆"采访

刘锦山：秦馆长，接下来请您给大家谈谈赤峰市文博事业发展的情况。

秦博：赤峰是文物大市。赤峰市现在正式注册的博物馆是24家，其中国有博物馆是13家，非国有博物馆是11家。赤峰每个旗县现在几乎都有自己的博物馆，有一级博物馆1家，二级博物馆3家。刚才说到赤峰是文物大市，为什么这么说呢？赤峰市的各类历史文化遗址、遗迹的数量是7340处，这个数量占全内蒙古自治区遗址、遗迹数量的三分之一；全国重点保护的150处大遗址中，赤峰市就占了4处，有辽上京遗址、辽陵及奉陵邑、辽中京遗址，还有二道井子遗址。赤峰市的总体文物数量是36万件（组），其中珍贵文物数量是4846件套，可以说这个文物的总体数量在内蒙古自治区也是占三分之一的，所以说赤峰是文物大市。

刘锦山：确实，赤峰历史悠久，文化灿烂，文物也众多。接下来，秦馆长请您介绍一下赤峰博物馆的具体情况。

秦博：赤峰博物馆前身是成立于20世纪50年代的昭乌达盟文物工作站，当时归辽宁省管辖。1987年成立赤峰博物馆，现在是国家一级博物馆，爱国主义教育基地，还有中国华侨国际文化交流基地。赤峰博物馆的综合指数在盟市一级的博物馆中排名也是靠前的，这个综合指数指的是馆藏文物数量、珍贵文物数量、

图2　赤峰市博物馆老馆（白显林摄影）

年接待观众的数量，还有展览陈列、社会教育、文物保护和修复方面的综合能力。

刘锦山：秦馆长，赤峰博物馆现在的馆藏情况是怎么样的，有多少件？珍贵文物又有多少件？

秦博：赤峰博物馆现在馆藏文物有8万多件（组），其中珍贵文物数量是1390件（组），藏品的种类齐全，可以说涵盖了各个历史时期。80%是考古发掘成果，像兴隆洼文化玉器、红山文化玉器、彩陶，草原青铜器，辽时期陶瓷器、金银器，元代壁画，还有清公主的文物等，都是难得的馆藏珍品。赤峰博物馆的基本陈列按照赤峰历史轴线为展览叙事，所以相对应地设计出了四个基本陈列展厅，有"日出红山""古韵青铜""契丹华韵"和"和同一家"。其实作为地市一级的博物馆来说，赤峰博物馆的基本陈列还是非常有特点的，它反映了史前文化的异彩纷呈，包括兴隆洼文化、赵宝沟文化、红山文化、富河文化、小河沿文化。同时后期作为少数民族、游牧民族活动的舞台，多民族的交往、交流、交融又形成了今天多元一体的文化特点。

二、日出红山

刘锦山：秦馆长，请您接下来向大家具体介绍一下赤峰各个时期的历史文化的情况。首先请您谈谈史前时期的馆藏以及文化发展情况。

秦博：好的。以赤峰博物馆"日出红山"这个展厅为例，它主要是展示了赤峰新石器时代的考古学文化类型，有兴隆洼文化、赵宝沟文化、富河文化、红山文化和小河沿文化，都是按照时间的序列依次延续下来的。赤峰的史前考古学文化在考古学领域也非常著名，在考古地层学上它没有发生过断层的现象，考古序列完整，所以说史前文化也证实了赤峰是中华文明的重要发源地之一。兴隆洼文化距今8350—7150年，因在赤峰敖汉旗兴隆洼村发现而得名。我们知道兴隆洼遗址现在都称"华夏第一村"，当时在兴隆洼遗址发掘了170多座长方形半地穴式房址，还有一些窖穴，30多座居室墓。遗址中房址的排列井然有序，明显是经过了统一布局和规划的，所以说这也将中国的建筑史上溯到了8000年前。在兴隆洼遗址内也出土了很多珍贵的器物，首先给大家介绍展厅内陈列的一组菱形蚌饰。这组蚌饰是用贝壳磨制而成的，人们围在膝盖或者腰间，可以起到一个装饰的作用。其实根据出土的花粉孢子测定，8000年前的赤峰，气候非常湿润，年平均降水量达到了500毫米左右，河流水系发达，有很多这种水生的蚌类。但是经过历史地理环境的变迁，现在赤峰的气候不如8000年前那样湿润，现在的年平均降水量是400毫米，属于典型的北方干燥性的气候。所以说这组蚌饰是对8000年前赤峰的生态环境的一个反映。兴隆洼遗址还出土了很多灰陶筒形罐，因为它这个文化类型处于新石器时代的初期，陶器的制作水平还不太高，"之"字纹是兴隆洼文化陶器上的典型纹饰。

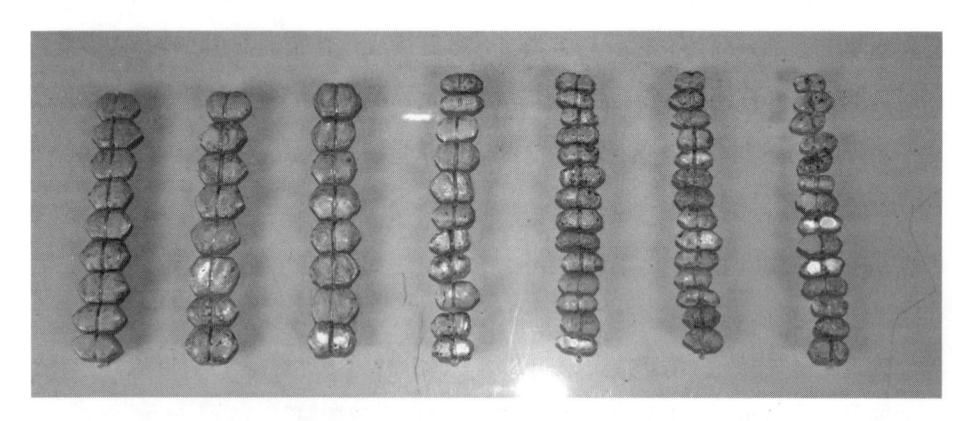

图3　新石器时代兴隆洼文化菱形蚌饰

图4　新石器时代"之"字纹筒形罐

兴隆洼文化器物中最值得一提的就是它的玉器，是学界公认的中国最早的磨制玉器。从玉器的造型上看，兴隆洼的先民已经掌握了切割、钻孔、抛光这样非常复杂的玉器制作技术。在我们的展厅中陈列着一件兴隆洼文化时期的玉玦，玦就是圆有一个缺口，它运用了多种玉器制作工艺，像这个缺口就是用线切割的工艺完成

图5 新石器时代兴隆洼文化青黄玉玦

的；圆中间这个环是用动物的肢骨或竹片管钻钻出来的。在8000年前，没有任何的现代化的工具，完全是借助骨器、石器和竹器，先民就创造了这样的一个玉器文化。

兴隆洼文化还比较有特点的就是它的墓葬形式——居室墓。居室墓就是人死后被埋葬在活人居住的房屋内。但是从考古发掘来看，并不是所有的人死后都可以被埋在房屋里，只有因为墓主人身份特殊，或者是他的死因特殊，死后才能被埋葬在住屋内，作为生者崇拜或祭祀的对象，其实这也是祖先崇拜的一个反映。

兴隆洼文化的农业，我想这更值得一提，因为在敖汉旗兴隆洼文化的兴隆沟遗址出土了碳化粟、黍颗粒。我们知道粟就是没脱壳的小米，是小米脱壳之前的状态。因为8000年前赤峰的气候非常湿润，所以兴隆洼文化的先民8000年前已经开始人工栽培农作物。2012年，联合国粮农组织将敖汉旗旱作农业系统命名为世界旱作农业发源地、全球重要农业文化遗产，肯定了赤峰是中国乃至欧亚大陆旱作农业的起源地。

赵宝沟文化因在敖汉旗赵宝沟村发现而得名，距今7350年左右。因为这个时期已经处于新石器时代的中期阶段了，所以赵宝沟文化的陶器和石器明显比兴隆洼文化有了很大的进步。它的陶器上开始出现一些几何纹饰，它的石器磨制精致，磨光石耜证明赵宝沟文化的农业种植已经是深耕了。

图6 赵宝沟文化磨制亚腰石耜

图7 新石器时代压印几何纹凤形灰陶杯

赵宝沟文化时期的馆藏珍贵器物中有一件陶凤杯。从它的凤冠、翅、尾的造型上看，和中华传统中凤的雏形非常相似。因为在辞书《尔雅》中记载，凤的雏形就是鸡头、燕颔、蛇颈、龟背、鱼尾，我们再看赵宝沟文化的这件陶凤杯，基本上已经将凤的雏形完全显现了，这是在史前文物中比较早地体现凤雏形象的一件文物。赵宝沟文化还有一件出土器物是鹿纹尊形器。鹿纹尊形器在出土的时候其实是碎片，后期经过修复之后，大部分也是石膏修复的部分。但是我们仍然能从这个陶器上发现有价值的信息，在鹿纹尊形器的下腹部，刻画有两只鹿，鹿的形象是首尾相衔而且是凌空翻飞，身是鹿身，但是它的尾巴被刻画成了鱼尾，是一个想象出来的动物。在鱼尾的后面有一圈类似太阳光芒似的射线，在鹿身和躯体肢干的部分有非常细密的横纹。横纹之间的距离是1毫米，完全等距，我国考古学家郭大顺先生评价在敖汉旗出土的这样带有阴影纹动物纹饰的陶器，说它不仅仅是刻画在陶器上的图案和纹饰，它还是中国最早的透视画。敖汉旗小山遗址也出土了带有阴影纹或者是网格纹的动物形象的陶器，动物的形象都是想象出来的，在现实生活中它是不存在的，从这个器物中，我们可以窥探出赵宝沟人这种丰富、细腻和浪漫的精神世界，同时这也为红山文化

图8 新石器时代赵宝沟文化鹿纹灰陶尊

这支灿烂史前文化的出现做好了铺垫。

距今6000年的富河文化是在赤峰的巴林左旗浩尔吐乡富河沟门遗址发现而得名的。富河文化这支文化类型在史前文化中比较特殊，富河人是以打鱼和打猎为主要的生产生活方式，而刚才我们提到的兴

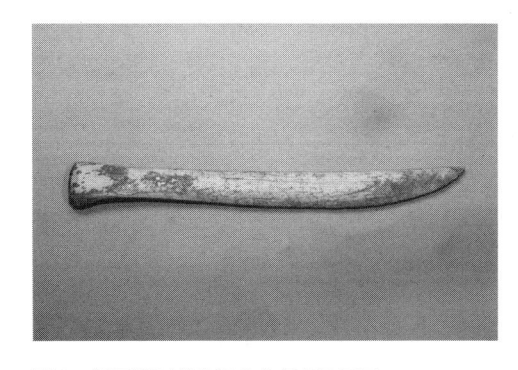

图9 新石器时代富河文化骨柄石刃刀

隆洼、赵宝沟都是以农业为主的生业方式。富河文化遗址目前发现得还比较少，它的考古学面貌还没有被全部揭开。我们在展厅中可以看到富河文化的石器、陶器、骨器，但是制作都不是十分精良，反而细石器和动物骨骼出土比较多，证实了这种文化类型的生业方式以渔猎为主。富河文化出土了一件骨柄石刃刀，它用动物的肢骨做成柄，然后在骨柄内嵌上小石叶，就是在石头上砸下来的小石片做成刀刃，可以切割食物。骨柄石刃刀表明了富河文化这一时期的先民对细石器的应用，他们能制作并使用骨石复合工具。

刘博士你一定了解过距今6600年到5000年的红山文化。红山文化因首次在赤峰红山后发现而得名。红山文化的发现证明了西辽河流域同长江、黄河流域一样，在5000年前出现了中华文明的曙光。红山文化的分布范围是以西辽河流域为中心，周围辐射20万平方千米。从赤峰和辽宁朝阳等地的红山文化考古发掘来看，红山文化的遗址内有独特的墓葬——积石冢，还有女神庙、祭坛，这三类建筑被认为是后世坛庙冢皇家建筑的雏形。我们知道像天坛、太庙这样的明清时期的皇家建筑布局，最早可以追溯到红山文化时期。

红山文化有"唯玉为葬"的习俗，这一时期的彩陶制作非常精良，而且石器制作水平也非常高。但是如果是中心大墓，只用玉器随葬，墓中只有玉器。因为红山先民认为玉是沟通人与鬼神之间的信物，所以这个时候玉器的内涵就跟兴隆洼文化时期的玉器不一样了。兴隆洼文化的玉器是作装饰的，红山文化时期的玉器就上升到了礼器的高度。我们馆藏的一件红山文化的珍贵玉器，就是青玉勾

图10 新石器时代青玉勾云形佩

云形佩。这种勾云形玉器其实在红山文化玉器中占有很大的一类，它中间有钩子，周围又伸展出很多云状的边，可能体现了对云的一种想象和崇拜，学术界有一种说法，勾云形玉器体现了自然崇拜。其实红山先民很擅长制作这种钩状的器物，这个玉器上转角曲线运用得比较多。著名美学家李泽厚先生在他的《美的历程》中说，自然界中曲线最美。而红山人通过玉器更是将这种曲线美诠释到了极致。所以你看这个勾云形玉器，它或者是上卷飞扬，或者是下卷的造型，无论在审美上还是造型上，都堪称完美。

还有一件玉器您肯定也非常熟悉，就是"中华第一龙"。中华第一龙现在在中国国家博物馆"古代中国"陈列展厅，1971年出土于赤峰翁牛特旗的三星他拉。玉龙的造型除了C形的龙身外，它的鬃毛被做成了一个勾的形状，组合在龙身上，看上去就是一个上卷飞扬的造型。在央视有一个栏目叫《如果国宝会说话》，这个栏目这样评价玉龙，说它"定格了在风中的姿态"。玉龙传达出的这种灵动、动态的感觉，都是通过复杂的玉器制作工艺去实现的。我们还以勾云形玉佩为原型设计出了馆标，勾云形玉器变体成了一个赤峰的"赤"字，上面这个山代表的是赤峰的红山，中间这个C代表红山文化出土的C形玉龙。

红山文化高水平的手工制作工艺还体现在石器上。红山文化的生业方式主要也是以农业为主。红山文化有一类特殊的石器叫"桂叶形石耜"，是掘土工具。它整体造型像桂树的叶子。这种石耜在红山文

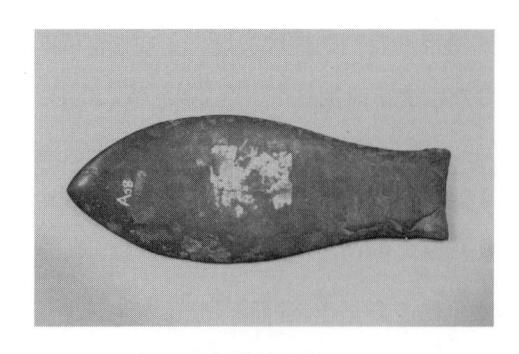

图11 红山文化磨光桂叶形石耜

076　赤峰记忆·第六卷　文化旅游、烽火草原鲁艺人、清格尔泰专题

化遗址中发现得比较多。在《禹贡》中记载,"冀州为白壤",冀州在古时候就包含了赤峰地区,意思是赤峰地区古时候是沙质土壤,最适合用这种桂叶形石耜来开垦,如果像中原的这种黄土就不适合用这种石耜了。

红山文化的彩陶也非常著名,尤其是彩陶上的纹饰,有几何形棋盘纹、勾连花卉纹,还有垂弧纹。朱延平教授研究,红山文化彩陶上的纹饰也继承了前期兴隆洼、赵宝沟陶器上的纹饰,但是它的纹样和布局却是吸收了仰韶文化后冈一期文化的彩陶元素。因为赤峰本地在这之前是没有彩陶的传统的,之前的兴隆洼、赵宝沟、富河等文化都是灰陶或者是黄褐陶,到红山文化这里,辽西出现了彩陶。仰韶文化彩陶的辐射力是非常广的。红山文化还有一件馆藏器物——石雕人像,它是一个孕妇的形象,孕妇坐在椅子上,而且双手捧着肚子。红山人对妇女怀孕、生产,还没有达到一定的理解程度,所以对孕妇生产这个现

图 12 红山文化彩陶罐

图 13 红山文化青灰石雕女神坐像

象是非常敬畏的,这也是生殖崇拜的一个反映。其实早在 8000 年前的兴隆洼文化白音长汗遗址中就出土了这种孕妇形象的石雕人像,这也说明从 8000—5000 年前孕妇形象的石雕人像,在赤峰地区形成了一个完整的发展演变脉络。

红山文化创造了如此辉煌的成就,最终还是走向衰落。走向衰落的原因,根据环境考古调查,在红山文化晚期,大概是距今 4900 年时,发生了一次气候的巨变,天气突然变得干燥而寒冷,红山文化的遗址和聚落大幅减少,最终这支文化逐渐走向消失。后来在赤峰地区兴起的、紧接红山文化出现的是距今 4870

图14 新石器时代小河沿文化刻画纹筒形罐

年的小河沿文化，无论从墓葬和遗址的规模和数量，还是随葬品的等级上，远远无法达到红山文化的发展程度。

小河沿文化也有一件非常特殊的器物——刻画纹筒形罐。在它的腹部有非常复杂的刻画符号，如果不仔细看还以为是胡乱的涂鸦。实际上我们知道中国早期成熟的文字是殷墟的甲骨文，在甲骨文出现之前，都是用刻画符号来记事的，所以说刻画符号是文字的前身，它也代表了文字发展的一个阶段。

刚才主要介绍了赤峰乃至西辽河流域新石器时代的几种考古学文化类型，以及赤峰博物馆藏珍贵的史前文化的器物。赤峰新石器时代考古学文化命名达五种，这在其他地方是不多见的。所以我国考古学家张忠培先生说，就一个地区而言，赤峰是考古学文化发现和命名最多的地区之一。我们从器物中了解到，史前文化不是各自发展起来的，它对前期文化有继承关系，同时吸收了周围文化的先进因素，它们之间相互交流和影响的程度远远超过我们的想象。张光直先生将史前文化相互交流影响的这个现象，叫"相互作用圈"。"相互作用圈"的概念是："在距今4000年左右，我们发现了一个持续多年的有力的程序的开始，那就是各地文化彼此联系起来，而且它们有了很多共同的考古学上的成分，这个成分把它们带入到了一个巨大的文化网。这个时候我们就会明白为什么把这些文化放在一起来论述，就是因为它们的范围在今天的中国境界之内，而且因为它们便是最初的中国。"张光直先生这个论述把史前文化这种相互交流和影响的客观存在的现象，非常完整、直观地表述出来。

比如，赤峰的史前文化，像兴隆洼文化，它在当时是比较先进的，它的农业种植、手工制作等都处于同一时期的领先地位，它向外围影响到了周边地区。红山文化继承了兴隆洼文化和赵宝沟文化的一些先进因素，同时也吸收了周围的一些先进文化因素到自己的文化中来，这就是在多元之上增加了一体的格局，也为日后统一国家的出现奠定了文化的基础。

三、古韵青铜

刘锦山：秦馆长，刚才您向大家介绍了赤峰博物馆新石器时代的馆藏器物情况，接下来请您给大家介绍一下草原青铜时期的赤峰历史。

秦博：距今4000年前，赤峰地区进入草原青铜时代。草原青铜时代，赤峰的代表文化类型是夏家店下层文化和夏家店上层文化，这两种文化类型都是1960年在赤峰松山区夏家店村发现而得名的。但是它们的文化性质、内容，还有年代早晚是不一样的，因为它们在土层上有叠压关系，所以根据考古地层学原理，把堆积在土层下方的早期青铜文化命名为夏家店下层文化，把土层上方的晚期青铜文化命名为夏家店上层文化。

夏家店下层文化距今4000—3500年，相当于中原的夏朝至商朝早期。夏家店下层文化时期，方国已经出现了，并出现了很多连锁式的城堡带，而且城堡带里面的石城还带有军事防御功能，说明了这个时期城与城之间可能会发生一些战争。而且值得注意的是夏家店下层文化的这些石城，在赤峰都是沿河分布的，依河谷断崖高台而建，明显是想依靠天险来达到防御的目的。夏家店下层文化的石城，比如英金河这一段，和后来的燕长城甚至有部分是重合的。所以苏秉琦先生评价，夏家店下层文化的石城已经具备了"原始长城"的性质。

夏家店下层文化馆藏中有一件器物，即嵌贝彩绘陶鬲。彩绘陶跟新石器时代红山文化的彩陶又是两个概念。彩陶是先绘后烧，彩绘陶是先烧后绘，可想而知，彩绘陶上面的纹饰和色彩都容易脱落，它是没有实用价值的。在这件嵌贝彩绘陶鬲的口沿上镶嵌了四个贝壳和四

图15　夏家店下层文化嵌贝彩绘陶鬲

个蚌泡，这个贝壳经过鉴定是齿贝，属海贝，它是古代制作贝币的原材料。出土这件嵌贝彩绘陶鬲的大甸子墓群中，共出土268件彩绘陶，嵌贝的仅这一件，足以说明它的珍贵程度。在大甸子墓群中同时出土了956枚海贝，也从侧面反映夏家店下层文化和沿海地区族群之间交流的深度。

很多学者都将中国的青铜时代放到欧亚大陆的背景下去看待，认为在丝绸之路前存在着一个金属之路，像二里头考古队队长许宏先生在长期的考古研究后，就得出这样一个结论：中国最早进入青铜时代的是西北四坝文化、甘青地区齐家文化晚期，还有二里头文化二期文化以后，以及赤峰的夏家店下层文化。这也说明了夏家店下层文化在中国青铜史上的地位。夏家店下层文化的早期青铜器和欧亚大陆草原有着千丝万缕的联系。夏家店下层文化的陶器也受到了中原二里头文化的影响，它的部分陶器和石器也受到了前期小河沿文化的影响，说明了这支文化在发展过程中的多元同步，引领着东北地区青铜文化的发展。夏家店下层文化其实已经出现了礼制，在考古中出土了一件石磬。我们知道磬组成一组就是"编磬"，磬是礼制出现的一个标志。夏家店下层文化的青铜器馆藏有一件弦纹青铜甗，它是使用器，是蒸锅，下面是立的三足，上面是一个锅的形制，中间放箅子，是用来蒸煮食物的，这可以说是赤峰地区出现的最早的青铜器了。

图16　夏家店下层文化石磬　　　　图17　夏家店下层文化弦纹青铜甗

夏家店上层文化距今3000年左右，这一时期相当于中原的西周到春秋时期。从出土的很多青铜兵器来看，夏家店上层文化时期的战争非常频繁，创造这支文化的是山戎民族。馆藏中有很多夏家店上层文化的青铜曲刃剑，我们平时看到的这个剑都是直刃的，曲刃剑的刀刃是曲线状。这种剑的造型在刺伤敌人的时候可以造成更大的创伤面，另外它在增加剑身宽度的同时还可以相对减轻剑身的重量。其实夏家店上层文化一直影响到了东北甚至朝鲜半岛和日本列岛，它的影响方向是一直往东北方向的，受到这种文化影响的地区，也被称为"青铜短剑文化圈"。夏家店上层文化还出土了很多青铜兵器，像青铜管銎斧、青铜矛，其实这些青铜器都是在赤峰本地铸造生产的。因为我们发现了距今3000年的林西大井子古铜矿遗址，有40多条采矿坑道，还有一些石质的生产工具，说明在3000年前赤峰地区的夏家店上层文化的人们，已经用这种简朴的石质生产工具去铸造和冶炼青铜了。

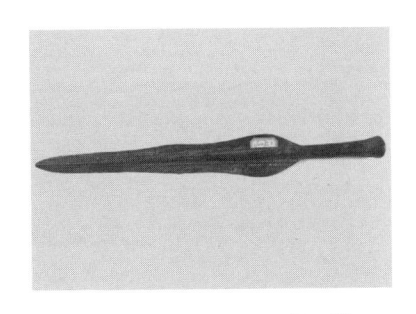

图18 夏家店上层文化青铜曲刃剑

图19 春秋单系青铜矛

夏家店上层文化的器物中比较有特点的就是它的青铜牌饰，青铜牌饰非常写实，有很多动物纹饰，像牛、马、羊、兔子，都是食草动物。与鄂尔多斯出土的青铜器不一样，鄂尔多斯的青铜器多是鹰、虎、狼这些表现力量的纹饰。在夏家店上层文化也出土了很多中原的青铜器型，像青铜簋、青铜斧、青铜匜、青铜瓿，都是礼器，应该是当时通过文化或者战争到了赤峰地区的。夏家店上层文化的墓葬中也出土了很多

图20 春秋青铜锤斧

图 21　夏家店上层文化牛纹铜牌饰

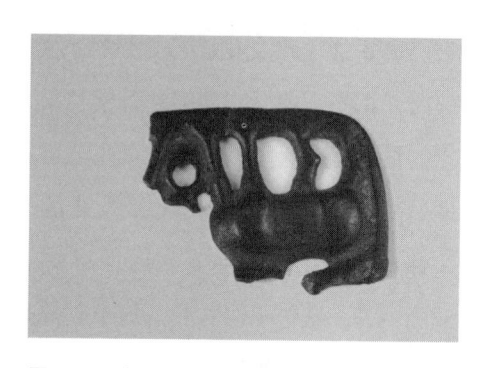

图 22　夏家店上层文化铜牌饰

图 23　夏家店上层文化时期青铜簋

图 24　春秋青铜斧

图 25　春秋青铜斧

图 26　春秋龙柄兽足青铜匜

图 27　春秋双系青铜瓿

图 28　春秋青铜四连罐

图 29　春秋青铜单环耳杯

图 30　青铜祖柄勺

具有草原特色的青铜器，像青铜四连罐。青铜四连罐在出土的时候里面还有碳化的鱼、野葱、山韭菜这样的食物，可能它的作用类似于今天的便当盒，携带起来非常方便。还有像青铜横耳杯、青铜祖柄勺这样一些具有北方民族特点的青铜器物，都是具有实用性的。

四、契丹华韵

刘锦山： 秦馆长，接下来请您给大家介绍一下赤峰辽代历史和馆藏文物情况。

秦博： 契丹族源于鲜卑，属于东胡族系，公元907年耶律阿保机统一了分散的契丹各部，916年建立大契丹国，947年由他的儿子耶律德光改国号为辽。辽共历209年，有9位皇帝，辽代统治政策非常开放包容，像五京制、南北面官制、四时捺钵制、"日"字形的都城布局等，这种政治制度和都城营建的制度都是辽的首创，并且对后世朝代也产生了很深远的影响。辽的文学艺术、手工业可以说都达到了一个很高的水平和程度。辽上京是辽统治者营建的第一座都市，呈"日"字形的布局，皇城在北面，汉城在南面，这种城市布局是辽代统治者"以国制治契丹，以汉制待汉人"的统治思想在都城营建上的反映，而且这种二元统一的城市布局对后世金、元等朝代的城市布局都产生过很深远的影响。现在辽上京遗址正在由赤峰市政府申报世界文化遗产，已经进入了国家文物局的预备名录。辽上京的皇城居住着皇族和契丹人，汉城居住着汉人、回鹘人和女真人。

在辽代还有一个特殊的政治制度"四时捺钵制"，"捺钵"是契丹语的汉语译写，意思就是"行帐、营盘"，因为契丹是游牧民族，一年四季都要打猎，即使是建国之后统治者也没有废弃打猎的传统，所以一年四季里皇帝都要抽出一段时间，离开他的皇城去打猎，打猎的地点到了辽中晚期之后才固定下来。像春捺钵的活动内容是捕鹅、捉雁，夏捺钵主要是避暑，秋捺钵是打虎、猎鹿，冬捺钵主要是避寒。但是捺钵不仅仅是辽时期皇帝简单的消遣娱乐，其实还有一些教化意义，类似于清代的皇帝每年春天都会到先农坛象征性地耕作，以鼓励农桑。辽的四时捺钵也有这个作用，春捺钵时，群臣捕获头鱼或头鹅后，要举行盛大的"头鱼宴"和"头鹅宴"来庆祝，这也是统治者鼓励保留游牧传统的一种方式。同时皇帝在外出捺钵期间，重要的大小官员都要随从，统治者同时也要处理政事，可以说"四时捺钵"成为辽统治者一个流动的中央王庭。

辽比较有特点的器物是陶瓷器，其中"辽三彩"是一个独特的种类。辽三彩仿唐三彩烧制而成，但是没有唐三彩靛蓝这个颜色，它由黄白绿这三个色调构成。辽三彩的出现是有一定的历史背景的。辽中晚期后，厚葬之风盛行，很多贵族死后直接在墓葬中随葬金银器，这直接对国库造成了影响。后来统治者颁布了一条法令，禁止小贵族葬金银器，禁止杀生，所以辽三彩因为色彩淡雅，作为金银器的替代品随葬。辽三彩属于二次烧成，制坯入窑后素烧，烧完后再施化妆土。因为赤峰本地釉土的颜色不太白，所以在烧完素坯之后，要在外面施一层白

图 31　辽三彩鸳鸯壶

图 32　辽三彩海棠花盘

色的化妆土,然后再施彩釉,再二次烧,它是二次烧成的。馆藏中有一件国家一级文物——辽三彩鸳鸯壶,这件鸳鸯壶的造型非常生动,整个形象好像一个鸳鸯浮在水面上,眼睛灵动有神,在目前出土的辽三彩器中像这样做工精致、传神的鸳鸯壶也不多见。因为契丹族比较开放包容,所以它的器物上也经常会看到唐宋的影子,馆藏有一件辽三彩海棠花盘,造型来源于唐代的金属曲边海棠盘,盘的口沿呈花瓣形,一共八瓣,所以也叫八曲海棠花饰。这个盘子是用来盛放杯或者盏的一个托盘。

辽的陶瓷器中还有一个种类叫"鸡冠壶",这个在陶瓷器烧造中占的比例也非常大。契丹族早期游牧的时候,盛水、酒、奶的容器都是皮囊,在他们学会烧瓷之后就仿照着皮囊的形制烧制了鸡冠壶,包括大肚子、小口,还有皮囊上的针脚都在鸡冠壶上模仿得惟妙惟肖。为什么叫鸡冠壶,是因为它的穿带、穿绳的位

图 33　辽磨光黑陶三系鸡冠壶

图 34　辽绿釉刻皮球花鸡冠壶

秦博:文博先行助发展　　**085**

图 35　辽绿釉刻卷草纹鸡冠壶　　　　　图 36　辽白釉绿彩提梁式鸡冠壶

置像公鸡的冠，其实它也就是《辽史》中提到的"马盂"。辽代中后期契丹人逐渐转入了定居生活，鸡冠壶的形制也慢慢发生了变化，不再是大肚子小口的器型，变成壶体修长，而且有了圈足，上面的穿带变成了提梁，这样的造型更适合放在室内使用了。在做辽时期考古的时候，鸡冠壶是区分辽早中晚期墓葬的一个非常重要的标志。

辽统治者经营草原丝绸之路是从耶律阿保机开始的，他开辟和贯通了两条起点都在辽上京，通往中西亚的草原丝绸之路。一条往北经过今天的外蒙古地区，一条向南到达丰州城，就是今天的呼和浩特，两条线在敦煌会合，最终继续向西到达中西亚地区。通过草原丝绸之路，中西亚地区的玛瑙、琥珀、玻璃等饰品源源不断地运输到辽境内，辽的马具、陶瓷器、茶叶还有丝织品通过丝绸之路运到中西亚地区。

辽虽然是少数民族建立的政权，但是丝织业制作水平是比较高的。辽的养蚕基地集中在西辽河流域的大小凌河流域，在赤峰博物馆有很多精美的辽丝织品，像泥金印花罗带、锦袜、锦帽，制作都是非常精致的。在元代，马可·波罗第一次来到中国，他回国后写出了《马可·波罗游记》，里面他提到的"中国"是用契丹代称的，可见当时契丹在中西亚的影响力。现在俄罗斯语"中国"这个词是 Китай，就是契丹，它的渊源在契丹，也说明了自古少数民族具有的这种多元一体的特征。

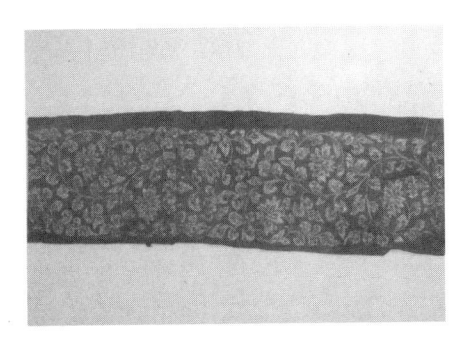

图 37　辽泥金印花罗带

图 38　辽黄绸棉袜

图 39　辽丝棉帽

图 40　辽翻檐素罗帽

　　铁器在辽时期也是应用非常普遍的，展厅中有很多辽代的铁器，如铁锄、铁铲，和我们现在农村用的工具已经非常相似，有的甚至是一模一样的。其实契丹最擅长生产的产品是马鞍，有"契丹鞍马甲天下"之称。辽统治者还经常将制作

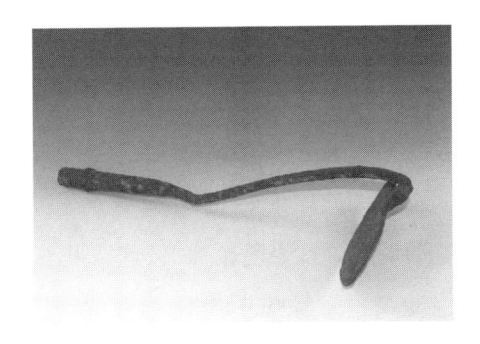

图 41　辽铁锄

图 42　辽马鞍

秦博：文博先行助发展　**087**

精美的马鞍作为礼品送给宋朝的皇帝。馆藏有一件辽代木马鞍，是由柏木制作的，柏木防虫、防腐，历经千年仍然保持马鞍精致的样子。在辽的发展史上有一个事件就是"澶渊之盟"。公元1004年秋天，辽圣宗耶律隆绪和他的母亲萧太后举兵南下，由于辽军准备充分，所以一路攻打到了澶州，就是今天河南的濮阳。宋真宗比较惊慌，而此时正好辽军前锋大将萧挞凛被宋军在城下用弩射死了，宋军士气大振，萧太后权衡利弊决定同宋议和。双方经过了几次协商，于1005年签署了一个停战协议，协议规定宋每年向辽纳银10万两、绢20万匹，宋真宗与辽圣宗结为兄弟，宋真宗称萧太后为叔母。这个协议就是历史上著名的"澶渊之盟"。"澶渊之盟"签订之后的100多年里，辽宋两国没有发生过大的战争，和平成为宋辽交往的主流。公元1007年，辽圣宗用宋输送的岁币修建了辽中京，在赤峰的宁城。辽代中晚期之后，统治者的政治中心由辽上京逐渐转移到了辽中京。

辽壁画题材也非常丰富，反映辽时期的社会生活、自然风光。赤峰博物馆馆藏一件辽壁画《侍吏图》，是完全写实的，侍吏的身高达一米九，这是目前出土的辽壁画中单个人物最高的。侍吏梳着契丹族传统的发饰——髡发，他的衣服是圆领、窄袖，腰上系着蹀躞带，蹀躞带就是挂有很多实用小工具的腰带。这幅壁画将辽时期的人物形象清晰直观地展现了出来。

契丹族的丧葬形式也非常特殊，贵族死后头戴金属冠，脸上覆盖金属面具，整个身上被金属网络给网住，脚上穿着金属靴。这套金属的葬具我们称之为"金属殡葬服饰"，这是辽时期非常特殊的一种丧葬形式。面具有金质、银质、鎏金和铜的，是根据死者生前的面容整体铸造或锤鍱而成。根据墓主人身份等级的高低，金属殡葬服饰的质地也不同，目前发现等级最高的金属殡葬服饰是在通辽奈曼旗陈国公主墓出土的金属殡葬服饰，驸马和公主的面具都是金质的，还出土了3000多件随葬品。

图43 辽代穿红衫的侍卫壁画

图 44　辽铜鎏金男冠

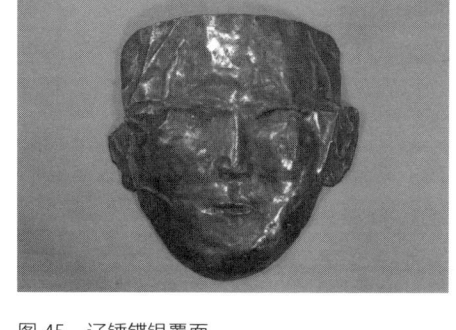

图 45　辽锤鍱银覆面

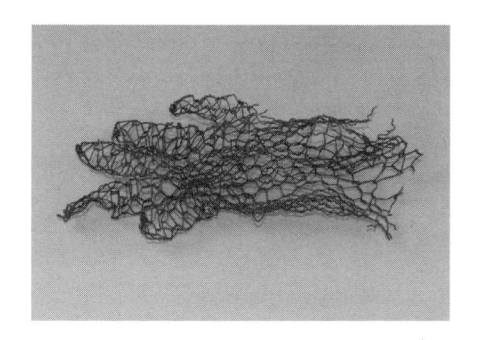

图 46　辽铜丝网手套

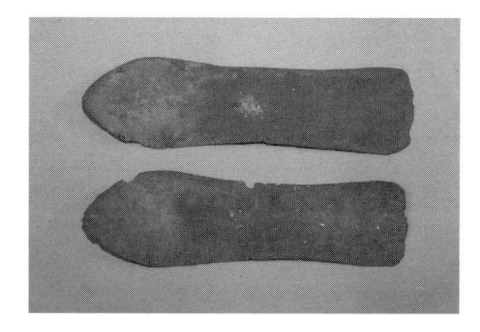

图 47　辽鎏金银鞋垫

辽也创制了自己的文字。赤峰博物馆馆藏一件契丹小字墓志——耶律挞不也墓志。契丹大字是在汉族知识分子的帮助下，删减汉字笔画创制而成的，但是它在表达黏着语的时候还有一些不方便，所以后来耶律迭剌又创制了契丹小字（拼音文字）。

在赤峰博物馆展厅中陈列着一件辽凤形鎏金银钗，整体造型像一只展翅欲飞的凤凰，非常

图 48　耶律挞不也墓志

秦博：文博先行助发展　　**089**

地生动传神，光是这一件小小的银钗上就运用了锤鍱、錾刻、模冲、鎏金、焊接等多种辽时期金银器的制作工艺。辽的金银器尤其是饰品上比较常见的造型是摩羯图案，因为契丹族建国之后仿照汉族信奉佛教，而且契丹对佛教的信奉程度很高，甚至成为11世纪到12世纪东亚佛教文化的中心。摩羯是佛教中的一种神兽，龙首鱼身，它象征着摩羯张开大口能吞噬一切邪恶的事物。契丹人非常喜欢摩羯，把摩羯的图案装饰到耳坠上和其他一些金银器上。

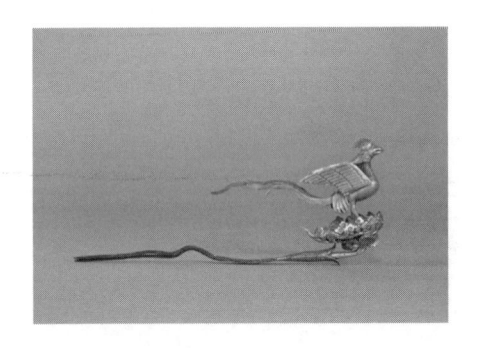

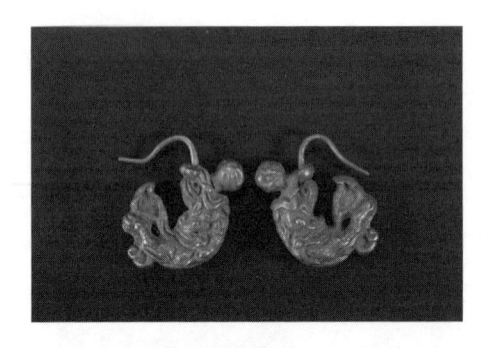

图 49　辽凤形鎏金银钗　　　　　　　图 50　辽锤鍱錾刻摩羯金耳坠

在展厅中陈列着一组辽代茶具，这套茶具出土于后唐伊德妃辽墓。这座墓是2016年赤峰博物馆考古队和辽上京博物馆考古队联合发掘的。墓主人是伊德妃，因为从她的墓中出土了一件银执壶，壶的底部刻了"德妃宅"三个字，我们推测它是德妃生前喜爱的器物。伊德妃本来是后唐皇帝李存勖的妃子，她在后唐建立之前就嫁给了李存勖，对辅佐李存勖也起到了积极正面的作用。在后唐建国之后，李存勖有三个妃子，分别是韩淑妃、刘皇后，还有伊德妃。到了李存勖的儿子继位的时候，他遣散了李存勖的后宫，杀掉刘皇后，伊德妃回到了她的老家山西汾州。后唐大将石敬瑭起兵造反，向辽军请求援助，耶律德光带军南下灭掉了后唐，协助石敬瑭建立了后晋，石敬瑭就是历史中提到的"儿皇帝"。耶律德光回到辽地的时候将伊德妃也带了回去，她一直住在怀州，并且受到了厚待。这套茶具跟陆羽的《茶经》对照，大多相似或相同。像龙纹银盒，应该是盛花形茶饼的茶盒；铁釜是煮茶用的；还有银执壶、花口尊、盏托，还出土了两件越窑青

图 51　辽银执壶

图 52　辽龙纹银盒

图 53　辽花口银尊

图 54　辽银盏托

瓷碗，和《茶经》中提到的茶具是非常相似的。所以我们推测伊德妃生前非常喜欢饮茶，而且她使用的是唐代的煮茶法饮茶。唐代煮茶是把茶饼碾成茶末，然后放在釜中用水煮，在煮的过程中还会放一些盐或者是葱这样的调料，因为唐代人喝茶比较重口味。这套茶具中还出土了一件小钵，我们推测它可能是盛放调味料的。这是出土的辽早期比较完整的一套茶具。

图 55　辽越窑青瓷碗

辽于公元 1125 年最终被兴起于东北的女真族所灭。在它灭亡前的公元 1124 年，契丹贵族耶律大石率领一部分契丹民众向西越过葱岭，就是今天的帕米尔高原，到达了今新疆和中亚地区，又建立了一个政权，这个政权历史上称为"西辽"。西辽政权在历史上又存在了90多年，公元1218年，被成吉思汗的蒙古大军所灭。关于契丹的后裔，根据出土的契丹女尸提取的DNA，和今天东北的达斡尔族的DNA是非常相近的，所以他们在血缘上有很相近的关系。还有一部分人就是今天云南的"本人"，这部分人是在元代跟随忽必烈征大理被带到了云南，然后留在了当地。因为"本人"的祖先传说是契丹的"青牛白马"，包括他们祖先的墓碑上还有契丹的文字，所以他们也是契丹的后裔。

辽文化因为受汉文化的影响比较多，正是因为这样所以加速了辽社会的封建化的进程。严文明先生对这种现象也有一个论述，就是"重瓣花朵"的理论。严文明先生把中国古代文化比成一个重瓣花朵，花心的这个位置是中原文化，周围的甘青、山东、燕辽、长江中游、江浙文化区是第一层花瓣，再外围的文化区是第二层花瓣。严文明先生这样的论述体现了中原文化对周边文化、对少数民族文化的这种向心力。严先生认为这个重瓣花朵是非常稳定的一个结构，中华文明几千年来连绵不绝正是因为这个结构。像辽文化对中原文化的这种推崇、崇尚，其实恰好能体现重瓣花朵的理论。辽道宗耶律洪基的皇后写了一首诗叫《君臣同志华夷同风应制》，认为辽代社会的教化和礼制与中原已经没什么两样了。

五、和同一家

刘锦山：秦馆长，接下来请您为大家介绍一下金元明清赤峰的历史。

秦博：元代的赤峰主要是蒙古弘吉剌部的封地。弘吉剌部在元代的地位非常高，成吉思汗的母亲诃额仑和成吉思汗的皇后孛儿帖都出自弘吉剌部。窝阔台时下诏："弘吉剌部生女世以为后，生男世尚公主"，弘吉剌部长期与元代皇室保持稳固的姻亲关系，元朝有十多位皇后和妃子都出自弘吉剌部。赤峰地区是弘吉剌部鲁王的封地，忽必烈的女儿囊加真公主下嫁给鲁王之子斡罗陈之后，在此地营建了应昌城。应昌城是元大都通往元上都的必经之路，后来升为"路"。"路"在元代是省一级的行政机构。元代的历史文化其实也是沿着唐宋的方向继续向前发展的。赤峰地区属于元代北方的一个屏障，地位还是很重要的，它归中书省和辽阳行省管辖。馆藏有一件元代钧窑出水观音杯，造型非常特别，杯子的底部塑有一个六瓣莲花，莲花中间有一个孔，而这个孔里边还塑造了一个浮动的观音像。当酒水

图56 元钧窑出水观音杯

注入这个杯子里，观音从中徐徐升起，可以根据观音像的刻度来判断酒水喝了多少。一提到钧窑我们想到的是宋代的钧窑，"家有万贯，不如钧瓷一片"。但是到了元代，钧窑的制作技艺和宋代已经不能同日而语。《中国陶瓷史》中提到，元代钧窑虽然始于宋代，但是它形成一个窑系却是在元代，元代钧窑址的面积和数量已经大大超过宋代了。元代钧窑民用较多，但是也不乏很多精品。

元代制瓷业还有一个成就就是景德镇窑成功烧制出了青花瓷器，美国波普博士将至正十一年（1351）铭文的青花瓷确定为"至正型产品"，把凡是与之相似的景德镇在14世纪生产的成熟的青花瓷器都称作"至正型青花瓷"。至正型青花瓷有个特点，它大多数都使用的是进口的钴料，也就是苏麻离青，所以它烧制出来的青花纹饰是深蓝色的。而国产的钴料大部分都用在小型器物上，它烧制出来的青花是青中带灰。馆藏有一件元代高足杯，青花的颜色就是青中带灰，用的是国产的钴料。高足杯也是元代非常流行的一个器型，它是喝酒的器具，柄部比较长，在马上拿握的时候比

图57 元代青花凤纹高足杯

秦博：文博先行助发展　　**093**

较方便，酒水也不容易洒。

　　元代展品中最珍贵的应该是一组元墓壁画了。因为蒙古族皇室有秘葬的传统，贵族死后埋葬不立墓碑，过一段时间地面上的草长出来，如果没有特殊标记的话，是无法找到墓葬位置的，这就是"秘葬"。这一组壁画在赤峰元宝山沙子山做基建的时候，偶然发现于一座元贵族墓中。正墙壁画是《夫妻对坐图》，壁画中男主人和女主人相对而坐，神态安详恬静，他们背后分别站着一个男仆和女仆。男主人梳着蒙古族贵族男子的传统发式"婆焦"，两边梳着两条辫子然后对折上去。女主人的服饰就比较偏向中原化了。这幅壁画为研究元代的服饰艺术和绘画艺术提供了非常珍贵的资料，具有很高的历史和艺术研究价值。在正墙壁画的两侧有《奉茶图》和《研茶图》。《研茶图》上把元代饮茶的研磨工具、饮茶工具都表现得非常清晰，为研究元代的饮茶文化提供了非常重要的资料。

图58　元墓彩绘《夫妻对坐图》

图 59　元墓彩绘《奉茶图》

图 60　元墓彩绘《研茶图》

图61 清楠木髹红漆金书经文骨灰罐

明代赤峰是北元的活动范围。公元 1368 年明军攻陷元大都，元朝最后一位皇帝妥懽帖睦尔北奔上都（今天的正蓝旗），后又弃上都逃往应昌路，两年之后病死。元顺帝的儿子爱猷识理答腊继位，史称"北元"。北元一直和明朝相始终。直到公元 1632 年，皇太极讨伐北元最后一位大汗林丹汗，1635 年北元灭亡。

清代赤峰，蒙古王公受命于清廷，守卫边疆，成为北方一道坚固的屏障。清代赤峰地区的蒙古各部，如巴林部、翁牛特部、敖汉部和清廷的关系都非常密切。据不完全统计，清代有 40 多位公主下嫁到蒙古地区，清代皇室有 20 多位后妃出自蒙古，这种联姻关系也保持着北方边疆的稳固。仅赤峰地区清代共有 7 位公主下嫁，这 7 位公主都是皇帝的亲生女儿。因为清代蒙古各部承担着守卫边疆的职责和重任，所以皇帝下嫁到蒙古各部的几乎都是亲生女儿。赤峰博物馆藏有一件固伦淑慧公主的骨灰罐，淑慧公主是皇太极的第五个女儿，由孝庄文皇后所生，是康熙皇帝的亲姑姑。她 17 岁就下嫁到蒙古巴林部，嫁给巴林部的辅国公色布腾。因为公主乐善好施，造福当地百姓，所以深受当地人的爱戴。公主去世之后，她的灵柩运回巴林草原，按照佛教礼仪进行火葬，骨灰放入红漆楠木的骨灰罐中。康熙皇帝非常敬重这位姑姑，为她写过三次祭文。

赤峰博物馆还藏有一组固伦荣宪公主的金饰和三件袍服。金饰均出自皇家工艺，代表了清代手工业制作的最高水平。最值得一提的是固伦荣宪公主在下葬时，身上穿的最外件的袍服叫"珍珠团龙袍"。这件袍服是一件朝服，整个袍服运用了 8 万颗米珠，绣成 8 条祥龙图案。米珠在清代是非常不易采集的，而且在清代的宫廷服饰里它也只是小规模地运用在肩部、袖口或者鞋、靴子上，或者是头饰上，像这种大规模地运用米珠非常罕见。另外，公主的这件袍服是明黄色，明黄色在清代是帝后专属，如果没有赏赐的话，不得着明黄色。典籍记

图 62　清黄缎缀珍珠团龙袍

载，固伦公主的朝服应该是石青色，但是这件朝服选用了明黄色，很可能是康熙皇帝御赐的。清代史料中记载，康熙皇帝非常疼爱荣宪公主，荣宪公主是他的第三个女儿，由荣妃马佳氏所生，她19岁的时候下嫁到了蒙古巴林部。康熙皇帝在荣宪公主下嫁之后曾三次到巴林部去探望她，可见他对荣宪公主的感情。在最外件袍服里面还穿着两件袍服，分别是"苏绣博古袍"和"苏绣百蝶袍"。这两件袍服的制作工艺都非常精致，从形制上看应该是荣宪公主平时居家时所穿。苏绣博古袍上面绣有很多的博古图案，而且每个图案会组成一个寓意。比如在袍服胸口的位置有一个河蟹，它谐音"和谐"，象征着夫妻和谐、满蒙和谐，也体现了清廷对这位下嫁公主寄予的厚望。荣宪公主在56岁的时候去世，葬在今天赤峰巴林右旗巴彦尔灯苏木。下嫁到赤峰地区的清代公主们，带来了京师文化、满族文化、佛教文化，和当地的蒙古族文化逐渐融合，见证着多民族国家的一体化进程。

图63 清浅绿绸苏绣博古袍　　　　图64 清黄缎苏绣百蝶袍

赤峰博物馆藏有一件镇馆之宝《甘珠尔经》。这套《甘珠尔经》原藏于青海塔尔寺，后来由学成归来的喇嘛吉光梅特来嘉木措带到了巴林左旗昭慈寺。这套《甘珠尔经》一共111册，共1万多页。《甘珠尔经》是藏传佛教的经典，内容除佛教外还涵盖天文、医学，可以说是藏传佛教的百科全书。它的特别之处就在于每一页经文都制成了磁青纸，以使经文保存长久。经文都是用金粉调膏手写而成的，每一页的经文两端都绘有唐卡，这1万多页是相当大的一个工程。现在很多藏传佛教寺庙里所存的《甘珠尔经》都是雕版印刷的，赤峰博物馆馆藏这套是金粉手写而成的，在国内不多见，具有非常重要的历史研究价值。赤峰博物馆还藏有很多蒙古族民俗器物，制作奶制品的奶桶、狩猎器物布鲁，还有给马打烙印的马印，等等。

赤峰历史上各时期的文化、历史上的各民族，在中

图65 清磁青纸金粉沥写《甘珠尔经》

图 66　清木奶桶

图 67　清铜奶桶

图 68　清木保罗

图 69　清龙凤纹木柄铜锤布鲁

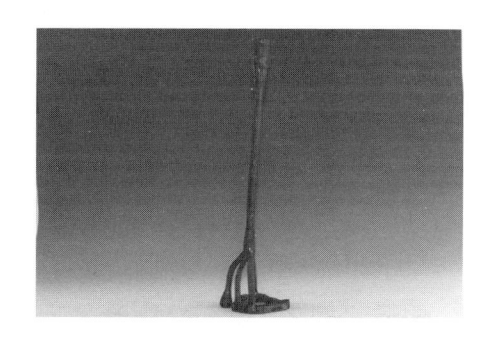

图 70　清铁烙印

华民族多元一体的过程中起到了怎样的作用，相信通过我刚才的介绍，大家可能都有所了解。赤峰史前文化和其他史前文化的共同特点是交流和融合，各文化之间彼此交流，彼此影响，彼此吸收对方的先进文化因素，在多元之上慢慢构筑着一体的格局。秦统一以后，一体格局形成，统一的多元文化逐渐成为以后2000多年的主流。距今3500年时，随着地理环境的变迁，游牧民族山戎在此生息，之后，鲜卑、契丹、库莫奚、蒙古等民族依次登上历史舞台，多民族的相互交流、融合，尤其是少数民族统治者对中华文化的这种高度认同，也在无形中促使着一体格局的形成。比如鲜卑族魏孝文帝推行汉化，迁都洛阳，使用汉制的度量衡，鼓励汉和鲜卑通婚，加速了鲜卑和汉文化的融合。辽代这种情况表现得更为明显。耶律阿保机的大儿子耶律倍，是汉化程度非常高的一个辽代上层统治者，他有很多诗作和画作都为当时的中原统治者所推崇。《松漠纪闻》中有这样一段有关辽道宗耶律洪基的记载：汉人的老师教授他《论语》，在讲到"夷狄之有君"的时候，老师很含糊地把这句话给说过去了，但是辽道宗耶律洪基就非常自豪地说，像猃狁这样的民族没有礼法，但是我们辽代、我们契丹人修礼制、讲礼法，已经和中原没什么两样了，"吾修文物，彬彬不异于中华"，体现了他对中华文化的高度认同感。元代皇帝忽必烈也是非常推崇中原文化和儒教文化的，元这个国号就是他听从了汉族知识分子的建议而取的，取自《易经》中的"大哉乾元"。正是因为少数民族统治者由上而下地推动，积极主动地吸收先进的汉文化，推动着一体化格局的形成。

六、"十四五"规划

刘锦山：秦馆长，您刚才介绍得非常好，让我们对赤峰地区的历史文化有了一个比较全面和系统的了解，接下来请您谈谈赤峰博物馆"十四五"时期的发展规划有哪些？

秦博：好的。其实在赤峰市提出"十四五"规划的时候，我也看了这个文件，里面提到了一个字眼就是"文化强市"。以前我们赤峰市都用"文化大市"

来自称，但是我们现在提到了"文化强市"，我想这是赤峰市委、市政府传达的一个理念，就是在宣传赤峰历史文化上的信心和决心，通过文化去展现赤峰厚重的历史，通过文化赋能城市发展。赤峰博物馆在"文化强市"中能做什么呢？首先我想，赤峰博物馆怎样去发挥作为博物馆的社会责任担当，我们也给自己一个定位，就是打造城市的会客厅。赤峰博物馆作为一个重要的对外窗口、接待单位，是外地观众、学者、游客了解赤峰历史的最直接、最正面的一个场所。

我们接下来要做的，首先是继续推进免费开放。2008年以来，我馆是国家第一批免费开放的博物馆。在提升公共文化服务水平方面，赤峰博物馆目前正在进行展览陈列提升，相信重新开馆后的赤峰博物馆能给观众带来更好的参观体验。在展览陈列交流方面，把主要的方向放在提升策展能力，利用馆藏文物资源策划原创展览，将原创展览推向全国。这是我们"十四五"时期的一个构想。今年1月赤峰博物馆和浙江省博物馆联合举办了"双璧同辉——红山·良渚文化展"，红山文化和良渚文化首次同台展示，在国内博物馆界反响非常大。这个展览已经被内蒙古自治区党委宣传部评为"全区宣传思想文化创新优秀案例"，接下来11月5日在浙江省博物馆继续展出，红山文化和良渚文化都是中华文明五千年的见证，更能体现中华文化多元一体的历史发展格局。在展览方面我们也是想往精品、原创方向去发展的。

其次是加大馆藏文物的保护力度。赤峰博物馆在今年开始进行了库房的预防性保护项目，对库房的文物保存条件进行整体改造，根据文物的类别，如丝织品、木器、玉器、陶瓷器等，根据文物保存环境的需要，我们专门定制了预防性保护的方案，对库房的文物进行系统的、保存条件上的提升。我们还会对展厅的文物保存环境进行改造和提升，在展厅进行温湿度的调控，对文物的保存环境、密封性进行改造。在文物修复方面，我们馆藏的一级文物基本都在展厅，库房里还有8万多件文物，接下来我们着重对库房进行分类文物修复，逐步充实展陈，组织外展。

最后是在社会教育方面，博物馆承担着社会教育功能，"十四五"时期赤峰博物馆社会教育的方向，就是响应国家文物局的号召，推动馆校融合。我们之前也做了很多馆校融合的工作，包括博物馆进校园、举办小讲解员培训班等。下一步计划推动馆校深度融合，探索博物馆在义务课程里能起到一个什么样的作用，学校怎样以博物馆资源为依托去促进学生的身心发展。从今年开始，尝试在当地学校举办两个校园展览"走进考古""辽代陶瓷"，以展览为依托，让学生更直观地去感受辽时期的历史。我们引进郭沫若纪念馆的图片展"追求与探索——文化名人的历史印记"，专门在市区各中小学巡展。

在"十四五"时期，赤峰博物馆本着服务社会、服务公众的原则，通过展览、社会教育的形式，更好地承担博物馆的社会功能、社会职责，继续讲好中国故事，讲好赤峰故事。

刘锦山：秦馆长，谢谢您接受我们的采访。

秦博：不客气，刘博士。

刘锦山：祝愿赤峰博物馆在"十四五"时期发展越来越好。

秦博：谢谢您。

吴汉勤

特色王府巧布局

采访时间：2021 年 7 月 10 日
初稿时间：2024 年 2 月 27 日
定稿时间：2024 年 4 月 29 日
采访地点：赤峰市图书馆"赤峰记忆"拍摄现场
版　　本：文字版

吴汉勤速写

  吴汉勤　蒙古族，喀喇沁旗王府博物馆原副馆长。1950 年 3 月出生，文博中级馆员。喀喇沁旗政协第四、五、六、七、八届委员。历任喀喇沁旗锦山供销社售货员，喀喇沁旗食品公司采购员、业务员、质检员、业务股长、副经理，喀喇沁旗食品厂副厂长，喀喇沁旗百货公司印刷厂厂长，喀喇沁旗王府博物馆副馆长。2012 年退休。2013 年至今，在"全国重点文物保护单位"喀喇沁旗灵悦寺工作。

  学术及研究成果：2004 年参加喀喇沁旗政协文史资料第八集《开明蒙古王——贡桑诺尔布》部分第三章编写。2006 年参加"河北省文博研讨会"并做主旨讲话《发挥博物馆的旅游功能》。2009 年参加吉林省延边自治州"吴禄贞戍边一百周年研讨会"，做《吴禄贞在喀喇沁王府》演讲。2011 年参与编写"喀喇沁王府学术研究丛书"《如许斋诗集》的校注。2013 年参加在北京举办的"中欧王府与古城堡文化论坛",做《打造具有民族特色的博物馆》演讲。2007年被赤峰学院蒙古学院聘为客座教授。自2000年起承担喀喇沁旗王府博物馆古建维修及策划展览工作。2015年与他人合著《喀喇沁旗王府博物馆巡览——清代蒙古王府博物馆导游词》,由内蒙古文化出版社出版。2015年参与喀喇沁旗政协文史资料第十集《琐忆公爷府》编写。

❀

刘锦山:各位朋友,大家好!今天是2021年7月10日,这里是赤峰市图书馆"赤峰记忆"第六期"文化旅游"专题拍摄现场。今天我们邀请到的嘉宾是喀喇沁旗王府博物馆原副馆长吴汉勤老师。

吴汉勤:刘总,您好。

图1 吴汉勤(左)接受"赤峰记忆"采访

一、结缘文博

刘锦山：吴老师，您好！非常高兴您能接受我们采访。首先请您给大家谈谈您个人的职业生涯情况。

吴汉勤：我的名字叫吴汉勤，蒙古语名字叫吴恩巴雅尔，蒙古族。我生于1950年3月18日。1963—1968年在赤峰蒙古族中学学习，1968年中学毕业之后在农村参加劳动。1972年参加工作，工作单位属商业系统，也就是喀喇沁旗锦山供销社。到了1978年又到了喀喇沁旗的食品公司，任质检员、业务股长、副经理。1990年到喀喇沁旗食品厂任副厂长。1993年到喀喇沁旗百货公司的印刷厂任厂长。1997年因为商业体制改革下岗，下岗之后我就从事喀喇沁旗的旅游讲解工作，但这是个人行为，因为当时喀喇沁旗的旅游业还不发达，只有外边的参观团来了之后需要一个解说人，所以我就充当了这个角色。到了2000年我被聘任到喀喇沁旗王府博物馆工作，2003年任喀喇沁旗王府博物馆的副馆长。这个副馆长主要分管的工作是古建维修，还有导游员的培训，再就是文史知识的研究，直到2012年退休。我的基本经历是这样。

刘锦山：吴老师，您刚才说了您的蒙古语名字，这个名字是什么意思呢？

吴汉勤：吴恩巴雅尔，吴恩是真正的意思，巴雅尔就是喜欢、高兴、喜庆的意思，如果用汉语把它概括来说，就是真喜，真正的欢喜，真正的欢乐的意思。

刘锦山：非常吉祥的名字。

吴汉勤：非常吉祥。

刘锦山：那您退休以后，是不是还在继续做一些与喀喇沁旗王府博物馆相关的工作呢？

吴汉勤：我退休之后，在全国重点文物保护单位喀喇沁旗的灵悦寺工作，一个是看护文物，另一个是负责接待各地来的客人。

刘锦山：吴老师，刚才您介绍了您的职业生涯和工作经历。那么您是怎么喜欢上文博工作的？

吴汉勤：我以前从事的工作都是商业流通领域的工作，但是商业工作里头也需要这方面的知识。比如说你当的是采购员，你出去要介绍故乡的风土人情，就要掌握点这样的知识。你上外地去了，聊起天来，人都问你那个地方美不美，你这个地方还有什么风景名胜，你可以给他侃上一段，这是一般的。作为文史知识的获得来说，我有两个渠道：一个是从小听爷爷讲故事，他净讲一些喀喇沁旗当地的风土人情及传说故事。我是喀喇沁旗政协的第四、五、六、七、八届5届22年的委员。政协的一个工作是存史资政，出版了好多的文史资料，所以在我做商业工作的时候，就有成套的喀喇沁旗的文史资料。再一个，我这个人还以喀喇沁旗第一部《喀喇沁旗志》评稿员的身份，参与过喀喇沁旗第一部旗志的编纂工作。所以我对喀喇沁旗的历史又增加了一个新的知识点，也增加了、丰富了喀喇沁旗历史的内容和一些有关的典故。这些知识都是在这里取得的。作为政协委员，也应该在存史资政这方面做一些贡献。所谓贡献，就包括把喀喇沁旗的人文历史情况介绍给全国的、全世界的来客，所以下岗之后从事了这么一个工作。

刘锦山：正好跟您的政协委员工作结合起来了。

吴汉勤：对。所以有了这方面的知识之后，才能被聘到喀喇沁旗王府博物馆去，基本上是这么一个情况。

刘锦山：吴老师，我还了解到您多次接受媒体的采访，通过媒体向观众介绍喀喇沁旗王府博物馆的有关情况，请您把这方面的情况给大家介绍一下。

吴汉勤：我参加过央视二套的《正大综艺》，七套的《农广天地》《搜寻天下》，四套的《走遍中国》，主要还是涉及喀喇沁旗历史知识方面的采访。另外还参加过一些电视片的群众演员工作，客串过。

刘锦山：非常好。

二、出版家特睦格图

刘锦山：吴老师，我们知道在喀喇沁亲王府的发展过程中有一位学者叫特睦格图，他对蒙古文的印刷出版做出过比较大的贡献，喀喇沁旗王府博物馆对他也有介绍和展览。请您把特睦格图的生平以及他的一些事迹给大家介绍一下。

吴汉勤：喀喇沁旗王府博物馆设有特睦格图印刷馆这样一个展厅，主要介绍特睦格图这个人物。他创办了蒙古文的活字铅字印刷，这是他的主要功绩。特睦格图是喀喇沁旗王爷府镇大西沟人，生于1888年，这是阳历的纪年。1902年喀喇沁亲王府成立了崇正学堂，他是第一批到崇正学堂来学习的，学习比较刻苦而且认真，受到了贡王的赏识，1903年把他派到北京的俄文学堂专门去学习。1906年，喀喇沁旗到日本留学的学生里，男生有五名，特睦格图就在其中。他到日本先学的是军事，后来又改学医学，一共在那儿留学了6年整。回国后在喀喇沁和赤峰行医。1912年喀喇沁旗的王爷贡桑诺尔布到北京任蒙藏事务局总裁，把他调到北京的中华民国蒙藏事务局，任庶务科科长，而且是首席翻译。特睦格图这个人精通蒙古、满、汉、藏四种文字，还通晓日文和俄文。

他认为长城外边这个地方，即内蒙古地区文化落后的原因是先进的、好的书籍太少。当时流行这么一句话，说是"春风不度玉门关，好书不过山海关"。所以他就认为把中华民族饱含优秀文化的书籍翻译成蒙古文这个工作是应该做的，但是苦于印刷技术的落后，把汉文译写成蒙古文只能是手写，哪如汉字的活字印刷可以批量生产呢？所以他就刻苦地研究，通过雕刻黄杨木，雕刻铜，做字模子，到了1922年冬，终于把蒙古文的活字铅字字模研究成了。有了这个字模之后，印刷蒙古文的时候，就可以用活字铅字了，这就可以提高印刷效率，印刷的书籍也就多了。把汉文的书籍转化成蒙古文，蒙古族民众就读到更多的优秀作品了。

所以到了1923年，喀喇沁王，还有喀喇沁的几个乡党，联合筹资在北京创办了北京蒙文书社，特睦格图亲任书社的经理，他的夫人任副经理，

图2　特睦格图

然后招募人才。蒙文书社有自己的蒙古文印刷厂，从铸字、拣字、排版、印刷、装订整套流程都能够完成，所以它出版的书籍，据统计有60多种，10万余册，发行到国内外，其中一些已经流传到了欧洲，如法国都有他的书社所出版的书籍。这个书社到了1930年的时候，就搬到了南京。1937年日本侵略者占领了南京，他的书社被迫关闭了，他就把这些设备运离了南京。日本人强迫特睦格图给他们服务，他执意不肯，就到乌兰浩特那个地方办的兴安陆军军官学校教书去了。所以日本人利用他的这套印刷设备没用成，据说最后这套印刷设备被运到了呼和浩特，新华印刷厂接收了这一套设备。

特睦格图在兴安陆军军官学校教书，1939年5月2日因病去世。有资料说，他生病后，日本的校医来给他打了一针，第二天他就去世了。其他的史料上都没提及此事。他活了52岁。他主要贡献就是蒙古文活字铅字印刷。他发明了蒙古文的铅字印刷，相应地他也解决了满文和藏文的铅字印刷，所以把他定位为蒙藏文铅字印刷发明人。他的墓在我们喀喇沁旗王爷府镇大西沟门村。他的后代现在都在上海。

三、末代王爷贡桑诺尔布

刘锦山：吴老师，下面请您给大家介绍一下末代王爷贡桑诺尔布的情况。

吴汉勤：喀喇沁旗从1635年成立旗制以来，经历了14任王爷。第14任王爷，也就是咱们所称的末代王爷，他叫贡桑诺尔布，他是元朝兀良哈的后代。兀良哈族先祖叫者勒篾，他是者勒篾的二十五代孙。

贡桑诺尔布生于1872年，农历的五月初九，阳历是1872年的6月14日。他从小受到了良好的教育，他爸爸为了培养他的文治武功，聘请来山东的举人丁镜堂，又从河北沧州请来武教师马雪樵，从小对他进行文武两方面的训练。贡桑诺尔布受到了良好的教育，精通蒙古、满、汉、藏四种文字，并粗通日文和俄文。

贡桑诺尔布16岁的时候，就和清朝皇室的肃亲王善耆的妹妹善坤成亲了。

结婚之后呢，因为还有老王爷在，他还是继续学习。学习什么？他没事的时候就开始整理他爸的诗稿，叫《如许斋诗集》。经过他们小两口的整理，总算付诸出版。贡桑诺尔布爸爸的诗稿现在还存世。到了1898年的春天，老王爷旺都特那木济勒（也就是贡桑诺尔布的爸爸）去世了。新的王爷贡桑诺尔布在1898年的腊月接替王位，并到北京去觐见了西太后和光绪皇帝，他被赏坐了拖床，还获赐紫缰，这都是很高的荣耀了。什么叫拖床？就是冬天北京的城墙外面都有护城河，护城河至西苑有湖，湖上边有冰面，冰面上有做得跟爬犁似的拖床，前边有人拉，后边有人推，实际上这是皇上坐的拖床。赏坐拖床，这就是挺高的一种荣誉。

他接替王位之后，1902年，在漠南的内蒙古这个地方，率先办起了崇正学堂这样一个新式学堂。原来喀喇沁人接受的文化教育大致上通过两个渠道：一个是喇嘛的教育，进喇嘛学校接受教育；再一个就是私人教育，有能力的家庭办私塾。为了改善教育状况，贡桑诺尔布在1902年创建了内蒙古地区第一个新式的、官办的学堂。开业的时间是在1902年的10月31日。他又经过一段时间的筹备，于1903年的8月6日，利用他三叔的宫城遗址，也就是喀喇沁亲王府的西边4公里的地方，叫大西沟门，又成立一个守正武备学堂，专门培养喀喇沁旗旗内的初级军官。1903年12月28日，他又创办了一个毓正女子学堂。这就是说，1902年、1903年，他连着创办了3个学堂。

新式学堂成立了，那学生怎么来？这三所学校中，崇正学堂、武学堂都是选的男生，没有女生；女学堂里都是女生，它是男女分校制。崇正学堂的招生范围包括旗内官员的子弟们，还有旗民的子弟们。贡王办学的时候，这个洋学堂一开办，并不是每个人都喜欢，尤其是在传统教育还广泛存在的情况下，新式学堂好多人不理解。所以当时喀喇沁旗老百姓对新学堂不太了解，而且还有一些谣言，说办这个新学堂，王爷借了日本人的钱，要还账，还账用啥还呢？说这得用童男童女还他们，得多少童男童女？说得500童男，500童女，把他们送到日本去，人们当时是这么传的。这学校开业了，还得准备桌凳，开始拉一些木头打桌凳的时候，有的人又造谣了，说是你看到没，他是要招学生，那拉来那些木头干

图 3　贡桑诺尔布（刘锦山摄影）

啥呢？他不是打桌椅，那是做木笼囚车呢，把他们装到囚车里，运到日本去。贡王发现这些问题之后，鼓励民众们送他们的子女接受新式教育，凡是送到崇正学堂，还有毓正女子学堂来学习的学生，家庭门口都挂上一个免去税赋的牌子。这就是说，凡是家有学生的话，一切徭役，也就是当兵服役的事，还有一些包括税收，都给免除。通过这些举措，鼓励全旗的旗民把子女们送到学校里来读书。

再就是1904年，贡王考虑到还有一些青年，也得找出路啊。青年们干啥，不能无所事事。他就成立了一个综合工厂，这个工厂用那个时候的语言说，能够制洋胰子，就是肥皂；制洋蜡，就是现在的蜡烛。原来咱们这个地方蜡是什么样的呢？咱们这叫笨蜡，是用牛羊油，中间用芦管制作而成的。这个洋蜡是用石蜡做成的。工厂可以制洋胰子，织地毯，造绒毡，织绸子，织布，还可以生产染料，如染布的颜料。青年男子到工厂去工作，也得给农村的妇女找个事干吧，怎么办？贡王在1904年的时候，从浙江购买了3万株桑苗，运到上海，从上海装上火轮船运到天津。在天津又装上火车，用铁路把它运到北京，从北京又把它换到骡马车上，把这些桑苗运到喀喇沁旗来。所以当时喀喇沁亲王府周围开了几百亩桑园，通过养蚕，农村的妇女就有了营生。所以那个时候喀喇沁旗就有了养桑蚕的。有一些史料记载，自从养桑蚕之后，就可以织绸子了，而且绸子的质量特别好，取代了原来内蒙古的柞蚕，也就是用柞树的叶子养的蚕，用它织出来的产品不如桑蚕好。用桑蚕生产的丝绸质量上乘，因此还远销到俄罗斯。

在1904年的时候，喀喇沁旗这个地方邮电、通信都没有，所以对外交往消息很闭塞。当时北京到承德（那时候承德归热河都统管）到围场这段已经通了电话、电报。喀喇沁亲王府到围场的所在地（原来叫克勒沟）有45公里。贡王为了和外边增加通信联络，亲自上山，督办着工人们放树、架电话、立电杆，所以当时喀喇沁旗就能够对外进行电报、电话联络了。在1905年，他就创办了喀喇沁旗（当时叫喀喇沁右翼旗）第一份报纸，这个报纸叫《婴报》。《婴报》是四开，隔日出版，上面登有国内外新闻、盟旗动态，还有科普小常识。印刷出来之后，它还有邮政代办所，可以往远处发行一部分，尤其是免费送到大村落阅读。所以这样就为外部了解咱们喀喇沁旗增加一个新的传媒渠道。贡王的贡献是引桑树、办桑园、养蚕、建工厂、通邮电。

1908年，贡桑诺尔布到北京陆军贵胄学堂学习，1911年辛亥革命发生后他从北京回到喀喇沁右翼旗。当时他在思想上还是个保皇派，后来和孙中山多次接触之后，对中华民国的施政方针有了新的了解，尤其是对中华民国实行的五族共和表示积极拥护，所以到了1912年的时候，他就到北京任蒙藏事务局总裁。蒙藏事务局是管理全国少数民族事务，以及少数民族地区涉外的一些事务的。1913年，贡桑诺尔布在北京西单的小石虎胡同又创办蒙藏学校，这个学校就是现在中央民族大学附中的前身。这个学校的学生都来自蒙藏地区，因为贡桑诺尔布在北京工作，所以当时喀喇沁旗的好多青年都到蒙藏学校去学习和读书。这个学校的学生在1919年五四运动的时候，都积极地参与其中。

因为中国共产党的创始人李大钊，还有赵世炎、恽代英、韩麟符经常到这个学校去宣传马克思主义的道理，使这些学生较早地了解了马克思主义，积极地投身革命。到了1925年，乌兰夫、奎璧、吉雅泰他们都留学过莫斯科东方大学。从1913年创立到1949年结束，喀喇沁旗有6个人在蒙藏学校当过校长。他们留学莫斯科的时候，喀喇沁旗有好多人在那儿当教授、当学校管理人员，而且对这些人还进行过经济资助。蒙藏事务局到了1914年改成了蒙藏院，贡桑诺尔布还接着当蒙藏院的总裁。他在这个职位上一共干了16年整，1928年，他卸任蒙藏院总裁职务。到了1930年12月，他当了一任蒙藏学校校长。1931年的1月13日，他因脑溢血去世，终年59岁。

在喀喇沁亲王府议事厅的前边，有一个台阶，台阶右侧的垂带石上刻有"吴受卿醉卧处"6个字。"吴受卿醉卧处"是什么意思呢？怎么个来历呢？实际上这个"受"字，现在写的是接受的"受"，应该再添上一个绞丝旁，绶带的"绶"。这个人叫吴禄贞，字绶卿，他是湖北省云梦县人。那么怎么他的事又在喀喇沁亲王府出现了呢？吴禄贞16岁就入湖北武备学堂，18岁留学日本。1906年4月，吴禄贞随着清朝的理藩大臣、肃亲王善耆视察内蒙古东四盟。这东四盟就是卓索图盟、昭乌达盟、锡林郭勒盟和哲里木盟。吴禄贞当时任清朝的马队监督，所以这一次随着肃亲王来视察的时候，他是一个随员。这个视察团从北京出发，一直到巡视这四个盟结束，也就是3月18日开始到5月11日结束，100余天的行程。1906年4月来到咱们喀喇沁亲王府，在喀喇沁亲王府议事厅月台上，卓索图盟各个旗的官员都来到这儿进行会盟，开大会，吴禄贞作为随员在这里逗留了接近半个月时间。在这期间，他和贡桑诺尔布交情很好，贡桑诺尔布提出的这些新政，都有吴禄贞给他提的一些主意。当然了，这一次他来喀喇沁亲王府逗留期间，和贡桑诺尔布还进行过单独的谈话。谈话的过程中，当然还要喝点酒，吴绶卿不胜酒力，所以他就到外边的台阶上休息。因为喝多了，就吐到那儿了。因为贡王和他是好朋友，贡王就回到大厅里拿起毛笔写出了"吴受卿醉卧处"几个字，然后让石匠刻到这垂带石上。这是当年贡王和吴绶卿开的一个玩笑。吴禄贞比贡王小8岁，他生于1880年，他来到这里的时候也就是26岁吧。吴禄贞去日本留学之后回到中国，参加了唐才常自立军起义。吴禄贞在1909年担任过吉林延吉边务督办，现在说是边务大臣吧。当时日本人搞了一个"间岛事件"，这个间岛就在中国的图们江上，原来是交给朝鲜人耕种的。日本人说河夹心这个岛叫间岛，不是中国的，所以制造事端。然后吴禄贞带领着他的下属，经过73天2600多里的实地探查，拿出清朝的地图来，证明所谓的这个"间岛"就是中国固有的领土。他说有他在，我国的领土就在。所以他修建了戍边楼，有延吉戍边楼，证明这都是我们中国的地方。2009年举行戍边楼建成100周年的庆祝大会，我参加了这个庆祝大会。当时作为喀喇沁亲王府嘉宾，我把"吴受卿醉卧处"的拓片交给了大会。到了1911年辛亥革命的时候，吴禄贞当上了燕晋联军副总指挥，策划着通过太原和石家庄联合攻打北京，推翻清朝。吴禄贞当过清朝的第六镇统制，相当于现在的师长，他整顿军纪的时候，被革职的周符麟和马蕙田二人对他产生了不满。吴禄贞劫持过清朝所运的军事物资，然后在石家庄策划攻打北京的事情泄露。被他革职的周符麟和马蕙田在1911年11月7日凌晨，把他枪杀于石家庄的火车站站长办公室里。后来孙中山得知这个事之后，给他撰写了碑文，称他为"盖世之杰"。现在，吴禄贞还有他的两个下属的坟墓都在石家庄长安公园。

四、喀喇沁亲王府

刘锦山：吴老师，请您给大家谈谈喀喇沁亲王府的来历以及它的发展过程。

吴汉勤：说到喀喇沁亲王府，就要提到喀喇沁部。元朝的时候有两个部落，一个喀喇沁部，一个兀良哈部。这是两个不同的部落。兀良哈的部落里头，有这么个人物，他叫札儿赤兀岱。札儿赤兀岱和成吉思汗的爸爸也速该是朋友，成吉思汗降生的时候，札儿赤兀岱做了一个貂皮的摇篮，送到成吉思汗家表示庆贺。札儿赤兀岱有一个儿子叫者勒篾，比成吉思汗大一点，他俩从小在一起生活。札儿赤兀岱把者勒篾送给成吉思汗他们家了，从此者勒篾就在成吉思汗家做开门子、备马鞍子这些活，和成吉思汗一起长大。成吉思汗带领着军队攻打天下的时候，者勒篾和弟弟速不台共同参加了成吉思汗带领的部队，立下了汗马功劳。大元帝国成立的时候，论功行赏，者勒篾和弟弟都被封为"四杰九将"。者勒篾一生救过成吉思汗三次命，成吉思汗大赏功臣的时候说：者勒篾，你这一生救了我三次命，我得感谢你，今后封你九罪而不罚。九是大的数目，并不是咱们说的一二三四五六七八九这么简单的小数，就是犯了错误之后也不追究你。就因为者勒篾家族给成吉思汗做出过贡献，所以成吉思汗把他的女儿花茵公主许配给了者勒篾的儿子吉伯格，从那时候吉伯格就成了元朝的驸马了。这是兀良哈部落。

喀喇沁部落原来在中亚，到了明朝的时候东迁来到了现在的东北这个地方，像西拉木伦河以北、绰尔河以南东北大部分地区，明朝的时候喀喇沁部，还有兀良哈部都在这里生存。喀喇沁部和兀良哈部的人互相联姻，明朝的时候在中国的东北设兀良哈三卫，即福余卫、朵颜卫、泰宁卫。兀良哈部和喀喇沁部不断地进行联姻，最后形成喀喇沁和兀良哈联姻36家，最后兀良哈的人做了喀喇沁部的首领了。随着时间的推移，喀喇沁部的名称保留下来了。"喀喇沁"是蒙古语，汉语是守卫者的意思。

到了明末的时候，者勒篾的第十四代孙、喀喇沁部的首领苏布地和他的弟弟万丹伟征，在1628年后金天聪二年归附了清朝的前身后金。当时喀喇沁部由四个喇嘛带领组成500多人的一个访问团，到了沈阳，当时叫盛京，投奔皇太极。皇太极让贝勒阿济格亲自迎出盛京城外，迎到宫城的凤凰楼里，喀喇沁部归附了清朝，而且立下青牛白马之誓，从此喀喇沁部为清朝行军作战。喀喇沁部归附皇太极之后，在1635年的时候，清朝就开始编制了喀喇沁右翼旗和喀喇沁左翼旗，叫一部两旗；还有土默特一部两旗，土默特左翼旗和土默特右翼旗。喀喇沁左翼旗即现在的辽宁省喀喇沁左翼蒙古族自治县，喀喇沁右翼旗就是现在的喀喇沁旗；土默特左翼旗即现在辽宁省的阜新市，土默特右翼旗就是现在的辽宁省的朝阳市。1639年进行了会盟，这个地方在什么地方呢？在现在的辽宁省朝阳市的下边，朝阳县木头城子镇卓索沟的地方，所以以会盟地命名就叫卓索图盟。到了康熙四十四年（1705）的时候，喀喇沁右旗因为部族繁衍，地大事繁，又在喀喇沁右旗的中间地方划出一块，成立了喀喇沁中旗，就是现在的赤峰市宁城县。清军入关的时候，喀喇沁部、科尔沁部、翁牛特部的蒙古官兵都参加过攻打山海关的战斗。因为喀喇沁部的官兵生活在长城以北，熟悉环境，所以清军入关之后，喀喇沁部的官兵多次跟随康熙皇帝平定布尔尼叛乱，吴三桂他们的三藩之乱，还有征讨噶尔丹。喀喇沁的官兵每年都要到木兰围场去，陪着皇帝行围。

喀喇沁亲王府是现在咱们国内蒙古王府中保存最好的，现存的王府中它是建筑年代最早的，建筑规模最大的，封爵等级最高的，而且是离北京最近的一个蒙古王府古建筑群。要说它建筑年代早，它始建于康熙十八年（1679），到现在有340多年的历史。要说它建筑规模大，原来这个王府占地300多亩，房屋有400多间，由中轴部分再加东西跨院组成。要说它封爵等级最高，它是亲王府。清代对于蒙古王公实行七等十级的管理：第一等亲王，第二等郡王，咱们都把他叫作王爷。第三等叫贝勒，第四等叫贝子，咱们都把他叫贝勒爷。第五等镇国公，第六等辅国公，咱们都把他统称为公爷。第七等分了一个叉，清代按照元朝对驸马的制度，成吉思汗的子孙都封为台吉，台吉是太子的意思；兀良哈者勒篾的后代都封为塔布囊，塔布囊是蒙古语，翻译过来就是驸马的意思。台吉和塔布囊也就是太子和驸马，还要分一二三四级，加上前面那六等，这就是七等十级。所以喀喇沁右翼旗一共有14任王爷任札萨克，贡桑诺尔布就是第14任王爷札萨克。到了第8任王爷喇特纳锡第的时候，因为他在皇帝东巡的时候带领着官兵修桥、修路，还有他经常到木兰围场去视察工作，对围场滥伐树木、盗猎野兽这样的行为管理得很紧，所以喇特纳锡第由郡王晋升为亲王品级。从第8任王爷一直到第14任王爷贡桑诺尔布，就有一任是郡王，其他的都是亲王品级，所以喀喇沁亲王府在蒙古王公中是封爵等级最高的。

刘锦山：吴老师，我们了解到在喀喇沁亲王府的历史发展过程中，有一位和硕端静公主，从北京下嫁到喀喇沁旗。请您把这一段历史情况给大家介绍一下。

吴汉勤：说到公主下嫁，咱们就得说清代的时候，它有一个蒙满联姻。清朝实行的国策就叫南不封王、北不断亲，所以朝廷和蒙古联姻是频繁地发生的，尤其清军入关之后，清皇室和喀喇沁部联姻的情况逐步增多。到了康熙三十一年（1692）的时候，康熙皇帝就把他的第五个女儿，封为和硕端静公主，下嫁给了喀喇沁第四代王爷札什的儿子噶尔臧。公主来到喀喇沁右翼旗，为了迎接她，特意在现在的喀喇沁旗旗政府所在地给她修建了公主府。她是十月初二来的这儿，

图 4　喀喇沁亲王府

图 5　喀喇沁亲王府中和硕端静公主圹志文碑

是冬天，天气特别寒冷，到了离公主府还有十来里地的地方，有一个梳头庙。公主一路风尘到这儿之后，在这先化化妆，再进入公主府。公主下嫁来这儿之后，和驸马共同生活了18年。到了康熙四十九年（1710），公主突然去世，康熙皇帝得知之后，批准修建公主陵。这个公主陵现在是全国重点文物保护单位。公主陵在哪儿呢？在现在的喀喇沁旗十家满族乡十家村。公主下嫁到这儿来的时候，带来了十户满族工匠、护卫、太监，这些人物组成十户人家，公主死了之后就在公主陵附近居住，看守公主陵。

五、王府格局与沿革

刘锦山：吴老师，请您再给大家具体介绍一下王府的建筑格局方面的情况。

吴汉勤：喀喇沁亲王府原来占地300亩，它分为中轴部分，分一二三四五进，然后再加上东西跨院，原来有400多间房子。中路部分第一进是府门，府门是三间硬山式建筑，两边各有三间配房；第二进建筑现在咱们作为展厅使用，原来在清代的时候就是王府管旗梅林在那儿工作；第三进建筑叫回事处，也就是王府行政办公的地方；第四进建筑就是印务处再加上王爷的大厅，这个还要分东西厢房各五间；第五进建筑叫承庆楼，承庆楼正中间是两层楼，两边各有三间配房，还有东西厢房各五间，这是王爷和福晋家眷们居住的地方。东院是王府的管事处，还有王爷的仆人，为王府提供生活服务；西跨院前半部分是一个小花园的形状，那个地方前一进建筑是王爷小时候学习的书塾，后来贡王办了学堂之后，那个地方就改成了夔盦图书馆。后一栋建筑叫揖让厅，是王爷会见宾客的地方，还有文庙和武庙，也就是孔子庙和关公庙；后边还有两个四合院是王府的佛堂，还有王府的祖宗祠堂，里边供奉着历代王爷的画像。但是后边这两个四进建筑现在还没有修复，空着呢，祖宗祠堂的王爷画像在承庆楼的一层展出。王府的前边属于办公区和生活区，后边还有130亩地这么大的后花园。后花园解放后作为耕地了，现在修复了后花园，占地只有50亩。原来说这个后花园要有150亩到180亩地，里边要有亭台楼阁，小桥流水，以至于池塘，大小建筑还要有130多间；靠右山根部分以山凿洞，养有虎熊，这样还有动物园的功能。整个后山王爷时期就绿化了，那时候的柏树现在还保存有 19 棵。

图 6　喀喇沁亲王府外景（白显林摄影）

图 7　苍松掩映中的喀喇沁亲王府

图 8　喀喇沁亲王府议事厅

图 9　喀喇沁亲王府历史陈列一厅

刘锦山：吴老师，下面请您给大家介绍一下王府的沿革情况。

吴汉勤：喀喇沁亲王府自从康熙十八年（1679）建立，始终是王爷执政和居住的地方。到了1945年，抗日战争胜利了，这个时候喀喇沁亲王府就成了热中中学。1946年，赤峰地区成立了内蒙古自治学院，热中中学的学生和老师，都来到了内蒙古自治学院读书。1949年之后，那个学校就变成了王爷府中学，还建过热河省立喀喇沁旗蒙民初级师范学校，那个院落始终有中学在使用，一直到1997年，中轴部分建筑腾出来之后，成立了喀喇沁旗王府博物馆。到2002年的时候，整个院落作为清代蒙古王府博物馆，于9月15日对外开放了。

刘锦山：吴老师，非常高兴今天您能接受我们的采访，谢谢您！

吴汉勤：不客气。

付丽娜

北方石林惊叹奇

采访时间：2021 年 7 月 10 日
初稿时间：2022 年 6 月 24 日
定稿时间：2022 年 7 月 24 日
采访地点：赤峰市图书馆"赤峰记忆"拍摄现场
版　　本：文字版

付丽娜速写

  付丽娜　蒙古族，1982 年 4 月出生，内蒙古赤峰市克什克腾旗经棚镇人，2012 年参加工作。2012 年 5 月—2012 年 7 月，任三特旅业西拉木伦分公司售票员。2012 年 8 月—2014 年 4 月，任三特旅业西拉木伦分公司营销部经理。2014 年 4 月—2015 年 12 月，任阿斯哈图石林景区营销部部长兼人力资源管理。2016 年 1 月—2018 年 12 月，任克旗文旅公司营销部公司监事、营销部副部长。2019 年 1 月起，任政协克什克腾旗第十届委员会委员、克旗文旅公司总经理助理、赤峰运通旅行社副总经理、白音敖包景区总经理。

  主要工作成果：担任政协委员期间，积极参与政府组织的各项活动，如环保、公益、民生等，发挥自身优势，为决策提供参考意见。2019 年，以创建国家 5A 级景区为工作核心，对照 5A 级景区创建标准，带领团队进一步丰富阿斯哈图石林景区的旅游产品，提高服务质量，将景区宣传方式转型升级，设计专刊进行景区形象宣传，被旗政府授予优秀个人荣誉称号。在白音敖包景区任职期间，带领团队从做研学、党建、团建等活动着手实施经营思路的变革，促进景区的产业结构多元化；带领景区员工为蒙古族小学捐资助学，为翠英特教学校的孩子们做公益研学活动；与敖包当地牧民交朋友，并利用多年积累的市场资源，组织带动牧民做民俗体验活动，从而达到经济效益和社会效益双丰收。在旅行社任职期间多次组织员工为环卫工人、学生送温暖等公益活动；带领团队多次参加克旗文旅公司全国旅游推介会、座谈会，开展对公司旗下各景区资源、政策、精品路线、娱乐业态等方面的交流与探讨，以扩大克旗文旅品牌影响，促进克旗文旅产业发展；在乌兰布统成立旅游服务中心，吸收散客资源，为游客提供免费咨询与讲解服务，让游客吃住在景区，为旅行社和景区带来经济效益。

刘锦山：各位朋友，大家好！今天是2021年7月10日，这里是赤峰市图书馆"赤峰记忆"第六期"文化旅游"专题拍摄现场。今天我们邀请到的嘉宾是克什克腾旗文化旅游产业发展有限责任公司总经理助理付丽娜女士。付总，您好！

付丽娜：刘老师您好。

一、悠远神秘的阿斯哈图石林

刘锦山：非常高兴您能接受我们的采访。首先请您向大家谈谈您个人的情况。

付丽娜：我是在2012年正式加入旅游行业的，也是从基层开始做起的。最早我是在克什克腾旗三特旅业开发有限公司从事营销工作。2014年的时候到了石林景区，在克什克腾旗创建的阿斯哈图旅游有限责任公司任营销部部长。2016年，我们旗委、政府成立了克什克腾旗文化旅游产业发展有限责任公司，我调回总公司的营销部，一直任营销部的副部长。经过公司这么多年的培养，2019年我成为克什克腾旗文化旅游产业发展有限责任公司的总经理助理。

图1 付丽娜（左）接受"赤峰记忆"采访

图2 2019年，付丽娜（左二）主持召开白音敖包景区安全防火会议

图3 2021年，白音敖包景区智慧景区培训（右为付丽娜）

刘锦山：付总，接下来请您谈一谈阿斯哈图石林景区从地质学上是如何形成的。

付丽娜：阿斯哈图石林的形成主要分为三个阶段。第一个阶段是侵入、出露阶段。花岗岩的侵入发生在晚侏罗纪，大概是距离现在1.5亿年的时候，是在大兴安岭上经过多次的隆升和夷平之后，花岗岩出露于二级夷平面上。第二个是冰川作用，雏形阶段。第四纪冰川时期，在北大山上冰川的作用下，对花岗岩的刨蚀和拔蚀作用，对原有的地貌进行了强烈的改造，形成了冰斗、刃脊和角峰的地貌。冰川在流动过程中由于它自身的重量，对花岗岩产生了平行于地面的剪切力，从而导致了花岗岩中近于水平节理的发育。从现今发现的石林上看，所有的石林都是在脊峰处，也就是我们刚才说的刃脊和角峰，所以这就形成了石林的雏形。第三个阶段是风化作用，也就是成形阶段。形成于脊峰处的花岗岩石林雏形在物理风化、化学作用和寒冻风化作用下，各种裂隙沿石缝发育的节理逐渐扩大并在重力作用下逐渐地分解和崩塌，也就是形成了现在的单个的石墙和石柱。在风蚀的作用下，去掉了它棱角分明的状态，呈现了现在石林的比较圆滑的状态。由于石林的迎风面受到的风蚀比较强，所以我们现在所看到的石林都是有凹凸两面的。

刘锦山：付总，请您给大家介绍一下阿斯哈图石林景区的情况。

付丽娜：阿斯哈图石林景区位于克什克腾旗经棚镇所在地的东北方向，大概是 120 千米处，也是克什克腾世界地质公园九大园区之一，是非常具有代表性的一个景区。阿斯哈图石林主要是分布在大兴安岭最高峰黄岗峰往北大概 40 千米，海拔 1700 米的北大山上。它沿着山脊呈东北方向分布，东西宽 3 千米，长 5 千米，占地面积大约 15 平方千米。"阿斯哈图"是蒙古语，汉译为"险峻的岩石"。

刘锦山：阿斯哈图石林景区面积还比较大，它里边分了几个区域呢？

付丽娜：阿斯哈图石林景区现在是分为五个景区，就是草原天柱景区、草原石林景区、草原鲲鹏景区、草原石堡景区、草原石城景区。

刘锦山：这五个景区，每个景区有哪些景观呢？您给大家介绍一下。

付丽娜：我给您介绍一下最具有特色的草原鲲鹏景区吧。它是经过风蚀作用、风化作用形成的一个象形石，就像一只大鲲鹏一样落在草原，有诗赞美它："鲲鹏本应在西天，为何万里落草原。风光旖旎美如画，占据山巅不思还。"天上飞来的大鸟，看到这样的美景都不想回家了。

图4　阿斯哈图石林风光之一

图 5　阿斯哈图石林风光之二（白显林摄影）

图 6　阿斯哈图石林风光之三（白显林摄影）

图 7　阿斯哈图石林风光之四（白显林摄影）

图 8　阿斯哈图石林风光之五（白显林摄影）

刘锦山：付总，您给大家介绍一下阿斯哈图石林景区的动植物资源情况。

付丽娜：就像我刚才给您介绍的，它的独特地理位置使得它的动植物资源非常丰富。据我们所知，现有的野生植物有49科185属318种，野生动物有狍子、马鹿等，现在我们的生态保护得好，马鹿和狍子都不怕人。

刘锦山：甚至都有可能看到它们。

付丽娜：对。它不会靠近你，但是在远处的山巅上、山峰上都能看见成群成群的。特别是冬季，成群的马鹿和狍子在山顶上栖息，也是我们摄影爱好者比较喜欢拍摄的一个重要景点。

刘锦山：我们知道南方也有石林，阿斯哈图石林是北方的石林，北方石林和南方石林比较起来有哪些自己的特点呢？

付丽娜：是这样的，阿斯哈图石林是经过地质变迁、风蚀、水流冲蚀以及创蚀形成的这种层层叠状的花岗岩石林，而云南的路南石林是直上直下的，就像刀劈斧砍一样，这是它们之间的区别。云南的路南石林比较集中，阿斯哈图石林沿着山脊分布得比较广。

刘锦山：那是不是北方的石林更粗犷、更雄浑一些呢？

付丽娜：对。站在海拔1700米的北大山上，往下眺望的时候，山脉连绵起伏，因为这个石林是大兴安岭山脉余脉和乌兰坝草原的交汇地带，这种交汇地带也形成了它独特的地貌，既有高山草甸的地貌，也有高山湿地的地貌以及森林地貌。除了连绵起伏的高山，还能看到非常原生态的高山草甸及森林，其次就是最具有特色的分布比较广泛的形态各异的岩石。

二、打造民族特色的国家 5A 级景区

刘锦山：付总，刚才您介绍了阿斯哈图石林景区的基本情况，让我们对它有了一个大致的了解。阿斯哈图石林景区现在是国家5A级景区，也是世界地质公园，那么关于这个景区的发现以及它的建设发展历程情况，您给大家介绍一下。

付丽娜：石林景区是在2000年筹备建设的，到现在为止也有将近20年的历

史了。这20年通过我们旗委、政府以及我们几代旅游人的艰辛努力，现在已经成为国家5A级景区。2000年的时候，那会儿我也很小。据当地的前辈包括老摄影家介绍，当时这里荒无人烟，没有路，在石林山下有个村子叫安乐村，当地的村民在放牧、砍柴的时候，发现了这片非常险峻的岩石，但当时没有人在意，后来被一些老摄影家发现了。据老摄影家介绍，他们背着摄影机、录像机等，大概要步行4个小时才能到达山顶。那会儿挺艰苦的，背着馒头咸菜，因为当时又是冬天，那个馒头都冻得跟石头块一样，成硬疙瘩了。正是我们这些摄影家前辈的拍摄，石林才被大家发现。

刘锦山：付总，当时景区的命名过程是怎么样的，请您给大家介绍一下。

付丽娜：好的，刘老师。最早的时候因为是在安乐村发现的，所以当时叫安乐石林。后期经过若干地质学家以及科考家研究，认为它这种地貌非常独特，是世界上具有代表性的花岗岩地貌，更名为阿斯哈图石林景区。因为我们当地是非常具有民族特色的，所以很多地名都是以蒙古语命名的。

2000年我们筹备建园，到2002年就正式对游客开放了。当时修建了一些石板路的游步道，面积也还没扩展到像现在5个景区这么大。因为它独特的地貌，被越来越多的人认识，也被地质学家、科考家所重视。2005年，克什克腾地质公园被联合国教科文组织评为世界地质公园，当时是以行政区域命名的，阿斯哈图石林是世界地质公园里最具有代表性的一个景区。同年，阿斯哈图石林景区又荣膺国家4A级景区称号。经过了这十几年的不断修缮，以及服务设施的建设，加上知名度越来越高，所以游客也越来越多。2015年，我们又向国家申请提升为5A级景区，在2016年获得批准以后，我们就开始筹备建设。经过两年半的时间，在市委、旗委、政府的正确领导下，当时也是层层压责任，成立了各种工作小组，历经两年的时间，投资了大约3亿元，2018年10月29日正式授牌国家5A级景区。在这个阶段，我们还获得了其他的荣誉，比如说2017年获得了国家级旅游服务标准化示范旗的称号，我们现在是内蒙古自治区的第五家5A级景区。

刘锦山：付总，创建国家5A级景区是一项非常大的系统工程，要投入大量的财力、物力和人力，付出艰苦的努力。请您再给大家介绍一下，在创建5A级景区的过程中做的一些工作。

付丽娜：我们是2016年5月开始启动的创建5A级景区计划。我们首先是邀请专家按照旅游景区质量与评定的评分表，做了克什克腾品牌旅游规划，克什克腾景区整体规划，按照科学的、有效的步骤实施创建5A级景区的计划。2016年，我们又完成了游步道以及摆渡车的路的修缮工作。2017年年初，在天气刚刚回暖的时候，因为你也知道我们克什克腾旗的天气是比较寒冷的，特别是在北部的大兴安岭地带，更是寒冷，但是天气回暖的时候我们就开始进入了建设阶段。首先在旅游集散中心，就是服务中心这一块，我们新建了旅游咨询、讲解服务区，游客休息区、休憩区，还有饮品区、垃圾处理等，这是硬件的基础设施。同时我们又增加了智慧旅游系统，比如说景区的无线网全覆盖、智慧售检票系统以及语音讲解系统等，都是在同时稳步地进行。建设过程中，我们坚持以人为本，凸显出人性化服务的特点，景区厕所全部采用环保材料；为了给老人、儿童提供方便的基础设施，我们还建立了家庭厕所。在游步道的上坡路都设计了坡

图9　2019年，付丽娜在克什克腾石阵景区5A创建工作中被克什克腾旗人民政府授予优秀个人荣誉称号

道，方便残障人以及轮椅推行。在硬件和智慧旅游建设的同时，我们在软件上一直也没有放松，特别邀请了北京的人力资源专家，给我们景区全体员工从服务、礼仪、管理等方面进行了全方位的培训，以增强我们全体员工的服务意识，提高服务水平。

刘锦山：付总，经过5A级景区的创建，每年接待游客的能力有了多大的提升呢？现在一年能接待多少游客呢？

付丽娜：现在我们一年接待将近20万人次的游客。您也知道，2020年受疫情的影响，旅游行业也遇到了危机，因为不方便出行嘛。今年的状况到现在看，是稳定上升的一个状态。

三、文旅融合的生态旅游建设规划

刘锦山：付总，您刚才介绍了在创建5A级旅游景区的过程中做出的一些工作和努力，那么接下来想请您谈一谈阿斯哈图石林景区在以后几年或者更长一段时间的发展规划。

付丽娜：是这样的，现在我们已经荣膺国家5A级景区，但是作为旅游标杆企业，创建5A级景区不是目的，打造5A级景区的精品才是我们最终的目标。通过旅游服务意识的增强，我们将人文旅游，就是文化+旅游融合以及生态旅游作为我们未来的发展目标。现在，景区山上有博物馆，游客参观博物馆可以学一些地质方面的知识；同时我们有摄影展览区，还有书画展览区，就是把文化和旅游相融合，这是第一点。第二点，我们还是致力在保护自然生态环境的基础之上，来开发旅游，来提升我们的知名度。

刘锦山：希望阿斯哈图石林景区在未来发展得越来越好，在生态方面做出更大的成绩，为游客提供更好的服务。

付丽娜：谢谢刘老师。

刘国猛

风情浓郁观光地

采访时间： 2021年7月10日
初稿时间： 2022年6月24日
定稿时间： 2022年7月24日
采访地点： 赤峰市图书馆"赤峰记忆"拍摄现场
版　　本： 文字版

刘国猛速写

　　刘国猛　1984年7月出生，汉族，内蒙古宁城县人，毕业于内蒙古师范大学汉语言文学专业，获得学士学位。2009年开始从事文旅行业，曾任江苏省无锡市华西村博物馆馆长。2018年入职克什克腾旗文化旅游产业发展有限责任公司，任总经理助理，现任公司副总经理。

　　刘锦山：各位朋友，大家好！今天是2021年7月10日，这里是赤峰市图书馆"赤峰记忆"第六期"文化旅游"专题拍摄现场。今天我们邀请到的嘉宾是克什克腾旗文化旅游产业发展有限责任公司刘国猛先生。刘总，您好！

　　刘国猛：您好！

图1 刘国猛（左）接受"赤峰记忆"采访

一、扎根文旅勤耕耘

刘锦山：非常高兴您能接受我们的采访。刘总，首先请您给大家谈谈您个人的情况和工作经历。

刘国猛：其实我的个人经历和个人情况很简单，一头扎入文旅这个行业，就再也没出来过。我是内蒙古师范大学毕业，学的是中文专业，也是师范类专业，当时也获得了教师资格证，实习期间当过语文老师。因为上大学时考了一个全国导游证，投身于文旅事业，后来自然而然地感觉到旅游行业对我的吸引力特别大，一直在这个行业没出来。

大学毕业之后我和我的家人在克什克腾旗的草原上建设了一片蒙古包，打造一个集餐饮、娱乐、住宿，包括体验民俗文化于一体的一个综合度假中心。后来因为受到生态旅游的影响，我们想这片草原是大自然赐予我们最珍贵的礼物，我们就把原生态的东西恢复回来，把这个项目暂停了。暂停了之后，我就到了华西村，担任华西村博物馆的馆长，这个其实也是文化旅游类的一个项目，从华西村博物馆的装修到布展，包括对外开放、游客接待，所有的这些事情几乎都是我在一手操盘。华西村博物馆也是因为我们进行产业的转型，就是让博物馆更加长效地运作起来，那必须有一定的资金，盈利怎么来？现在叫文创产品，原来叫商品，我们向游客推销一些我们当地特色的产品，增加我们的收入。经过三年的实践，也小有成效。

后来因为家人的关系，父亲生病，我就从江苏回到了赤峰。回到赤峰依然从事旅行社的经营，一直组织团队的国内游、草原的地接等。我是 2018 年年底被克什克腾旗文化旅游产业发展有限责任公司招过去的，克什克腾旗政府叫人才引进。这三年多了，在克旗文旅公司担任总经理助理一职，分管着宣传、营销，还有文创产品。今年又有一个新的项目，我们要做一部手机游克什克腾旗的项目，让大家以更快捷、更安全、更省钱的方式，来到克什克腾用手机智能端就能把整个旅游的线路，包括住宿、餐饮娱乐，实现手机畅游。我们在做这样的尝试，一直在努力。

刘锦山：刚才听了您的从业经历还是非常丰富的，尤其是把博物馆通过三年的运营，由一个需要注入资金的单位变成能够自负盈亏、自己有收入的机构，我觉得挺不容易的。

刘国猛：因为博物馆本身的公益性太强，不挣钱。

二、如诗如画的塞外风光

刘锦山：接下来请您向大家介绍一下乌兰布统大草原的基本情况。

刘国猛：说起乌兰布统，其实也算是我们赤峰人的骄傲。现在我在克什克腾旗生活，在克什克腾旗工作，作为克什克腾旗人，我感到骄傲。乌兰布统景区有其特殊性，它是距离北京、河北，包括距离锡林浩特最近的一个草原，在网上有"北京的后花园""北京的御花园"的美誉。乌兰布统景区总面积是 190 多万亩，包含着一些特殊的自然景观，包括草原、沙地、树林，还有湿地、小的湖泊和河流。这样的一些景观形成了当地独特的一个小气候。这个小气候是啥呢？每年草原都会有一个旱季，气候比较干旱，但是乌兰布统景区不会有这样的时候，因为

图 2　乌兰布统草原风光之一

图 3　乌兰布统草原风光之二

图 4　乌兰布统草原风光之三

它有当地的小气候，有湿地，有湖泊，气候相对湿润。草原上有一个说法，叫"一阵云彩一阵雨"，乌兰布统景区确实就是这样的一个情况。

乌兰布统景区除了有这样一些自然景观之外，它还被称为"水的源头""云的故乡""花的世界"等。

这个"水的源头"说的是乌兰布统是滦河和西拉木伦河的源头。我们都知道，西拉木伦河是草原上的母亲河，孕育着整个地区的草原文明，对我们草原儿女来说是至关重要的一条河流。滦河流向承德那边。所以说乌兰布统景区没有旱季与这个水的源头是有一定的关系的，而且景区内光湿地就达到 6 万多亩，高山湿地，这是一个很重要的生态屏障。

再说"云的故乡"，其实它主要说的是风景，每天早上 5 点多钟的时候，太阳刚刚升起地平线，你如果站在乌兰布统峰，就会看到山峦起伏、层峦叠嶂，你会看到整个云层在流动，这是一个至美的景观，而且这样的景观是别的草原景区很难见到的。因为它必须得有水、有雾、有风，而且还要有太阳，所以说乌兰布统是云的故乡，这是有一定的原因的。

还有说"花的世界"。乌兰布统的植物我们做过统计，植物种类是 460 多

图 5　乌兰布统草原风光之四

图 6　乌兰布统草原风光之五

刘国猛：风情浓郁观光地

图 7　乌兰布统草原风光之六

图 8　乌兰布统草原风光之七

种，中草药也达到300多种，我们称之为百花草原、百药草原。因为我们有湿地，还有湖泊，像湖泊当中我们有公主湖、将军泡子。就是这样的一些大大小小的湖泊，会引来好多候鸟，所以也叫百鸟草原。百花草原、百药草原、百鸟草原，正是这样的一个形态，把我们乌兰布统衬托得更具魅力，我们都统称为诗画草原，一步一景，就像一幅美丽的画卷在你的眼前铺展开来。

乌兰布统近些年被国内外的影视剧组，以及摄影家、摄影爱好者争相追捧。每年夏季，都会有一些影视剧组来这里拍摄；秋季的时候，因为它有各种树木，树叶开始变色了，草原的颜色也变了，那山的颜色也变了，整个世界五彩缤纷，吸引了众多的摄影爱好者。这时候如果你去乌兰布统，会看到好多人拿着"长枪短炮"，就是摄影的长枪短炮，齐聚乌兰布统，齐聚乌兰布统峰。而且在网上你会看到拍摄的很多珍贵的片子，这些片子的艺术性特别高，很有价值。

刘锦山：您刚才提到很多电影电视剧组来乌兰布统影视基地进行拍摄，这方面的情况请您给详细介绍一下，有哪些比较有影响的电影、电视在咱们这儿拍摄过。

刘国猛：说起这个，最让乌兰布统出名的一部电视剧就是《康熙王朝》，主演是陈道明、斯琴高娃。在整个乌兰布统影视外拍基地，有很多影视作品在这里拍过。电视剧和电影大概有208部。2020年过年的那一段时间，上映了一部电视剧，可能大家也会看到，就是朱亚文和汤唯主演的《大明风华》，它的外景也是在乌兰布统拍摄的。像《汉武大帝》以及好多好多我们都叫不上名字来的电影、电视剧其实都是在这里开拍。我们这里专门有一个影视外拍基地，它的背景就是树林、草原、蒙古包，以及羊群、牛群、马群这样的构造。

刘锦山：刘总，乌兰布统，"乌兰"是红色的意思，"布统"是什么意思呢？

刘国猛：布统就是坛，乌兰布统意思就是红色的坛形山。

三、风情浓郁的人文景观

刘锦山：您刚才给大家概括地介绍了乌兰布统草原的情况。一般来讲，一个旅游景区除了有自然景观以外，一般还会有深厚的文化底蕴，历史文化方面的一些积淀。乌兰布统草原也不例外。您刚才讲到的将军泡子，康熙平定噶尔丹叛乱，就是在这个地方发生的。那么接下来请您给大家介绍一下，在乌兰布统草原历史上发生的一些历史人文故事。

刘国猛： 咱们说的乌兰布统之战，是清康熙二十九年（1690）发生的一场康熙平定噶尔丹叛乱的战役。其实这个故事历史上是真实存在的，可能拍影视剧时会有一些演绎和改编，就包括刘老师刚才提到的将军泡子，为什么起名叫将军泡子？就是因为在乌兰布统之战的时候，康熙皇帝的舅舅佟国纲在这场战役当中牺牲了，康熙为了纪念他的舅舅，把大战周边的这个泡子就叫作将军泡子。当时拍摄康熙大战噶尔丹的时候，场面特别宏大，影视剧里，噶尔丹指挥所就在乌兰布统峰，他用骆驼摆了一个驼阵，当时这个驼阵迟迟破不了。后来经过几次冲锋，用大炮扭转了整个的战役局势。所以说现在您看到的将军泡子周边低低矮矮的这些山丘，其实都是发生过战争的地方。

图9　将军泡子（白显林摄影）

乌兰布统在清朝的时候统称为乌兰木通。这个乌兰布统峰是红色的坛形山峰,它翻过来就像一个倒过来的红色的瓮。也是因为在这儿发生了康熙平定噶尔丹叛乱的事,影视剧上说在噶尔丹没有叛乱的时候,蓝齐儿公主远嫁给噶尔丹,公主湖的来历就源于此。传说蓝齐儿公主来到乌兰布统,路过这片草原的时候,因为她从小在皇宫里长大,见过了世间的繁华,突然来到广袤苍凉的草原上很无助,思念亲人,公主的眼泪流下来,积聚成湖。公主湖现在也是我们特别著名的一个网红打卡地,湖泊旁边有白桦林,也有一些小的沙丘,共同构成了这样一组独特的景观。

我刚才讲了这次大战中,双方都付出了沉重的代价,白骨露于野,千里无鸡鸣,但历史总是会不断地向前推进。白骨,总会被芳草,被绿树、河流逐渐地掩盖,现在乌兰布统给予大家更多的是如诗如画的美景,蒙古族人文、蒙古族风情,尤其是乌兰布统还有红山军马场,有好多战马。在乌兰布统,你能感受到战马呼啸而过,你能感受到蒙古马的这种不断奋进的精神,你会看到草原儿女载歌载舞,以及手把肉、烤全羊、奶酒这样的美食,会让你有另一种感受。

四、步步皆景的网红打卡地

刘锦山:前不久内蒙古自治区文旅厅举办了一次网红打卡地的网上评选活动,乌兰布统草原获得了第一名?

刘国猛:对,获得了第一名。

刘锦山:下面请您给大家介绍一下,这么多网友把乌兰布统草原评为网红打卡地的第一名,有哪些原因呢?

刘国猛:其实很荣幸,我们乌兰布统草原被评为网红打卡地。说是网红打卡地,它就要具备网红打卡地的气质,它的气质在哪里?一是刚才我讲了乌兰布统处处皆风景,去哪拍照都会感觉很美,一步一景。被评为最有气质的网红打卡地的是我们的公主湖,因为起得早的话,四点到五点之间,会看到整个湖面上仙气飘飘,白桦林和湖水掩映在缥缈的雾气之中,当中还有白色的沙子。这是整个乌兰布统最火爆的地方。我们乌兰布统景区每年接待游客上百万人次，他们会拿着方巾在白桦林中间拍出最满意的一张照片。还有早上的平流云、平流雾，尤其是早上的日出非常壮观。乌兰布统经常下雨，雨后公主湖周边常会出现彩虹，有的时候还会出现双彩虹。有彩虹，有湖水，有马，你想想这是一个什么样的画面。还有日落，日落的时候你会看到牧民骑着马把自己的牛羊都赶回去了，他们路过公主湖，牛羊还会来公主湖喝水。这样的人与自然和谐共生的画面，总会让人叹为观止。

刘锦山： 所以很多网友非常喜欢这里。将军泡子的自然景观请您给介绍一下。

刘国猛： 将军泡子其实是在我们乌兰布统景区之内的6万亩湿地里，这是重要的一个生态屏障。将军泡子是在沙丘、草原之间的湿地景观，保护得特别好，所以有好多候鸟，你还会看到成对的鸳鸯，这是国家二级保护动物；还有黑琴鸡在湖边跳舞；还有大鸨，国家一级保护鸟类，在这里觅食。其实这也是回归到我们的话题，乌兰布统给予大家更多的是自然景观和人文景观的和谐共生。我们不去破坏它，那么就会有更多的鸟，还有鱼，在这里就会生长得很好，从而把整个将军泡子景区衬托得更加美好。

五、文创赋能探寻多元发展

刘锦山： 湿地被誉为地球之肾，湿地保护好对当地的小环境、小气候的保护也会起到非常大的作用。还有一个问题，我们知道现在文创产品的研发和销售是旅游业发展的一个重要方向，大家到一个地方参观、考察、旅游之后，能带一些当地的文创产品回去留作纪念，非常有意义。请您介绍一下乌兰布统草原或者整个克什克腾旗旅游文创产品的研发和销售情况。

刘国猛： 我们克旗文旅在做一件事情：从2019年开始我们就致力做文创产品的研发和生产，还有销售。通过三年的努力，根据我们的草原母亲河西拉木伦河创造出一个元素来，西拉木伦河的小水滴，叫"沐伦"，是我们克旗文旅的一个吉祥物。我们通过沐伦衍生出一些玩偶、人偶，包括沐伦的一些气球，沐伦的车摆件、车挂件这样一系列的产品。

从 2020 年开始我们把文创产品进行升级迭代。原来在 2019 年的叫 1.0 版，2020 年的叫 2.0 版，2.0 版的文创产品包含了更多的品类，比如岩画。克什克腾旗除了有自然景观之外，还有一些特殊的人文景观，如百岔川岩画。我们从百岔川岩画当中采集了一个形象叫巫。这个巫在古代既能当医生，又能算命，来头很大，他能通神，和天、人都能够互通，是人与自然共生的一个阶梯和纽带。我们根据百岔川岩画中巫的形象，做了一些岩画的首饰，像漂亮的毛衣吊坠；又做了小学生比较喜欢的岩画铜尺。除了这些，我们还根据乌兰布统战马勇往直前的精神，做了一些雨伞、雨衣；根据一些具有特定网红气质的地名，比如克什克腾旗宇宙地镇很黑村，做了一些半袖 T 恤，胸前就是一块牌子叫很黑村；我们也会根据一些歌曲，设计服饰的一些搭配，根据特定的白音敖包沙地云杉，我们制作了一些帽子等。2.0 版的文创产品更贴近于生活，适用于生活。后来我们把这个文创产品统称为"克旗游礼"。

产品生产出来就得销售，不能把文创产品只停留在产品的层面，叫它文创商品，进行交易了才能称为商品。从 2021 年开始我们致力文创产品的销售，当然也不断升级换代。3.0 版我们根据沐伦的形象，用了一个词叫"沐伦给你讲故事"。那么沐伦给谁讲故事呢？给小孩讲故事。2021 年，我们根据克什克腾旗的人文、地理、历史创作了八册一套的儿童绘本读物《沐伦历险记》，今年 7 月中旬就能和大家见面。另外我们在做"中国北疆风景大道"365 千米的自驾线路景观的打造，沿路有很多驿站，驿站里就会有文创产品店。2021 年，我们的文创产品销售体系也就完成了。我们的产品从研发到生产，再到销售是整个一体的，来到克什克腾旗能够带走我们的礼物，就叫克旗游礼。

刘锦山：把所有这些文创产品都统一纳入克旗游礼总的品牌下面去。

刘国猛：对。

六、守护草原谋划产业升级

刘锦山：刘总，接下来请您谈谈乌兰布统景区未来的发展规划。

刘国猛：克什克腾旗政府，包括我们文旅企业，也是一直在探讨这样的问题，我们景区的未来在哪里？我们这片净土有草原，有湖泊，有森林，有这样的自然美景，我们怎么样去珍惜它。第一，我们要像保护我们自己的眼睛一样去保护好这片草原，当然我们克什克腾旗这一块做得特别好。第二，我们在保护草原的同时，要进行产业或产品的迭代升级，包括未来我们要加强旅游产品开发。观景只是一类产品，我们要通过文创产品或者是一些娱乐产品来丰富当地的特色人文景观，包括现在我们也在尝试，增加一些新的业态，增加一些新的娱乐项目，这些业态和娱乐项目能够让大家接受，而且具备网红打卡气质。我们原来总是依靠门票经济，未来要逐渐地把更多的业态提供给游客，把更多的体验提供给游客，这样我们让游客对乌兰布统的感知度、体验度更高，这是我们考虑的第二个问题。第三，乌兰布统是已经具有百万级流量的一个景区，如何把景区的游客留住。好多游客已经来到乌兰布统景区了，如何让他们更深入地走进克什克腾，玩转克什克腾。当然今年我们也有考量，做的第一个动作就是邀请全国300多家旅行社走进克什克腾旗，包括河北、北京的一些旅行社。原来游客只在乌兰布统停留一站，现在我们说一站不行，你要多走几站，要到我们的阿斯哈图石林、达里湖、白音敖包国家级自然保护区看看。我们又请了好多文旅类网红走进克什克腾旗，把更多的具有美景、具有体验感、具有立体感的景区、景观、人文推送给大家，让大家知道在2万多平方千米的土地上，居然还有和乌兰布统景区不一样的草原，还有和乌兰布统景区不一样的景观，还有和乌兰布统景区不一样的体验。我们在这方面下了苦功，也是希望游客对我们这块的体验度、认知度还有美誉度越来越高，这也是我们作为文旅人最高的期盼。所有的游客来到这里，感觉来一回值得，还要推荐家人、朋友来，这就是我们想要的。

刘锦山：好，刘总，非常感谢您能接受我们的采访，祝愿乌兰布统景区在贵公司，还有旗委、旗政府的领导下越办越好，为游客提供高质量的旅游服务体验。谢谢您。

刘国猛：谢谢。

付德彬

百鸟乐园留传奇

采访时间：2021 年 7 月 10 日
初稿时间：2022 年 6 月 24 日
定稿时间：2022 年 7 月 24 日
采访地点：赤峰市图书馆"赤峰记忆"拍摄现场
版　　本：文字版

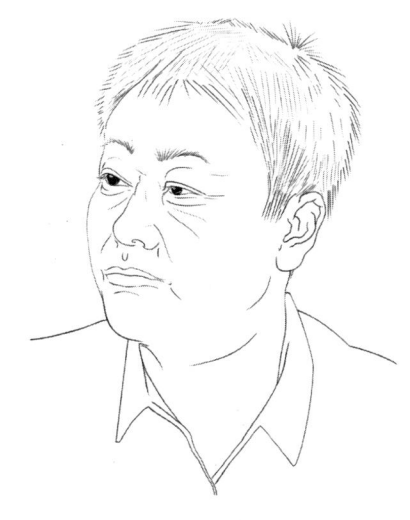

付德彬速写

　　付德彬　汉族，1977 年 12 月出生，1995 年 12 月参加工作，2004 年 5 月加入中国共产党。现任克什克腾旗达里湖渔业有限责任公司党总支书记、董事长、总经理，达里诺尔生态旅游公司总经理。

　　2011 年 5 月，被克旗委组织部、宣传部、共青团评为第六届"克旗优秀青年"。2011 年 6 月，被克旗委评为"全旗优秀共产党员"。2013 年 5 月，被共青团赤峰市委等评为"第七届赤峰优秀青年企业家"。2014 年 10 月，被赤峰市委组织部、人才工作领导小组评为赤峰市"玉龙人才"。2016 年 3 月，被赤峰市旅游局评为"旅游工作先进个人"。2019 年 2 月，被克旗政协评为 2018 年度"优秀政协委员"。2021 年 6 月，被克旗委评为"克什克腾旗优秀党务工作者"。2021 年 7 月，被赤峰市委评为"赤峰市优秀党务工作者"。

　　作为公司主要负责人，负责公司全面工作。在生产方面，制定了以销定产的运营模式,"养、护、捕"结合,一方面充实渔业资源储备,一方面保证生产销售目标的完成,使得公司总体保持稳中有进的发展态势。在宣传方面,主张充分利用新媒体开展宣传营销,注册了公司新媒体账号,专人负责网络宣传营销板块;同时制定了短视频平台宣传奖励办法,动员公司全员通过新媒体平台积极宣传达里湖,极大提高了达里湖旅游、冬捕文化及达里湖鱼产品知名度。在安全方面,以高度负责的态度,一丝不苟,从严从实,确保不发生安全生产事故。高度重视安全生产全员教育工作,每年生产前定期组织全员培训,有效提高了公司全员安全素质,确保公司安全稳定运营。在职工权益保障方面,积极从职工角度出发,为职工办实事。为职工修建了篮球场、健身房、图书室等业余活动场所。工余时间,定期组织岗位练兵、文体比赛等娱乐活动;定期发放劳保用品,切实保障职工利益。

刘锦山:各位朋友,大家好!今天是 2021 年 7 月 10 日,这里是赤峰市图书馆"赤峰记忆"第六期"文化旅游"专题拍摄现场。今天我们邀请到的嘉宾是克

图1　付德彬(左)接受"赤峰记忆"采访

什克腾旗达里湖渔业有限责任公司党委书记、董事长,达里诺尔生态旅游公司总经理付德彬先生。付总,您好。

付德彬:刘老师好。

一、多彩达里湖

刘锦山:很高兴您能接受我们的采访。付总,首先请您给大家谈谈您个人的情况。

付德彬:我参加工作是1995年,当时是在部队服役。2000年之后退役回到地方,一直在达里湖工作。从赤峰办事处的经理到经棚办事处的经理,再到销售科、宾馆经理、办公室主任,2013年成为达来诺日渔场的副场长,现任达里湖渔业有限责任公司的党委书记、董事长,同时也兼任达里诺尔生态旅游公司的总经理。

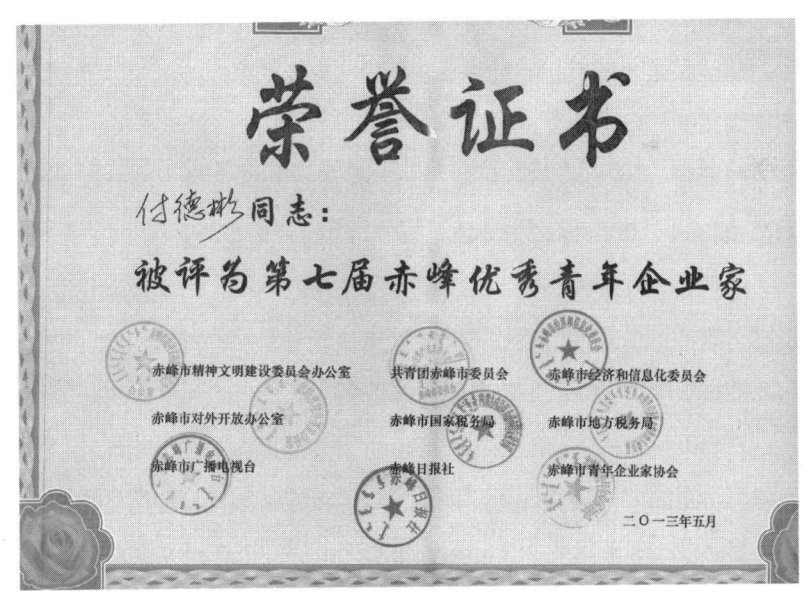

图2 2013年5月,付德彬被评为第七届赤峰优秀青年企业家

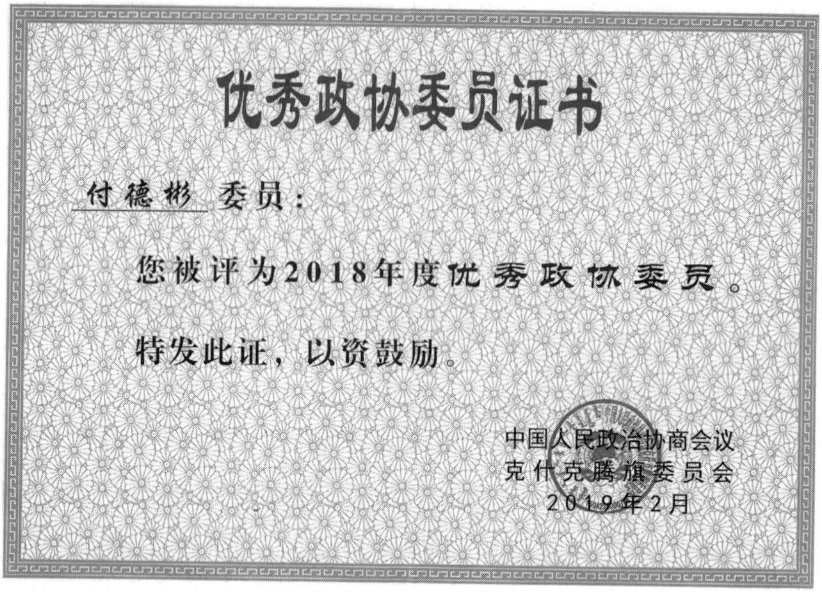

优秀政协委员证书

付德彬 委员：

您被评为2018年度优秀政协委员。

特发此证，以资鼓励。

中国人民政治协商会议
克什克腾旗委员会
2019年2月

图 3　2019 年 2 月，付德彬被评为 2018 年度优秀政协委员

刘锦山：付总，您多年来一直在达里湖景区工作，应该说对达里湖非常熟悉了。达里湖是个非常优美的景区，国家 4A 级景区，接下来请您给大家介绍一下达里湖景区的基本情况。

付德彬：“达里诺尔”是蒙古语，翻译过来就是像大海一样宽广而又美丽的湖，当地人一般都称之为“达里湖”，因为“诺尔”就是湖的意思。达里湖有 200 平方千米的水域面积，是内蒙古第二大内陆湖。由于浑善达克沙地环抱了达里湖，这种特殊的地势造就了达里湖周边既有草原，又有山地、沙地，还有多彩的湿地，景观类型全，生物多样性指数高，既是鸟的天堂，也是鱼的天堂。

刘锦山：在此基础上渔业生产、渔业文化、鸟文化也是比较发达的吧。您刚才谈到达里湖因为特殊的地理环境，周边被浑善达克沙地所环抱，它有好多其他的自然景观，浑善达克沙地、达里诺尔火山群，请您给大家介绍一下。

付德彬：达里诺尔火山群是多座火山形成的，这座火山是达里诺尔，也是克什克腾世界地质公园的九大园区之一，也就是达里诺尔火山园区。鲁王城在达里

图4 达里湖风光之一

湖的西岸，元朝最后一个皇帝在这儿生活过。它的旁边还有金代为了防御蒙古铁骑修建的一条长城，叫金长城，也叫金边堡，在贡格尔草原上横穿而过。现在遗迹还有很多，包括小城子，包括它的一些箭塔，现在依稀还能看得见遗址。

二、鸟的天堂

刘锦山：以达里湖为核心的周边景观有不少，有自然景观，还有人文景观。接下

图5 达里湖风光之二

付德彬：百鸟乐园留传奇　　**149**

来，请您给大家介绍一下达里湖鸟类、鱼类的基本情况。

付德彬：达里湖的鸟类，据观测已知的是 18 目 48 科 297 种，其中国家一级保护鸟类有 10 种，二级有 43 种。大型鸟类以天鹅、大雁、大鸨、蓑羽鹤为主，其中天鹅在达里湖数量最多，达里湖也有中国第三大天鹅湖的美称，最多的时候天鹅能达到十几万只。在这里停留、栖息的天鹅主要有三种，大天鹅、小天鹅和疣鼻天鹅。每年春季，天鹅从湿润的南方往北飞的时候，在四五月份，在达里湖驻足两周到三周，以补充体力，然后再往东北，还有西伯利亚那边飞。9 月份至 10 月份，等到北方的天气变冷的时候，天鹅便会集中之后由北往南飞。达里湖是候鸟进入中国北部的第一站，是候鸟的一个重要的补给站，同时也是鸟类的天堂。

刘锦山：秋天是鸟类最多的时候吧？

付德彬：对，秋季的鸟类最多，尤其以大天鹅、大雁还有蓑羽鹤为主。达里湖周边的蓑羽鹤集群是全国最大的，差不多有 2 万多只。

刘锦山：付总，有一首歌特别著名，叫《鸿雁》。这鸿雁是不是天鹅，跟天鹅一样吗？

付德彬：不一样。天鹅的体型比较大，双翅展开之后得有一米多宽，大的能达到两米；鸿雁类似于咱们家养的鸭子那么大，有时候比鸭子大一点。

刘锦山：它跟天鹅、大天鹅、小天鹅、疣鼻天鹅是不同的鸟类？

付德彬：是的，主要是从头部分。

刘锦山：达里湖这么多鸟类，一年四季不同季节有不同的鸟类，什么时候鸟类最多？

付德彬：在达里湖产卵和生活的鸟类，主要是雁鸭类，大天鹅还有蓑羽鹤之类的属于冬候鸟，像雁鸭类属于我们当地的鸟类，海鸥之类的那些属于夏候鸟，它夏天就在这儿生活，等到秋天就飞到南方去了，明年春天再来。但是一般大型的鸟类像天鹅、大雁、蓑羽鹤，一般春季又飞到东北，还有西伯利亚。

刘锦山：鸟类资源这么丰富，肯定会吸引国内外爱好鸟的游客到达里湖来拍摄鸟、观赏鸟，咱们景区有没有相应的一些吸引大家或者组织大家来观赏或拍摄

图6 达里湖风光之三

鸟类的活动？

付德彬：有。咱们景区专门设有观鸟长廊，就是搭建比较隐蔽的掩体，里面有观鸟设施，都是给游客免费提供的，特别是每年秋季，大量的摄影爱好者，还有观鸟爱好者都会到达里湖近距离地观测一些稀有的鸟类。

刘锦山：秋季一般到几月份？

付德彬：从9月下旬一直到10月下旬，持续40多天。

刘锦山：有没有统计景区每年接待的来观赏鸟类、拍摄鸟类的这些游客大约有多少人次？

付德彬：这个没有太详细的数据，估算说吧，每年也得有四五万人来。

三、鱼的故乡

刘锦山：付总，接下来请您向大家再介绍一下达里湖的鱼类资源。

付德彬：达里湖自古就有捕鱼的历史，最早能追溯到夏家店上层文化，距今 3000—2500 年，在遗迹中发现有石头做的网坠，说明那时就有传统的捕鱼活动。明清时候达里湖捕鱼就有专门记载了。由于达里湖是天然的盐碱水，pH 值达到 9.6—9.8，所以现在达里湖就只有两种商品鱼，一种是瓦氏雅罗鱼，咱们当地俗称华子鱼；还有一种是鲫鱼。捕捞主要是在冬季，采取捕大放小的方法。像华子鱼一般鱼龄都是四龄五龄的，也就是长到二两左右，咱们开始捕捞，通过网目控制；鲫鱼是半斤以上开始捕捞。采取传统的捕鱼方式，冰下拉大网，这是千百年来一直延续下来的，仪器和设备改变了，但是这种方式一直在延续。至今最多的时候一网打过 20 万斤，也上过中央电视台，这是最大的一网。

刘锦山：我们知道像内蒙古一般旅游的旺季都在夏季、秋季，到冬季天气相对寒冷，旅游进入淡季。达里湖冬捕是不是也成为景区的一项比较有影响的活动，游客多不多呢？

付德彬：冬捕这块正常情况下每年接待的游客都能达到 10 万人次左右。达里湖的冬捕，现在通过网络宣传，多媒体宣传，也是越来越红火。每年的 12 月下旬，咱们也都举办一个冬季旅游节，达里湖的冬捕是一个重头戏，因为这种在冰天雪地里头的传统的捕鱼方式现在不太多见，尤其是这么大场面的，每年都有全国各地的游客慕名而来。冬季旅游节也已经连续办了 14 届了。

刘锦山：那这挺好的，现在全域旅游包括四季旅游如果都能做起来，对旅游产业的发展会有非常大的帮助。付总，您能不能给我们大家大致介绍一下冬捕的过程。

付德彬：冬捕的过程实际很简单，但是如果口述，好多人头脑里没有这种画面。就是在冰上打一个下网口，两边是穿木杆儿的，木杆后面是拴绳，绳后面是网，顺着这个下网口把杆儿穿下来，然后再打出网口。这个出网口和下网口之间有若干个小冰洞连接着，方便在水下走杆儿，也起到了穿针引线的作用。等到穿过来再把那两个杆儿先抽出来，后面是绳，绳后面是网。单扇网展开是 400 米，两扇网就是 800 米，方圆 800 米的鱼就都能捕捞上来。

刘锦山：达里湖冬季结冰有多厚，几米？

付德彬：按照多年的经验，一般冬季冰层到了 45 厘米以上，我们就可以进行捕捞了。但是每年等到最厚那会儿，冰都能达到一米二三，有些极寒天气能达到一米五六厚了。

刘锦山：冬捕一般是什么时候开始？每年可能天气的冷暖程度不一样，是不是有时候可能晚一点，有时候可能早一点？

付德彬：这些年一直就是12月下旬，一般都是冬至之后我们就开始冬捕，冰的厚度也达到了。

刘锦山：冬捕开始以后第一次持续多长时间，到什么时候结束？

付德彬：每年的捕捞一直到阴历小年，大概持续30—40天。

刘锦山：过去捕捞之前有没有祭祀活动，以保佑平安？

付德彬：有，这也是渔民的一个传统习惯，我们管它叫祭湖醒网仪式，渔民祈求捕大鱼、捕好鱼，是一个简单的祭祀仪式。现在通过冬季旅游节，我们把这一仪式变得更加有观赏性，配合了一些其他的传统活动，还有冰上的一些体育赛事来烘托氛围。所以说每年的冬季旅游节既是开幕式，也是祭湖醒网的一个仪式。

图7 达里湖冬捕祭湖醒网仪式（白显林摄影）

图 8　达里湖冬捕祭湖醒网仪式（白显林摄影）

刘锦山：您刚才讲达里湖因为是盐碱湖，pH 值比较高，所以目前商品鱼只有两种，那湖里产的鱼总共有多少种，就这两种吗？

付德彬：一共是四种，都是小鱼。除了华子鱼、鲫鱼，还有麦穗鱼、达里湖高原鳅。

刘锦山：华子鱼和鲫鱼这两种商品鱼，有什么特点，营养价值怎么样？

付德彬：由于它生长在盐碱湖，所以钙的含量非常高，我们做过它的营养鉴定，达里湖的华子鱼含钙量是普通牛奶的 6 倍，营养价值非常高。另外由于它生长在盐碱水里头，水本身的细菌数量少，浮游生物也少，它的生长缓慢，造就了这种鱼肉质比较细，但是比较紧凑，按照传统说法就是吃了一点也不囊。

刘锦山：含钙高可以补钙了，老年人可以多吃一点。付总，我们知道有些鱼类有洄游的生活习性，您刚才介绍的达里湖的华子鱼和鲫鱼有没有这样的生活习性呢？

付德彬：有。由于达里湖是盐碱水，鱼必须到淡水河中去产卵，所以每年三四月份湖刚开化，就是湖河刚通的时候，华子鱼顶着冰碴子水要洄游到淡水里产卵。原先最多的时候能游一百多公里，现在由于天气干旱，还有河道的原因，二十多公里处我们就给它建了产卵场，产完卵之后再顺着河回到达里湖。它所产的卵一般经过七到十天之后，形成鱼苗，也从淡水河回到达里湖。

刘锦山：洄游的时候听说还有一个华子鱼洄游节，这方面的情况请您介绍一下。

付德彬：一般5月份要举办一个观赏华子鱼洄游的洄游节，至今已经连续办了七届。举办这样一个活动，让大家看一下这种自然的奇观，生命的奇迹。

刘锦山：华子鱼洄游的时候能看到它在河里游吗？怎么观赏呢？

付德彬：对，能看得到。一般是在4月末、5月初的时候，大量的华子鱼都能把河道堵塞了。

刘锦山：这么多呢。

付德彬：原先老人说，这叫鱼桥，是说这个鱼在水面都挤成桥了，人踩着鱼就能过河。

刘锦山：所以大家都去观赏了。

付德彬：对。体验一下生命的奇迹。游客们近距离观赏华子鱼的同时，也能切身体验到迎难而上、奋勇争先的精神。

刘锦山：每年这个时候的游客是不是也比较多呢？

付德彬：每年也得有两三万人吧。因为春季天比较冷，草原的草也没绿，所以说游客数量还是有限的。

刘锦山：华子鱼和鲫鱼洄游的时候是沿着几条河洄游呢？

付德彬：一共有四条河连通着达里湖。这四条河都有华子鱼洄游，游到淡水河。

刘锦山：这四条河是哪四条呢？

付德彬：有贡格尔河，有沙里河，有耗来河，还有亮子河，这四条河流。

刘锦山：刚才您介绍了冬捕基本上是用传统的方式来进行捕鱼。我们知道现在很多传统的技艺都被列为非物质文化遗产项目来进行保护和传承，达里湖冬捕是否也是非物质文化遗产项目呢?

付德彬：对。2011年达里湖的冬捕习俗被列为自治区级非物质文化遗产。

刘锦山：达里湖的冬捕旅游节到目前为止举办了多少届呢？

付德彬：已经举办了十四届。

刘锦山：今年年底就是第十五届了？

付德彬：对，今年12月下旬就是第十五届。

刘锦山：希望我们有机会也去看一看。

付德彬：欢迎刘老师去。

四、多元化发展规划

刘锦山：付总，达里湖是4A级景区，景区的建设发展情况请您给大家介绍一下。

付德彬：达里湖旅游最早是在2000年开始的，那时是当地的渔民集资办了一个旅游点，后来不断地发展壮大，2017年被政府收购成为国有企业，现在已经是一个综合性的旅游景点了。这里有餐饮住宿、水上娱乐，包括垂钓，是一个休闲娱乐的综合型景区，2006年被命名为国家级水利风景区，2009年建设为国家4A级景区，2012年被评为全国休闲渔业示范基地。

刘锦山：以后有没有打算冲击5A级景区呢？

付德彬：现在景区的基础设施建设都是按照5A级标准来建造的，因为即使称不上5A级景区，也是想让游客能得到最舒适的体验，所以基础设施建设从现在开始都是高标准建造。

刘锦山：现在环境保护越来越受到政府的重视，受到各界的重视。我们知道好多湖泊，由于环境的变化，湖面的水域面积随着时间的流逝在缩小。达里湖水域面积这些年的变化情况，包括咱们为了保护生态环境做过哪些工作，这方面的情况请您给大家介绍一下。

付德彬：达里湖的水域面积现在还有200平方千米，前些年由于干旱湖面确实也退了不少，在退水地段、滩涂地，因为机械上不去，我们就采取种碱蓬、碱茅以及艾草的方式，或者引进芦苇、香蒲来改善它的碱环境，成为可以利用的草原和湿地。从2004年开始，我们就在湖边的退水地段大量种植这些植物，每年也都有死的，每年再接着种，持续到现在十七八年了。达里湖的周边没有一块白碱滩，全是人工把它覆盖上了绿色的植被，而且到了秋季，碱蓬天凉了就变红，咱们成功种植碱蓬的地方也成了内蒙古的红海滩，受到了游客的好评。

刘锦山：现在文旅融合以后，旅游业的发展也越来越受到重视，随着经济发展水平的提高，大家对旅游的品质要求也越来越高。达里湖景区未来的发展有哪些规划和考虑，请您给大家介绍一下。

付德彬：未来的发展就是文化与旅游相融合。因为达里湖周边元代文化也非常厚重，又有鲁王城、金边堡，还有砧子山岩画这些国家级的历史遗迹，文化和旅游相融合，再加上一些节庆活动、体育赛事，一个多元化的景区发展，会更有利于吸引各方的游客。

刘锦山：付总，谢谢您接受我们的采访。祝达里湖景区以后发展得越来越好，为游客们提供更好的旅游体验服务。谢谢您。

付德彬：谢谢刘老师！

孙国学

文旅融合写传奇

采访时间：2021 年 7 月 9 日
初稿时间：2024 年 3 月 13 日
定稿时间：2024 年 5 月 1 日
采访地点：赤峰市图书馆"赤峰记忆"拍摄现场
版　　本：文字版

孙国学速写

　　孙国学　汉族，中共党员，教授，1959 年 6 月生，1982 年毕业于辽宁财经学院企业管理专业。曾任赤峰学院经济与管理学院副院长、旅游与文化产业发展研究所所长。兼任全国高校商务管理研究会常务理事，全国普通高校经济管理院系协作会教材编审委员会委员，赤峰市人民政府重大行政决策咨询论证专家等。

　　大学毕业后一直从事经济管理方面的教学和研究工作，发表了多篇经济改革方面的文章，曾被《人大报刊复印资料》《新华文摘》转载或摘编。有 5 项研究成果获得内蒙古自治区社会科学优秀成果奖，获国家和省级学会优秀论文奖 15 篇。1989 年，被国家教育委员会等部门评为"全国优秀教师"，1999 年入选中国商业经济学会"200 名当代中国中青年商业经济专家学者"。

　　20 世纪末，因旅游事业发展的需要，"跨界"进入了旅游行业。此后，牵头组建了"旅游与文化产业发展研究所"，创立了"蒙东地区旅游与文化产业科研创新团队"。主持完成了科研课题 10 余项，形成了多份研究报告和旅游策划，被领导批示有关部门采用或被旅游企业具体实施。作为专家组组长和成员，主持和参与赤峰市几十项文旅产业规划、国土空间规划的编制和评审工作。因贡献突出，曾被赤峰市人民政府授予"旅游发展贡献奖"。

出版了《旅游产品策划与设计》《内蒙古旅游产业融合发展研究》等专著和教材。先后主持编写《赤峰之旅》《赤峰旅游》《赤峰旅游博览》《赤峰导游词精选》等 5 种赤峰旅游方面的书籍，累计达 250 万字。这些图书全景展示了赤峰丰富而厚重的旅游资源，具有系统性、科学性、知识性、通俗性、实用性等特点，成为赤峰旅游培训、对外传播、媒体宣传的重要资料，对赤峰旅游发展起到了有力的推动作用。发表了 50 余篇文化与旅游方面的研究论文，其中 SSCI、CSSCI 和中文核心期刊 10 余篇。

《旅游产品开发与创新研究》《赤峰辽文化旅游资源的整合与开发》《期望理论视域下的企业技术研发人员激励》三项成果获得内蒙古自治区社会科学优秀成果政府奖；《内蒙古旅游产业融合发展研究》《赤峰市文化产业发展战略与对策研究》等 6 项成果获得赤峰市社会科学优秀成果政府奖。

刘锦山：各位朋友，大家好！今天是 2021 年 7 月 9 日，这里是赤峰市图书馆"赤峰记忆"第六期"文化旅游"专题拍摄现场，我们邀请到的嘉宾是赤峰学院经济与管理学院原副院长、赤峰学院旅游与文化产业发展研究所所长孙国学教授。孙教授您好。

孙国学：刘博士您好。

一、见证赤峰文旅发展

刘锦山：孙教授，非常高兴您能接受我们的采访。今天我们想邀请您就赤峰

图1 孙国学（左）接受"赤峰记忆"采访

市文旅融合发展的情况给大家谈一谈。首先请您给大家介绍一下您的个人情况和治学经历。

孙国学：好的。我是1959年生人，1978年参加高考进入大学学习。毕业后，先在基层工作了一个阶段，后来调入教育行业，从事教学工作。我的治学和工作经历后期大体分为两个阶段，第一个阶段就是1999年之前，我主要从事经济管理方面的教学和研究工作；另一个阶段就是1999年以后，开始转行跨界进入了文旅产业行业。当时赤峰市也开始经济转型，所以就开始大力发展旅游业。当时我供职的学校，也开办了赤峰市第一个旅游管理专业，同时加挂赤峰市旅游培训中心的牌子，为地方培养旅游方面的专业人才。我的工作和经历，就围绕这个也开始了转行。

刘锦山：当时的学校名称叫什么？是赤峰学院吗？

孙国学：当时叫赤峰粮食学校。我毕业于辽宁财经学院企业管理专业，学习的经济和管理。我前一段的教学和研究也主要是从事经济管理，特别是农业经济和粮食经济，并且还有了一定的收获。为什么转行了呢？就是工作的需要，是事业把我"逼上梁山"。从专业角度来讲我是半路出家，但好在旅游也属经济领域，

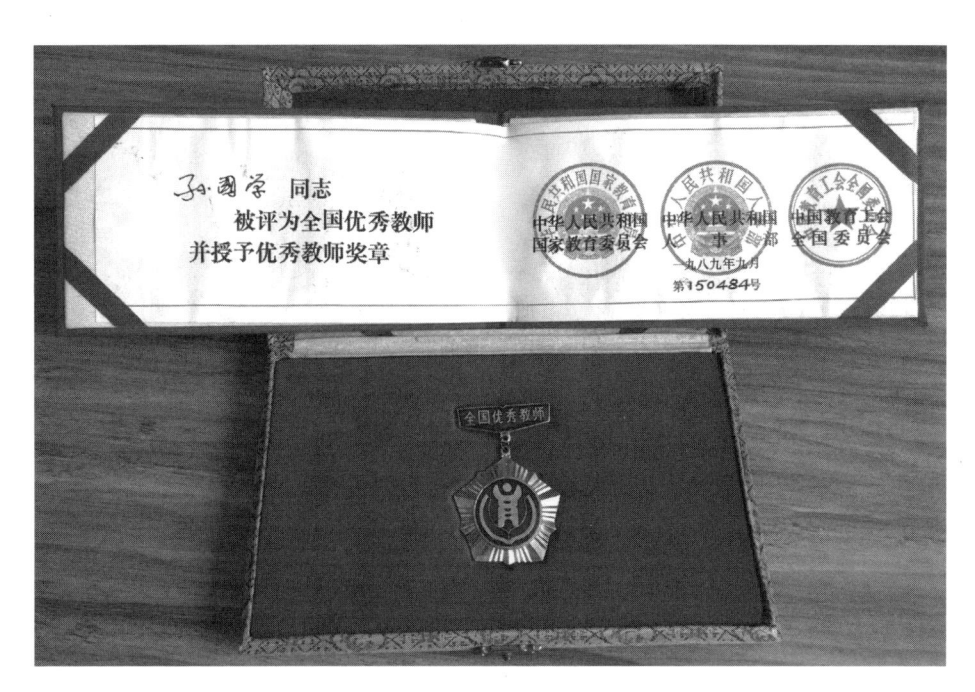

图2　1989年9月，孙国学获"全国优秀教师"称号和奖章

图3　2007年11月，孙国学考察福建省武夷山旅游状况

孙国学：文旅融合写传奇　　**161**

图4　2011年3月，孙国学获"赤峰旅游发展贡献奖"

图5　2011年7月，孙国学在呼和浩特参加"伊泰情"第八届中国·内蒙古草原文化节草原文化主题论坛

图6 孙国学获得的内蒙古自治区哲学社会科学优秀成果政府奖获奖证书

图7 2012年4月，孙国学在武汉市参加中国铁道出版社教材编审委员会主任委员年会

孙国学：文旅融合写传奇

它需要有经济学的功底。但是旅游和文化又联系比较密切，所以后来我在工作中边研究边自学，又做了二十多年的文旅产业研究，一直到退休。可以说我的工作经历和治学经历，与赤峰市的旅游产业发展、文化产业发展是息息相关的。我也见证和参与了赤峰文旅产业的发展历程，所以今天能有这个机会说一下赤峰市文旅产业，特别是文旅融合方面的情况，我也感到很高兴。能把赤峰市的情况介绍给大家，或者说介绍给观众，也是我工作的一个部分，所以今天也很高兴有机会能和刘博士一起探讨这个问题。

图8 孙国学编写的关于赤峰旅游的图书

图9 孙国学出版的学术专著和教材

图10 孙国学发表学术论文的部分期刊

孙国学：文旅融合写传奇

二、赤峰旅游业发展历程

刘锦山：孙教授，刚才听了您的介绍，您确实对文旅融合这方面研究的时间比较长，研究也比较深入。我接下来想请您谈一谈赤峰市的旅游业的发展情况。

孙国学：好的。旅游业大家都知道，它属于大休闲类的一个产业。我们业内人士讲，旅游业的发展得有两个前提，第一个前提就是有闲钱，第二个前提是有闲时间。

刘锦山：对。

孙国学：所以没有闲就发展不了旅游。从这个角度来说，旅游业的发展和社会经济的发展是同步的，没有社会经济发展水平的提高，旅游业就不可能发展。赤峰市的旅游业和全国一样，是随着社会经济发展水平在不断地发展的。如果大体归纳一下，赤峰市旅游业的发展历程可以分为四个阶段。

第一个是接待型旅游阶段。所谓接待型，就是根据当时的情况，有些领导来地方视察，外地的公务人员到这儿来出差，或者商务人员，以及一些国际友人来访，到这儿来以后，工作之余要看看当地的自然风光、风土人情，所以当时的旅游就是属于接待型，基本上来的人不用花钱。这个阶段有一个比较典型的佐证，就是当时也有旅游局，但旅游局和外事办公室是一个机构两个牌子。所以可见当时旅游是接待型旅游，这个大体时间是20世纪80年代左右，也就是改革开放以后不久。

第二个是市场型的起步阶段。随着社会经济的发展，除了这些接待型旅游之外，好多老百姓有了闲钱，也有了闲时间，就有了旅游的需求。从20世纪90年代开始，赤峰市的旅游开始起步，但仅仅是起步。比较有代表性的事例，就是旅游局从外事办公室分离出来了，单独成立了赤峰市旅游局，在2002年划归政府序列，属于政府的一个组成机构。这一时期，当地政府及有关部门开始重视旅游，市场型旅游的起步就开始了。这是20世纪90年代。

第三个叫快速发展阶段。进入了21世纪，旅游业在社会经济发展的大背景下开始快速增长。力度很大，速度非常快，可以说是弯道超车，快速发展，几年的时间，赤峰市旅游业各方面的数量空前增长。我这里有个数据，2002年的时候，赤峰市旅游接待人数是280万人次，旅游收入是4.4亿元；到2019年达到了高峰，旅游人数达到了2610多万人次，和280万人次相比，大体增长了9倍多。这个人数增长得还不是太多，但是旅游收入的增长就令人惊讶了，由4.4亿元增长到352亿元，增长了80倍。人数的增长没有收入增长快的原因是，原来是接待型的旅游，没有收入，所以不到20年的时间增长了80倍。可见这个速度是很快的。

图11　2012年11月14日，赤峰市全市文化旅游工作座谈会召开（白显林摄影）

第四个是转型升级阶段。快速发展阶段主要是数量的增长、规模的扩张，转型升级顾名思义就是内涵式发展、高质量发展。这个大体的时间节点是2016年，当时国家旅游局提出一个新的旅游发展理念，就叫全域旅游。因为什么呢？因为旅游业是个综合性产业，它关联性非常强，旅游业的发展可以带动相关产业共同发展，这样旅游发展就不是一个部门的事情，应该是全社会很多部门的事情。这个问题从上到下都达成了共识，因为人们在实践中已经认识到，旅游业可以带动相关产业共同发展。所以全域旅游的发展战略提出以后，各地积极响应，2017年赤峰市成立了旅游发展委员会。到2018年，文化部和国家旅游局合并，成立了中华人民共和国文化和旅游部。实际这里面有一个由原来的数量扩张向内涵式的质量提升，这么一个转型升级的过程。所以这一阶段旅游景区和旅游人数的增长不是太大，但是把质量提升到了一个非常重要的位置。

所以这四个阶段下来，截至2020年，赤峰市旅游景区达到了90多家，其中A级景区48家，有一个5A级景区，有9个4A级景区。从景区的数量和质量上，产生了一个飞跃。纵观30多年的时间，赤峰市旅游业从无到有，从小到大，可以说发生了巨变，无论是数量的增长，还是质量的提升都取得了巨大成就，这也是我们赤峰人引以自豪的地方。赤峰市的旅游知名度也在不断地提高，很多全国各地的人，以及世界友人都知道有个赤峰。这也是这些年旅游发展所取得的成效之一。旅游业的发展带动了相关产业的发展，也提升了城市形象，赤峰市的知名度得以不断提高，所以我作为一个旅游从业人员和研究者也感到很欣慰。

三、文旅融合开创新局

刘锦山：孙教授，您刚才谈到，2018年文化部和国家旅游局合并，开启了文旅融合发展的一个新篇章，这样对赤峰市的文旅融合发展，也带来一个新的发展机遇。接下来我想请您给大家介绍一下赤峰市文旅融合发展的情况。

孙国学：好的。实际上文化和旅游的融合并不是一个新的命题。因为文化和旅游本身的属性，以及产业的发展趋势，都给文旅融合提供了基础和条件，可以说是带有必然性。为什么这样说呢？第一个就是文化和旅游，它是一种天然共存的关系。旅游本身是一个产业，具有经济属性，但是旅游更重要的是它自身的文化属性，旅游活动本质上是一种文化活动。像其他经济活动，所追求的是经济价值、经济效益。但是我们出去旅游，追求的不是物质，追求的是什么？

刘锦山：精神享受。

孙国学：对，精神，是一种精神文化需求的满足。从这个意义上来说，旅游过程就是一个消费文化、享受文化的过程，所以旅游和文化这种天然的关系是内在的。第二个是市场需求推动了文旅的融合。因为一开始我们旅游，可能关注更多的是自然观光。当时我记得好多人说我这几天走了多少个大城市，走了多少名山大川，以多为荣。

刘锦山：对。

孙国学：在那个时候旅游是走马观花的。当然随着社会经济发展，人们旅游水平、欣赏水平和要求也不断提升，旅游的需求也多样化了，有观光的，还有体验的，有的还对品质提出要求，要求玩得轻松，所以这种旅游市场需求的变化，也促进了我们对文化内容的挖掘。好多游客，到一个地方想了解当地的风土人情，了解当地的历史文化，要深度了解，不是说到这儿来看一看就走，而是要住下来，要深度地考察，这就是我们说的深度旅游。所以说随着社会的发展，经济的发展，旅游市场也在不断变化。从这个角度，也为我们文旅融合提出了一个要求，就是有市场需求。一方面有内在的这种联系，另一方面有市场需求，所以文旅融合是一种必然。

刘锦山：水到渠成的。

孙国学：对，水到渠成。这并不是说它是一蹴而就的，它有个过程。因为一开始，人们在生活水平比较低的情况下去旅游，可能更多的是想多看一些地方。随着收入的增加，他可能就要体验一些东西，参与一些东西，所以文旅融合就是一个不断渐进的过程。所以文化部和国家旅游局的合并，也正是适应了这种内在的要求和市场需求，同时也带来了文旅融合新的发展契机。为什么呢？因为原来归两个部门管，各有各的职能，各有各的管理体系，要融合起来中间会有一些阻碍，这两个部门合并以后，阻碍就消失了，为文旅融合提供了一个新的发展机遇和空间。

从赤峰市的情况来看，本地的文化资源比较丰富，你们可能也注意到了，赤峰市有7000多处历史文化遗存，有著名的四大文化高峰，包括红山文化、草原青铜文化、辽文化、元文化，从历史到今天是不断线的、不缺环的。另外还有移民文化，因为赤峰市很多人都是移民过来的，就是当时的闯关东。还有我们的红色文化，因为这里也是革命老区，有很多革命先烈在这里抛头颅、洒热血，也有很多红色文化遗存。这么丰厚的文化，为我们文旅融合提供了很好的资源，所以基础也很雄厚。

从现在的文旅融合发展情况来看，赤峰市的文旅融合大体表现形式有这么几个方面：一是文化类的旅游景区，二是景区的文化植入和挖掘，三是非物质文化遗产文化旅游产品的开发。

首先，文化类的旅游景区，就是针对文化遗存进行开发的景区，它的内容主要是以文化为主，我归纳了一下，大体形式有这么几个类型。

第一类是博物馆类，因为博物馆是长期以来国家建设的一个重点，也是中华文化精髓的一个历史见证，很多文物都见证了中华民族悠久的历史和灿烂的文明。随着文旅融合的不断深入，很多博物馆也进行了优化改造，针对游客开放。因为赤峰的博物馆有很多，除了市里有几家博物馆，还有专业博物馆，各旗县区都有博物馆，还有很多民间博物馆。因为文化遗存很多，文物就很多，所以博物馆就应运而生了。像赤峰市博物馆，现在已经成为4A级景区，这就证明它在旅游和文化的融合方面，做得是非常好的。博物馆这一类景区是传统的，多数是以静态为主的，也就是过去老的这种文化类景区。

第二类叫文化产业园，就是依托一些文化遗址新建的开发文化产品的园区，像依托辽文化开发的上京契丹辽文化产业园，依托元文化开发的翁牛特旗的蒙古王城，都属于这一类。这就是说它依托这种文化遗存，专门针对游客开发的，实际上完全是产业化的东西了，这个开发是适应市场需求的。

第三类就是遗址遗迹的开发，因为赤峰市文物保护单位特别多，占到内蒙古自治区的50%以上，这些文物保护单位很多保存程度很好，在这个基础上进行了旅游开发，比如说像巴林左旗的召庙。召庙也是4A级景区，它依托的就是当时的辽代石窟，后来清代又在前面建的前殿，就是藏传佛教寺庙，所以属于辽代石窟寺和清代寺庙的一个结合，它就是一个文化类景区。还有就是喀喇沁亲王府，它是内蒙古地区规模最大、保存最完好、规格等级最高的王府，末代亲王贡桑诺尔布就在这里推行新政。贡桑诺尔布是喀喇沁王府最后一个王爷，在内蒙古地区乃至在全国都有很重要的影响。所以这些都是属于遗址遗存类，依托它进行的开发，对文化的传承保护以及传播都有很重要的作用。

最后一类就是民族文化类。因为大家都知道，赤峰市是一个以蒙古族、汉族为主的多民族聚居地区，像赤峰市现在有460万人口，蒙古族就占了90多万。有多个蒙古部落长期生活在这里，好多旗县都是根据蒙古部落名称叫的，像喀喇沁旗就是喀喇沁部落，敖汉旗就是敖汉部落，巴林左旗、巴林右旗就是巴林部落。这些蒙古部落，过去都是蒙古族在这里居住，现在仍然保存着很浓厚的民族文化和传统，包括生产文化，因为蒙古族是游牧民族，不是在一个固定的地方放牧，他们一年要分散一下或者转移一下，让植被能休养生息，所以从这个意义上来说，它有一种最原始的生态保护意识。它的生活习俗就更多了，衣食住行，大家都知道蒙古族人住蒙古包，穿蒙古袍，吃手把肉，行有骑马，这些习俗对当地人来讲可能司空见惯，但是对于外地的游客或者其他人来讲，充满了诱惑，充满了神秘。蒙古族的艺术更是多姿多彩，世界级非物质文化遗产就有好几项，大家熟知的蒙古族长调民歌、蒙古族呼麦歌唱艺术，都是世界级非物质文化遗产名录里面收录的，在这里都能体验到。民族文化在文化类的景区中可以说开发得最充分。

其次，景区的文化植入和挖掘。好多人可能认为，文化类的景区就得有文化。实际上很多自然类的景区，自然风光它也有文化，但是它这个文化不是显性的，是隐性的。如何把它挖掘出来，现在赤峰市在这方面也做了大量的工作。在自然类景区中挖掘后面的文化内涵，比如说像自然保护区类的景区建的自然博物馆，人们不但可以看到这里的自然风光，还能到博物馆里学到知识，了解到自然背后的很多东西。另外像山水文化、温泉文化等，在这里都有体现。所以把各种文化挖掘出来，植入到各种景区中，这可能是今后我们文旅融合的一个新的领域。过去我们在这方面做得不够好，包括全国很多地方都做得不好，自然景观就是游山玩水，没内容，文化植入以后它就有内容了。所以说这就是文化和旅游融合的第二个层次。

最后，非物质文化遗产的文化旅游产品开发。非遗是一种非物质性的东西，它依存于什么呢？人，有人才有这个文化。好多非物质文化遗产，它们当时产生的背景，与当时的历史条件是有直接关系的。很多非遗是当时人们谋生的手段，像一些手工技艺性的东西、技术性的东西，当时很多人靠它来维持生计。但是社会发展了，机械化程度提高了，现代化程度提高了，好多东西都能够工厂化生产了，成本又低，价格又低，质量又好，工艺又精，所以很多人就不愿买手工的东西了，所以这种手艺就面临着失传的危险。过去我们也保护，但可能是被动性更多一些。通过旅游把这些非物质文化遗产，由原来的商品或者是产品，变成现在的旅游工艺品、旅游纪念品，就为我们这些非遗提供了一个新的出路。赤峰这方面开发得很多，像巴林石。巴林石雕是一种传统手工艺。巴林石在全国很有影响力，是四大国石之一。还有契丹御绣，也就是契丹的绣品，把它变成旅游商品，就有了市场。还有我们的蒙古族服饰，把这些非遗的东西转化成旅游类的、文化类的商品，这是文旅融合的一个很重要的因素。现在赤峰市和全国一样，提倡非遗进景区，不单卖产品，制作过程也可以让游客来观看、参与，这就丰富了我们景区的文化内容。

所以这三种形式是从不同角度看的，第一类可能更多的是遗产类的，或者物质类的东西；第二类是文化和自然的融合；第三类是非物质文化遗产的市场化开发。在这三个方面，赤峰市做了大量工作，这也是文化和旅游融合的一种成果，并且随着发展，这种融合度越来越高，开发的深度也越来越深、领域越来越广，这是一个良好的趋势。

最后说文化和旅游的融合，实际上它的作用还是非常大的。我们刚才说的都是一些表面的，就是说有哪些形式，有哪些景区。实际在内在上，文旅融合双方都是相互促进的。刚才说了，有了文化的植入、文化的介入，我们的旅游内容、旅游的产品更加丰富，可以满足不同的旅游消费者的需求了。另外，旅游为文化提供了巨大的市场空间和发展载体。我举个例子，好多场合我都说，像过去我们的演出，在当地的演出可能排了好长时间，演一场两场就完了，但是把演出和旅游结合在一起，就叫旅游演艺，一场旅游演艺一年可以演几百场，可以连续演很多年。为什么会产生这么一个效果呢？就是它把文化和旅游结合起来了，市场变成了旅游市场，人员是流动的，而不是固定的，不是当地的人了，而是游客，所以给文化插上了翅膀，提供了平台，空间就无限扩大了。西安曲江文化旅游（集团）有限公司应该是文化产业取得巨大成功的一个范例了，记得我到曲江集团考察的时候，他们谈到过一个发展理念，曲江的文化项目必定是旅游项目。它提得这么到位，它所有的文化项目都和旅游接轨，单靠西安本地人，就没有这么大的市场空间。所以，旅游的介入为文化也提供了发展空间。

还有一种观点可能很多人没意识到，或者有些人不愿意承认，但是我一直比较赞同，就是旅游的发展或者文化和旅游的融合，对文化的保护、传承和传播起到了巨大的推动作用。为什么这样说呢？首先从保护来讲，因为很多文化遗存由于历史的原因、自然的原因，年代久远了，都经历风吹日晒或人为的破坏，很多都保留不下去了，或者要消失了。过去我们一直是国家投资进行保护，但是随着旅游的介入，很多人看到了其中的市场效益，很多社会资本也开始介入一些文化的保护之中。举几个简单例子，比如说大家知道，过去我们的很多古建筑都拆除了，因为它不适应现代人们的需求，很多人认为太过时了，包括江南的一些水乡，很多房屋都拆了。但是后来就因为陈逸飞的一幅画，周庄的双桥引起了世界的关注，所以江南的一些水乡如同里古镇等，现在保存得非常好。为什么呢？因为旅游介入了以后，很多人看到了它的市场价值，所以很多社会资本参与，开始保护这种遗产。从这个意义上来说，地方政府的重视，社会资本的介入，对我们的文化遗产保护是非常重要的。如果就单方面国家的力量肯定是不足的，从这个意义上说，旅游为保护文化提供了一种很好的基础或者是支撑。

第二个就是传承。特别是非物质文化遗产，刚才讲的是活态的非物质文化遗产，也就是依附人身的。

刘锦山：对。

孙国学：很多非遗为什么消亡了呢？没人愿意传承这些东西了，所以国家推出了非物质文化遗产传承人这么一种制度。国家给予补贴，并且以冯骥才为首的一些热心人士，又开始对这种非物质文化遗产进行抢救、保护、挖掘。过去我们是通过影像资料把这些人记录下来，放到博物馆里，放到资料室里。但实际上很多是人去艺绝，很多老艺人去世了以后，这种手艺就失传了，很多年轻人不愿意学。为什么？就是因为这个东西不能给他带来经济效益。所以只要有一些很好的挣钱机会，他们就把这个放弃了。而旅游的开发，使非物质文化遗产又遇到了一个新的发展空间。很多游客愿意去买这些手工制作的东西，愿意看到这种古老的技艺，所以原来的这种手工艺品，变成了现在的旅游商品。所以很多年轻人开始愿意主动地去学习手工技艺，使我们的一些传统手艺、传统文化得到了传承。这种传承不是那种被动的保护，而是主动的、有积极性的，这样他们学起来可能就用心，就能学精学好。这方面我们有很多例子。

赤峰市是蒙古族聚居区，蒙古族是马背上的民族，过去草原上都是马，出行也骑马，生产生活都需要马，但是后来为什么马少了呢？因为机械化、现代化，汽车代替了马，所以一段时间内赤峰市的马，包括整个内蒙古大草原的马数量急剧减少。因为养马不赚钱，也没用了。但现在有一个可喜的现象，马又开始增加了，并且增加的数量还很多。现在马的功能，就不是原来的那种生产生活功能了，变成什么功能了？休闲旅游功能，为旅游、为休闲养马。所以相应地，马的文化又开始被挖掘。因为马蕴含着很多内在的文化因素，包括艺术，包括用品，包括马文化的民俗，有很多，所以各地又开始挖掘。这就是说由于旅游的介入，马文化又焕发了青春。

刘锦山：对。

孙国学：还有一点是文化的传播，国家也非常重视文化的传播，就是把中国的文化传播到世界去，把我们少数民族的文化传播到其他地区去。过去可能更多的是通过主流媒体的传播或者其他传播，这是一个重要渠道。但是不可否认旅游又是另一个渠道。因为旅游本身就是人的一种交流，人要到其他地方去，随着旅游业的发展，很多少数民族地区的文化被更多的人知道了，很多还走出了国门。旅游的传播力是不容忽视的。它这种人际传播，和我们的大众传播还有不同之处。很多外国人亲身体验了中国文化，就说原来他们从媒体上看到对中国的报道是不实的，中国不是那个样子的。从这个意义上来说，旅游对中华文化的传播起了重要的推动作用。所以无论从保护、传承，还是从传播的角度，旅游都对文化起到了最大的推动作用。

可能很多人不认可，说可能由于旅游的介入，由于经济利益的驱动，我们好多文化变味了。不可否认因为经济的驱动，可能产生的一些文化具有一定快餐性质。这是必然的，它是要面向市场的，这里面可能不可避免地有副作用，但是我们应该看主流。就像开窗户通风，这肯定是正能量的东西吧，但通风以后，同时会进来苍蝇，进来沙子。是吧？因为进来沙子，进来苍蝇，我们就把窗户关了，不通风了，显然是不可取的。所以我还是一直赞成旅游对文化的这种促进作用。

如何消除这些弊端，可能是我们需要做的。从这个意义上来说，赤峰市的文旅融合，不单促进了旅游业的发展，同时对赤峰市的文化保护、传承和传播，也起到了巨大的推动作用。所以这种双赢的东西，我们为什么不继续做下去呢？为什么不做得更好呢？这也是我对赤峰市文旅融合情况的一个认识吧。

四、因地制宜活化发展

刘锦山：孙教授，您刚才给大家介绍了赤峰市文旅融合发展的情况，以及所取得的成就。接下来我想向您请教一下，赤峰市文旅融合还有哪些发展空间，以及您对赤峰市文旅融合后续的发展有哪些思考？

孙国学：刚才咱们谈到，赤峰市文旅融合取得了巨大的进展，也取得了很大成效。但是如果横向比较起来，和文化旅游产业做得比较好的地区比，还有很大差距。这些差距体现在，无论是从数量、质量，还是开发深度、旅游产品的品质方面，都有一定的发展提升空间。这个问题的关键，我认为是如何实现从文化资源到文化旅游产品的转化，这是一个关键点。因为任何文化资源，都不可能天然地成为文化产品，尤其是历史文化，它产生的背景都有当时的社会现实，所以历史文化在今天的语境中都要进行重新解读，要适合现代人的审美，现代人的口味。这就需要我们对历史文化资源进行创新、创造、转化，才能把它变成适合当今人们需求的文化产品。

比如说赤峰市有着丰厚的历史文化资源，品质也很高，但是从旅游开发的角度仍然存在一些缺陷或者瓶颈，这些东西是客观存在的。比如说我们著名的红山文化，在史学界那是有非常重要地位的，是中华文化多元一体的重要组成部分，也可以说是中华文明的起源之一。但是从旅游开发的角度，我们认为它存在一些先天的不足。第一点，由于年代比较久远，它所保留下来的东西都是地下遗存，可视性差，就是看不见。第二点，它属于史前文明，没有文字记载，没有人物，没有事件，没有故事，这些都缺乏有序传承，现在的研究都是考古发现，没有活的东西。在中国的四大神话体系中，也没有找到关于红山文化的这种神话传说。

所以这种活态的、非物质的文化缺乏，很难引起现代人的共鸣。现代很多人在书上看到什么，一看到这个东西能联想起来，能有这种认同，但红山文化确实没有这个东西。第三点，红山文化的传播还不够。在我们的国民教育体系中，或者在我们的史学界中，长江文明、黄河文明，这都早有定论的。长江文明的代表是浙江余姚的河姆渡，黄河文明的代表是西安的半坡，这在教科书中都有。长期以来对大众进行教育，大家都认可的。但红山文化发现比较晚，所以史学界还在研究之中，在史学界很有名，在业界很有名，但是在老百姓的认知中，就没有像长江文明、黄河文明那样，有一定普及性。这一点我们必须正视。正因为存在这样的一些缺陷，所以它开发起来难度就比较大。实际上不单是红山文化，在国内的各个文化类景区中，史前文化的开发都有难度，市场都不是太火爆。比较著名的西安半坡遗址，那是中华民族的一个源头。我们到西安调查过，半坡遗址当年的旅游人数只有30万人次，说起来也不少。但是和它相比，一个大唐芙蓉园——人造的文化景观，当年的旅游人数达2000万人次。可见，史前文明在旅游开发中有多大难度，关键是在内容上如何挖掘。

赤峰市是辽代的政治、经济、文化中心，也是它的发祥地。辽代在历史上具有很重要的位置，在世界上都很有名气。但是辽文化开发起来也有困难。比如说辽代的好多遗址遗存，地面上保存的东西不多了，现在就有辽塔，还有一些寺庙，其他的不多，一些遗址现在基本上看不到什么形状了。我记得前些年，内蒙古自治区请湖南卫视到各盟市做了一些专题片，我陪节目组的人走了赤峰全市的各个文化遗存。他们说赤峰市的契丹辽文化很有名，你领我到那儿看一看。我们到那儿去了，他们说在哪儿啊？我说你站着的地方就是辽代上京遗址。他们说就这几个土堆啊。我说这就是遗址。所以可见什么问题？也是可视性差，看不到东西。这是一个。第二个很重要的一点，辽代的非物质文化遗产很丰富，但是已经失传了。原因何在呢？契丹人不在了。依附于人的这个活态文化就没有了，所以契丹的一些风俗习惯、一些艺术、一些手工艺，都濒临失传或者已经失传。现在我们开发了一些，但是这个开发出来是不是真正的、当时的那个样子，也有存疑。另外，契丹、辽的历史记载不多。在整个二十五史中，《辽史》是最薄的一

图12 孙国学主持编制的赤峰市龙泽湖休闲度假区旅游发展总体规划

本。辽代文化的社会传播力也不够，物质遗存很少，非物质文化失传，传播不广，所以就造成了辽文化开发也存在很大难度。

我们再说蒙古族文化，可以说这个是现在开发最充分的，因为现在蒙古族在这片土地上生活，是活态的。但是也有一个缺陷，它的特殊性不强，各个盟市具有同质化的问题。如何开发出区别于其他地方的文化产品，是值得考虑的问题。另外，比如说刚才我们讲红山文化，可能现在更多的是书斋型、研究型比重比较大，如何走入市场，走入寻常百姓，也是我们探讨的一个问题。我们研究的观点认为，找到和老百姓能够契合的一个点。一个就是龙，红山出土的玉龙。龙在中华民族中是有着神圣的地位的，龙的子孙，龙的传人，这是一个大众共知的东西。再一个就是玉，玉也是老百姓喜闻乐见的一种东西，所以龙、玉应该是红山文化开发旅游文化产品的一个切入点。这样既把我们的研究成果通过一种方式转化成为产品，又能够让老百姓接受，得找一个合适的切入点，然后才能去做。如果完全是那种研究式的，把理论的研究成果直接面向普罗大众，可能市场效果不一定好。这也就是很多史前文化景区叫好不叫座的原因。叫好就是这个东西很

孙国学：文旅融合写传奇　　**177**

好，很有研究价值，不叫座就是没人买票看。如何走出这样一个怪圈是我们要思考的。

另外，如何进行文化旅游产品的开发，或者叫文旅融合，我们也一直在进行研究。我也有自己的观点，这个观点可能也是一家之言，就是说得找到一个对于文化的解读方式。我们认为旅游这种文化和我们通常说的文化还是有所差距的。就是说同样一种文化，专家的视角和老百姓的视角是不一样的，专家研究的是它的内涵，老百姓看到的是它外在的东西，或者是感官上的东西。我举个例子，咱们去看兵马俑，去看三星堆，专家可能去研究这个兵马俑是什么年代的，怎么做的，什么材质的，什么工艺的，它的作用是什么；老百姓看这个东西很震撼，很有冲击力。文化都是同一个文化，就是视角不一样。我们提出一个观点，旅游文化是一种大众文化，应该站到大众的角度去开发文化旅游产品，才能符合市场的需要。

基于这样的一个理念，我们就想，文化和旅游的融合，文化旅游产品的开发，在方式上有这么几点，可以值得去参考或者借鉴。第一个就是这种文化的解读方式应该通俗化，就是把这种理论的研究成果用通俗的语言、通俗的方式介绍给老百姓。我们现在有一种很好的形式，就是讲好故事，用故事来吸引人，增加趣味性。这是一个解读方式的问题，就是你不能站在专家的角度，或者站在研究者的角度去讲这个东西，你认为很浅，但是老百姓听着觉得很深。第二个就是它的表达方式要艺术化、娱乐化，就是用艺术的形式，把我们的历史文化呈现出来，表达出来，使其更具有吸引力，更具有感染力，更能够被大众接受。像我们讲的很多地方为什么现在开发旅游演艺呢？其实都是反映一个地区的历史文化背景的，现在好多千古情系列，像《宋城千古情》，反映当地历史文化脉络，游客很愿意看，可以了解当地的历史文化。如果你去就和上课似的，光有人讲，看这些文物，可能就没有那么多人了。另外一个娱乐化。当前年轻人是旅游的一个主力军。娱乐化的形式对于年轻人来讲，是非常具有吸引力的，具有表达方式上的感染力。第三个就是动态化的体验方式。我们过去好多东西，包括现在，都是静态的，如文物，好多游客去了只是看客，只是旁观者。在旅游过程中，要把游客变成动态的，变成参与者，变成体验者，让他们参与其中，体验其中的文化内涵。还有一个就是数字化的呈现，这个你们做文化传媒的可能都知道，我们讲让国宝说话。通过这种数字化的呈现，如通过 VR 技术、AR 技术，让这种历史的东西活起来，这个在文化旅游产业开发中，是不可缺少的。这种数字的赋能，数字的支撑是现在必须做的，我们现在做的好多沉浸式体验等项目都离不开数字化的技术介入。最后一个就是媒介化的传播。文化旅游离不开传播，离开了传播就没有了市场。特别是现在传播的方式这么多样化，移动终端带来的各种便捷式的传播形式，在文化旅游中必须要用到。实际上现在各地也都在使用。但是如何让它发挥最大效力，像现在的抖音、视频号及其他平台的直播等，通过各种通俗的传播方式，把我们的文化传播给大家。虽然有些人说，这种文化的传播是碎片化阅读。我不这样认为，如果完全是一种教科书式的阅读，效果会不理想，所以说应该依赖这种新的传播方式。

通过这几种方式，使我们的文化以大众的视角融入旅游中。特别是现在国家也非常重视文物、文化和旅游的融合。习近平总书记强调："让收藏在博物馆里的文物、陈列在广阔大地上的遗产、书写在古籍里的文字都活起来，丰富全社会历史文化滋养。"这也为我们文化旅游产业未来的发展指明了方向。我们要让这些东西活起来，为我们今天服务，为我们的后人服务，造福社会，这样使文化能够发挥更大的作用，也为旅游插上翅膀。所以这就是我对文旅融合今后发展的一个认识。

刘锦山：好，谢谢您，孙教授，您讲得非常好。

烽火草原鲁艺人

鲁艺办学历史

采访时间：2020 年 4 月 24 日
初稿时间：2021 年 5 月 20 日
定稿时间：2022 年 7 月 25 日
采访地点：赤峰市图书馆"赤峰记忆"拍摄现场
版　　本：文字版

李宝祥速写

　　李宝祥　汉族，1945 年生于内蒙古赤峰市巴林左旗林东镇，毕业于内蒙古大学地方史志专业。曾任巴林左旗乌兰牧骑指导员、赤峰市群众艺术馆馆长、赤峰市艺术创作研究中心主任、赤峰市民族艺术研究所所长等职。2001 年被评为研究馆员，并被聘为内蒙古自治区群文系列副高级职称评委会主任和文化部群文系列正高级职称评委。现为中华文化促进会会员，北方草原音乐文化研究会副会长，国际亚细亚民俗学会会员，中国少数民族音乐学会及中国傩戏学研究会理事，赤峰市非物质遗产专家组组长等。

　　50 余年来，致力于对草原文化艺术的研究和红色革命文化的追寻。出版两部草原文化研究专著《漠南寻艺录》《草原艺术论》，先后获内蒙古自治区社会科学专著类二等奖、内蒙古自治区"五个一工程"奖及文化部艺术科研成果三等奖；红色革命文化专著《烽火草原鲁艺人》，获赤峰市委宣传部"五个一工程"

文艺精品奖，以此为题材创作的话剧《热土》在全国产生强烈反响；文集《寻觅·守望·放歌——李宝祥草原艺术研究与创作文集》，在内蒙古学术界产生一定反响。创作一部音乐作品《契丹组歌》。在《人民日报》《光明日报》《中国文化报》《人民政协报》《内蒙古日报》等省级以上报刊发表百余篇论文、散文、随笔、人物特写及舞台艺术作品，曾获内蒙古自治区乌兰牧骑优秀论文奖、社会科学奖、"五个一工程"奖及文化部群星奖。作品入选《乌兰牧骑优秀作品集》《乌兰牧骑经典剧（节）目名录》并出版发行。因参与国家大型民间文艺集成志书的编纂，成绩突出，多次受到表彰，并被破格评为"优秀编审"，被内蒙古自治区文联及民间文艺家协会破格授予体现终身成就的"民间文化杰出贡献奖"，被东北三省一区群艺馆、群文学会授予"学术精湛、德艺双馨专家"荣誉称号。

一、延安鲁艺成立的时代背景

刘锦山：各位朋友，大家好！今天是 2020 年 4 月 24 日，这里是赤峰市图书馆"赤峰记忆"特别专题"烽火草原鲁艺人"的拍摄现场。首先我简单地给大家介绍一下草原鲁艺。

草原鲁艺是延安鲁艺的分支机构，1947 年 6 月冀察热辽中央分局决定在文工团的基础上成立冀察热辽联合大学鲁迅艺术文学院（简称草原鲁艺）。草原鲁艺在短短不到三年的办学时间内，招收了 1000 多名汉族、蒙古族学员，设有戏音系、文学系、美术系以及少艺班，还有各种短训班，为内蒙古自治区和新中国的文学艺术事业，培养了大批文学艺术人才和干部队伍，做出了卓越的贡献。

今天我们邀请的嘉宾是李宝祥老师。李宝祥老师五十多年来一直从事草原鲁艺文献资料的挖掘、整理工作，采访了很多草原鲁艺的学员，我们今天请李老师向大家介绍一下草原鲁艺的成立情况。

李老师您好。我们知道草原鲁艺是延安鲁艺的分支机构，所以我想请您首先

图1 李宝祥（左）接受"赤峰记忆"采访

向大家介绍一下延安鲁艺成立的背景和它的基本情况。

李宝祥：1938年2月，毛泽东、周恩来、林伯渠、徐特立、成仿吾、艾思奇、周扬发起关于建立鲁迅艺术学院的一个倡议，这个倡议叫《创立缘起》。我读了原文以后思考为什么要建立鲁艺，我觉得有两个不可缺：一是作为武器来讲，鲁艺是宣传、鼓舞人民抗日的有力武器；二是从培养艺术人才来讲，鲁艺也是抗日战争一个有效的力量。

但是后来我去看望了当年鲁艺常务副院长赵毅敏的儿子赵战生，我从他那里才知道延安鲁艺成立的一些细节。

在抗日战争很紧张的时刻，办抗大培养军事干部大家没啥意见，但是在抗日战争那么紧张的情况下，建立培养文艺干部的艺术院校，就不被人理解了。但是毛主席站得高、看得远。毛主席觉得赵毅敏是莫斯科东方大学毕业的，善于联系这些知识分子，就把他派到鲁艺当常务副院长，把人团结在自己周围。

赵毅敏在两个月后工作就很有成效了，在他担任常务副院长期间，介绍了冼星海入党，冼星海创作了《黄河大合唱》。当时有很多革命青年唱着《黄河大合唱》走进草原鲁艺。鲁艺培养了很多各方面的艺术人才——戏剧、音乐、舞蹈

鲁艺办学历史

图 2　延安鲁迅艺术文学院旧址（刘锦山摄影）

等，可以说新中国成立以后我们国家主要的艺术团体都是鲁艺那些人建起来的。

二、草原鲁艺成立的背景

刘锦山：李老师，您刚才给大家介绍了延安鲁艺成立的时代背景和一些基本情况。我们知道延安鲁艺是在抗日战争时期成立的，那么草原鲁艺成立的背景是什么样的，请您把草原鲁艺当时成立的过程介绍一下。

李宝祥：抗日战争胜利以后，党中央提出一个战略决策——向北发展、向南防御，要建立东北革命根据地，这是一个背景。另外中央也想把鲁艺搬到东北去，从小鲁艺到大鲁艺，到人民生活中去锻炼、提高，也有这么一个意向。

在这种情况下鲁艺分三批人往东北奔。周扬率领的一批，先是到了张家口，由于道路堵塞就和华北联大聚在了一起，在那儿办班办学校。一批人由吕骥和张庚领导。吕骥是著名的音乐家，是冼星海的老师。吕骥、张庚带着一支队伍，从张北、多伦、林西、林东等地到了白城、齐齐哈尔一带，并入了东北联合大学。后来也没有正式办班，变成了四个团演出。另外一批是以赵毅敏为首的。赵毅敏是莫斯科东方大学毕业的，他懂俄语，所以他带了一批工作人员做疏通俄国人的工作，往东北输送干部，但是也被堵在承德这一带。当时安波、骆文、程云等都被堵在承德了，他们这批人原来想到东北去念大学，因为道路堵塞走不了了。赵毅敏对鲁艺是很有感情的，延安时期他就是鲁艺的常务副院长。作为冀察热辽中央分局宣传部部长，他认识到工作也需要这些人，所以就把这些人留在承德了。承德有个胜利剧社，就把这些人都并到胜利剧社去了，包括李劫夫。后来胜利剧社改叫热河军区胜利剧社，这就是草原鲁艺的前身。

剧社在承德搞了很多活动，配合解放区结合全国的形势编了很多剧目，《白毛女》等都在那演出。但是后来因为承德失守，热河军区胜利剧社奉命转移。那时候的胜利剧社属于部队的专业团体，奉命从热东地区往冀察热辽分局的所在地林西转移，转移的途中产生了一部歌剧《兵》。在转移途中还发生了一件事，一对夫妇带着一个出生几个月的小孩，在过敌人封锁线的时候，因为怕暴露目标，孩子被闷死在了包裹里头。

另外，在整个队伍向北奔的过程中，安波、程云他们开始策划成立一个培养文化干部的鲁艺，后来策马追上前面的赵毅敏，把想法跟赵毅敏说了。赵毅敏说现在你们可以把怎么办——生源问题、什么时间建立、有哪些措施——提出一个方案来，咱们再研究。

到林西以后，歌剧《兵》在热河党代会上演出了，受到了嘉奖，在当时评价很高。《兵》演出散场以后，赵毅敏找安波、程云他们说，现在分局同意你们建立冀察热辽鲁艺。条件成熟了，你们可以在赤峰办，至于怎么办你们要拿出具体的办法，最好以短训班的形式培养急需的人才，还强调把对蒙古族学员的培训作为重点工作。

1947年6月，在赤峰建立了冀察热辽联合大学鲁迅艺术文学院，因为建立在昭乌达草原，所以简称为草原鲁艺。地址在六道街的一个骡马大车店，当时就七个学员，赵毅敏在开学典礼上讲，咱们要发扬延安鲁艺的精神，因陋就简，发扬艰苦创业精神，把鲁艺办好。后来又让奇哈拉哥和张有明赶着大马车到冀察热辽地区继续招生，招了40名学员。这就是草原鲁艺的起始阶段。

三、草原鲁艺成立后的活动与成果

刘锦山：请您谈谈草原鲁艺成立后的活动与成果。

李宝祥：当时日本人散布的鼠疫蔓延，红山脚下新坟垒起，哀声遍地，鲁艺办学的地方怕扩散都用绳子拉着，不让进去。最后没有办法，分局决定将鲁艺迁到喀喇沁旗新邱陈清云地主庄院，那里有几套房子，可以办学，在那个地方，鲁艺的一期学员结业，二期学员开学。

刘锦山：在新邱主要搞了哪些活动？

李宝祥：我觉得有一个重要的成果，就是在新邱创作了《纺棉花》。《纺棉花》在全国和世界都很出名，莎莱作曲，骆文作词。还有就是在那个地方唱了《黄河大合唱》，演了《兄妹开荒》，学习了毛主席的文艺思想和讲话，等等。

后来新邱又有了鼠疫，草原鲁艺又转移到宁城县的那拉碧流[①]，那拉碧流有个天主教堂，这个天主教堂的神父比较开明。有些人住在老百姓家里，有的在天主教堂里住，天主教堂可以容纳1000多人。

原鲁艺文学系学员、《河北日报》的高级记者高峰曾经谈过：在转移途中有一个重要的事情，就是安波一边创作一边听取意见，创作出《打倒蒋介石，解放全中国》这首歌，等到了那拉碧流已经创作完成了。后来《风雨下钟山》这个电影就是以此为主旋律，当听到影片里放这个主旋律的时候，就想起了在鲁艺的那段生活。在那拉碧流，安波的两部蒙古民歌集基本上形成雏形了。在那拉碧流还

[①] 那拉碧流：现宁城县汐子镇四平庄前那拉布流村。草原鲁艺先前办学的村子叫那拉布流村，在这个村子的北面有个后那拉布流村。后来做地名志时弄错了，把草原鲁艺先前办学的村子叫成了前那拉布流村，北面的村子叫成了后那拉布流村了。

有几大收获，著名的剧作家海默创作了蒙古歌剧《十五的月亮》，等等。

在那拉碧流一段时间以后，草原鲁艺根据战争形势又转移到锦州。锦州解放了，要做一些国民党官兵的思想工作，所以1948年上级又派他们到锦州做国民党的收编工作，在锦州北大营办了第三期学员班，收了200多人。

在1949年4月，根据全国解放的形势，草原鲁艺宣布解散，完成它的使命了。师生分六路大军到全国各地，有的到了沈阳，有的到了北京，有的到了武汉、湖南，还有的留在内蒙古草原。

在临走的时候，安波讲了一番话，而且他把这个讲话刻成蜡纸印出来发给每一个人。那些话是很感人的，有机会可以看看，我记得有一句话说松树的性格，走到哪里就在哪里生活、向老百姓多学习、要刚强等，草原鲁艺成立的始末就是这样的。

四、草原鲁艺教学情况

刘锦山：当时鲁艺成立以后是怎么招生的，它的领导班子是一个什么样的情况？

李宝祥：招生有这么几个渠道，首先是冀察热辽地区热爱文艺的蒙古族、汉族青年，有一部分是中学生；还有一部分是草原上那些不识蒙古文，也不懂汉文，基本上没上过学的学生，也就是农村牧区的学生；还有一部分大学生，那是进步青年；还有一部分是从南方过来的国民党的起义兵，从敌占区来到了解放区。那时候人员是比较复杂的，有大量艺术院校的学生，有老师、教授、记者、作家，也有一些基本没上过学的人。但是在这么多人员的情况下，安波能把这些人团结在自己周围，不简单。

那个时候虽然生活非常艰苦，没有教室，没有教材，没有教具，没有一个安定的环境，硬件是不足的。但是我觉得软件很硬，这些师资队伍，我认为当今的艺术院校也难比得上，比如院长先后是赵毅敏、安波。我觉得安波这个人对民族音乐很痴迷，在陕北的时候就是一个小调大王，搜集学唱陕北民歌、陕北琴书等音乐，非常痴迷，他跟着一个艺人学唱民歌的时候，哪怕艺人到厕所他也跟着在外面听。因为他是山东人，他的口音和陕北的口音不一致，学起来就很困难，人家也不愿意教他，也不知道他是啥人，但是"不管你咋着我就要跟你学"。所以在陕北除了学唱陕北琴书、陕北民歌，他又整理出了此方面内容的歌集。这个人到了我们昭乌达盟，草原鲁艺建立起来以后，也就是几年的时间，就出版了两部蒙古族民歌集，十分不简单。

教务长是骆文，后来是湖北省作家协会主席，那都是从延安过来的著名诗人。秘书长是乔振民，也是抗日的干部，后来他任沈阳音乐学院的党委书记。还有在枣园文工团的音乐家程云，曾经做过小提琴和板胡。还有杜印，在枣园文工团演出苏联话剧影响很大。严正，陕北秧歌的创始人，现在你看到的传统陕北秧歌就是他扭的。还有海默，在延安就是著名的作家，后来创作了影片《草原上的人们》，是歌曲《敖包相会》的词作者。吕西凡，那也是大家喜欢的演员、导演。所以从师资力量配备来讲，草原鲁艺的配置是很强大的。办学似乎不正规，但是培养的人才在全国各地来看，都是具备极高水平的。

刘锦山：李老师，草原鲁艺是1947年6月成立，1949年的4月结束了办学，先后有赵毅敏和安波两任院长，开设有哪些专业，办了哪些班呢？

李宝祥：专业和延安鲁艺是一样的。不一样在哪儿呢？它设美术系、文学系、戏音系，延安鲁艺设戏剧系、音乐系，它把戏剧、音乐合成一个了，叫戏音系。还有短训班、少艺班。

刘锦山：少艺班就是给少年儿童办的？

李宝祥：对，大部分学生都是当地的，赤峰人很多的。

刘锦山：是不是还有个蒙艺班？

李宝祥：短训班就是蒙艺班，像敖德斯尔他们都在短训班。学生来了以后都是短训，有很多的办法。安波的办法是很多的，很有成效。鲁艺在三年当中一共培养出近千名文化干部和艺术人才，另外培训了24支部队的、地方的，专业和业余的文艺团体。

刘锦山：草原鲁艺的师生对蒙古族的学员培训是非常重视的，对吗？

李宝祥：是的，在教材的选择上，要符合内蒙古地区的实际，符合学员的心理，引起他们的兴趣，所以选取的题材都是蒙古族民歌、民间故事，或者是蒙古族传统的乌力格尔、蒙古书、好来宝这些传统的艺术。教材从内蒙古实际出发，让大家对内蒙古的历史、地理有一个概要的了解，鼓励他们唱本地的民歌，说本地流传的故事，颂扬本地的英雄人物。

因为好多人只会蒙古语，不懂汉语，而且文化程度不高，没念过书，教学上采取了四种办法。第一，老师讲课的时候尽量通俗易懂，用老百姓的语言方式讲，不讲高深的。第二，请汉语水平高的蒙古族同志做翻译。第三，老师对学习差的学员进行个别辅导。第四，学习领会较快的学员帮助较差的学员。

现在说起这个事很容易，但是做起来是很难的，就像咱们听课，老师用蒙古语讲课你听不懂怎么办，是不是？那不是一个道理吗？老师用汉语给蒙古族人讲课，学生听不懂怎么办，这不就难吗？所以我觉得这四种方法对蒙古族的学员还是很有用处的。另外，鼓励他们了解当地的民歌，搜集当地的民歌，从东蒙各地来的蒙古族学员都会唱本地的民歌，这也给安波搜集民歌提供了一个良好的机遇。

这些人唱民歌的时候，并不了解民歌的价值和意义，这个要给他们讲清楚。一部蒙古族民歌集就是一部蒙古史，蒙古族历史就是通过乌力格尔民歌来记录的，所以蒙古族要珍惜老祖宗留下的弥足珍贵的文化遗产。他们也看到了，安波作为山东籍的一个汉族人，对蒙古族地区的民歌是那么着迷，不惜一切力量去搜集整理。汉族人都这样，蒙古族人对自己本民族的文化、民歌更要重视，去搜集整理，去认识它们的价值。安波对他们的影响是非常大的。

我原来在巴林左旗乌兰牧骑工作，我也是一个汉族人。我在乌兰牧骑专搞作曲，安波在《东蒙民歌选》里收录了很多巴林草原的民歌。我都不知道这些民歌，是件非常遗憾的事情，所以1977年我在乌兰牧骑也举办了乌力格尔、好来宝、蒙古民歌传承班，把蒙古族的传统音乐传承下去，就当时来讲这个班可以说是在全内蒙古也是最先办的。通过安波搜集整理民歌，蒙古族人也认识到，原来这么大的专家都这么重视蒙古族民歌，自身更应该重视。原来大家就很平常地唱民歌，价值是什么并不清楚，安波也说了应该学会记录自己的民歌，这也是戏音系的课程，你得会记录整理。

著名的剧作家海默这个人嗜书如命，爱读书，爱地方的民歌，爱了解地方的民俗风情，每到一地都搜集整理，在著作里记录了很多蒙古族的风情、历史、民歌。

他教蒙古族演戏，创作剧目，创作蒙古剧，要坚持四个"第一"。第一，一定要写蒙古族地区流传的故事。第二，一定要符合蒙古族的风土人情。第三，一定要用蒙古文来写。第四，一定要用蒙古语演唱，主要是把蒙古族传统的文化集中起来。著名的巴林右旗作家敖德斯尔和民间文学家道荣嘎，那时候都是十几岁不到二十岁的娃娃，写出一部《砍大树》的剧本。在安波的领导下，在海默的继续辅导下，他在鲁艺师生中引起很大的反响。所以道荣嘎先生说，我们能创作表现现代生活的作品是鲁艺的功劳。鲁艺的成立，培养了人才，开辟了蒙古族表现现代生活的先河。我可以讲，现在我们了解的解放战争时期办的这些鲁艺，不管叫什么名，但是真正按延安的模式和主导思想办下来的，唯有我们内蒙古草原鲁艺。像在张家口办的班，那是进入大学里头，也没按照延安的模式办，东北那个也没有按延安鲁艺的教学方式办，都变成几个文工团了。真正按照毛主席的讲话精神，从小鲁艺到大鲁艺，按照鲁艺的宗旨，以延安鲁艺精神办学的，赤峰在这方面可以说是不错的。

五、草原鲁艺学员的生活情况

刘锦山：李老师，请您再向大家介绍一下鲁艺学员的生活情况。

李宝祥：鲁艺生活是非常困难的，1947年大旱，庄稼颗粒无收，当时是一斤等于十六两，鲁艺师生拿出六两支援灾民。每天一个人的口粮是多少？每个学生是十两，六两拿出去支援灾民，不够吃怎么办呢？那就用瓜菜代替，喝稀粥。

那时候老百姓困难，缺少牲畜，鲁艺人就拉犁种地，因为天旱，犁刀下不去，勒得肩膀都出血了，这一点老百姓就很受感动。有好多的人说原来这些人还能干活，一看实践中还不错，这是男同志。女同志就得纺棉花、织布、织毛衣，一是给前线，二是要解决鲁艺生活上的困难。

他们在学习当中还有一个打青草的任务，每个人都有任务。像安波，尽管安波身体不太好，抽烟抽得很厉害，常咳嗽，可能也有肺病，但他也上山去打青草。高庄是国徽最后的定型设计者，高庄在反饥饿、反内战、反迫害的时候，扛着大旗走在前面，所以被国民党通缉，共产党秘密把他送到解放区来。后来，他做了鲁艺美术系主任。在这个困难的时候他的粮食不减，因为得照顾老知识分子，但是他不干，说他也得节约粮食，支援灾民，他把自己的口粮拿出来支援。他后来写了一个感言，写得很深刻，国民党什么样，共产党是什么样，他的心情高兴了，精神也好了等。

当时群众有的家庭里头甚至一家子人只有一床被褥，吃的、喝的啥也没有，鲁艺人住到那儿，到处都是虱子，那也没办法，就得坚持，所以这都是很困难的。鲁艺的领导干部有特殊待遇的，像安波，他身体不好，分局给他吃小灶，但是他绝对不吃，他说跟他一起的那些领导，像乔振民、骆文他们都不吃，别人不吃他也不吃，他就到分局去说这个事儿。就安波来讲，他抽烟抽的都是白菜叶子、棉花团子。

刘锦山：是自己卷吧？

李宝祥：对，当时生活就是这个样子，他抽烟很厉害，解放区经常派人到他的驻地来，可能供应点烟，待客人走了以后他就把烟头捡起来再抽。

刘锦山：您刚才讲大家中午去打青草，打青草是给战马吃还是干什么用？

李宝祥：我也不太清楚打青草干吗，或许解决烧柴用的，或战马吃的。据高峰回忆，她一个女同志走在河边上，打得累了，背不动了，回来晚了，挨批评了。她还讲到，到河里头洗澡，衣服干不了也回不到学校，衣服干了以后回去就晚了。她当时谈了很多。打青草任务她还是完成得不错的。她说当时她的手和脸都裂了口子，有一个老乡告诉她这种情况怎么治，把家雀屎泡湿了以后用酒涂抹，所以她们就在树下找了家雀屎，泡上以后擦，最后都好了，她后来以这段经历写了一篇文章。

那拉碧流天主教堂里有一棵果树，正是结果的时候。在困难时期谁不想吃一口，但是纪律不允许你吃，偏偏有一个人饿得不得了，他就上树摇了一地。他觉得这也不是老百姓的，这是天主教堂的，我们吃点就吃点呗，但是最后学校让全系学生停职检查，要求非常严。

老百姓家住不下戏音系的人，没床啊，只有大炕，剩下还有十多个人咋办，到老乡家借门板搭炕。学生借门板的时候路过田间小路把庄稼踩了，被发现后又给处分，后来鲁艺学生把庄稼扶起来了，也浇上水了。老百姓听说了，找到院长安波说，孩子们把庄稼给扶起来了，还给我们弄好了，你还给他们处分，别给处分了。安波说不行，坚决给处分。

那时候鲁艺在生活方面对少数民族很照顾，画家杨兆三他们几个是回族，学校给他们单做饭，能照顾尽量照顾。学校里南方人北方人都有，南方人喜欢啥，北方人喜欢啥，蒙古族喜欢啥，能够满足要求就尽力满足要求。官兵一致，没有什么特殊的，都是拿着大碗到那盛饭吃，上面飘着一点儿油腥，大锅饭能看着点儿油腥就不错了。

少艺班里头都是十几岁的小孩，最大的赵美玉十四岁，剩下的都十一二岁，所以生活管理上有很多犯纪律线的。

有的时候，像安波、乔振民、骆文这些领导，就把自己节省的东西给病号吃，节约下来的鸡蛋都给他们，生活是非常苦的。

当时生活物资非常匮乏，吃糠咽菜，但是多少年后我访问鲁艺师生，他们都认为那是人生最美好、最愉悦、最惬意的时光。虽然现在生活好了，应有尽有，但是找不到那种感觉。这就是在艰苦生活中培养出的这一批人。

刘锦山：所以多年以后回忆起这段经历还是非常难忘的。

李宝祥：是的。

鲁艺办学实践

采访时间：2020 年 4 月 25 日
初稿时间：2021 年 6 月 20 日
定稿时间：2022 年 8 月 10 日
采访地点：赤峰市图书馆"赤峰记忆"拍摄现场
版　　本：文字版

李宝祥速写

鞠红耘：各位朋友，大家好！今天是 2020 年 4 月 25 日，这里是赤峰市图书馆"烽火草原鲁艺人"的录制现场。李老师，您好。

李宝祥：您好。

一、草原鲁艺的办学实践情况

鞠红耘：李老师，请您谈谈草原鲁艺的办学实践情况。

李宝祥：草原鲁艺完全按照延安鲁艺的办学模式来办，学与教相结合，有用的要学，没用的不学，一切从实际出发。有的放矢，从做中学，从做中教，从实践中掌握真知。师生年龄差距比较大，有的属于抗日干部，三四十岁；有的是大

图1 李宝祥(左)接受"赤峰记忆"采访

学学历,教授;有的是京津冀大学的毕业生,也就二十岁左右;还有十几岁的学生,如少艺班的那些少年儿童;等等。年龄层次不一样,文化程度也不一样。

当时草原鲁艺所设的系和延安鲁艺也是一致的,延安鲁艺设立了文学系、美术系、戏剧系、音乐系。草原鲁艺把戏剧系和音乐系合并在一起叫戏音系,所以草原鲁艺设置了文学系、美术系、戏音系。不同于延安鲁艺的是,草原鲁艺还办了短训班和少艺班。每个系对学生的要求也是不一样的,比如说对文学系来讲,文学系比其他系的文化程度还是高一点的,可能有些人原来有些创作的基础,所以让他们学习中外名著,分析中外名著的创作方法、写作方法、主题思想、人物塑造等方面。

另外各个系都要学习毛主席的文艺思想,把毛主席《在延安文艺座谈会上的讲话》作为主要的内容来学习。文学系要读一些中外的名著,分析国内的名作家的作品,从中掌握一些创作的方法。为了让学员有一个实践的机会,当时办了一个板报、一个院刊,让他们发表文章。苏中,后来是文艺评论家,他当时也是学员，写了《童养媳》，发表在鲁艺的院刊上。我们再说戏音系，这些人来了以后，要掌握一些戏剧的基本理论，如怎么塑造人物、演戏，怎么打字幕、点幻灯、点汽灯，这都是他们的学习内容。此外，舞台美术这方面的内容也都得掌握，还得学一点简谱，掌握一点戏剧的基本知识。

那个时候学生实践，主要表演《兄妹开荒》。《兄妹开荒》是安波、路由、王大化这些人在延安创作的，是对秧歌剧的革新，在延安反响是很大的。戏音系也把这个戏作为一个主要的教材来排练。怎么排练呢？《兄妹开荒》不就两个人演嘛，学生两两组成一组，一共可以组成几个组，延安来的老师教这个人物怎么扮演、那个人物怎么扮演、报幕词应该怎么说，然后让学生各自去练习，练习完了以后大家集体评议，哪个组好可以拿到院里进行汇报，哪个组有哪些问题大家提出来。

戏音系还教陕北大秧歌，鲁艺老师里有一个叫严正的，他正是陕北秧歌的创始人，现在你看到的电视上的陕北大秧歌有很多都是他编创的，他在鲁艺时教陕北秧歌，所以咱们这个地区当时陕北秧歌也有流传。另外，戏音系教你学化妆，比如老头怎么化妆，老婆婆怎么化妆，年轻人怎么化妆，胖了怎么化瘦，瘦了怎么化胖，这是化妆的基本知识。戏音系的人也要掌握导演的基本知识，你得会唱歌，掌握一两件乐器，会识谱，另外得学一点乐队的指挥，因为群众歌唱的时候你得指挥啊。还得会作曲，配合形势发展，利用民间音乐素材作曲，在那种情况下这些也是很难做到的。

美术系的学生得画素描，写美术字，能够写一些标语。那时候条件不好，也没有石膏模型、模特儿，怎么办？有的时候学生自己当模特儿，有的时候把农民请来当个模特儿。此外，还要求学员对剪纸、木刻、版画有一定的了解。

有些学员原来已经有一定的基本功，比如部队的、地方团体的学员，对于这些学员，鲁艺采取几个办法培训：一是对他们原有的节目进行培训，提高节目质量；二是让他们学习草原鲁艺创作的优秀剧目、群众欢迎的剧目；三是重点培养一个团体的编导人员、舞美人员等创作人员，这种方式也很重要。直到今天一些艺术人才的培养也用第三种方式，比如一个演出团体里的几大骨干要抓住，创作人员、编导人员、舞蹈编导人员、歌曲创作人员,把这些人抓住,整个团会呈现一种好的气氛。当时这些编创人员回到原来的团体以后使团体面貌焕然一新,地方、部队的领导都非常满意。

少艺班的学员因为年龄小,所以他们首要任务是学习文化知识,起码得识字,然后要让他们懂一点艺术。他们都是一张张白纸,什么都得学点,比如唱歌、乐器、演戏、节目创作。举个例子,就像当时的《刘锁上学》《秋收歌舞》等都是少艺班的代表节目。少艺班出了很多的人才,草原鲁艺教学还是很有成效的。

二、草原鲁艺的少数民族学员

鞠红耘:草原鲁艺里面有很多学员都是少数民族,在教学和生活中,草原鲁艺对他们有什么特别的对待吗?

李宝祥:在草原鲁艺办学期间,冀察热辽分局的赵毅敏同志代表分局表达了意见。为什么要建立草原鲁艺?其中谈到的一个重点就是要培养少数民族干部和艺术人才,所以鲁艺在教学方面对蒙古族的学员给予了特殊的关照培养。

我给你讲一个人,她叫哈珊格日勒,是我们巴林左旗人,她曾被送到内蒙古自治学院学习,又被保送到鲁艺培训,被称为"草原上的百灵鸟",唱了东北大鼓《人民英雄董存瑞》。这首歌一唱响,她就被吸收到鲁艺文工团去了。对东北大鼓甩腔这部分,安波、石化玉他们做了改编,传统甩腔可能不是那么高昂的。这在鲁艺师生中引起了很大的反响。这首歌她从赤峰唱到锦州、天津、河南、湖北,一直唱到大半个中国。她现在还在,是武汉人民艺术剧院话剧的四大名旦之一,80岁还在演出,和一些老艺人恢复上演了外国的名剧《夜店》。

朝鲁曾经在《牧人之子》中扮演阿木嘎,阿木嘎是很幽默的一个角色。朝鲁还演过《包钢人》《成吉思汗》《重归锡尼河》等,是很著名的一位表演艺术家。这个人不在了,他当时是美术系的一个学员,老师考他,他啥也不懂,艺术一点也不懂,后来他说会画画,画了一匹马,老师一看也不容易,大老远跑来了,那就来学美术吧，就录取到美术系去了。后来系主任高庄说，你画的这匹马还缺了一条腿，他说我一紧张没有画出来。这个人有表演才能，后来又把他弄到戏音系了。他写了一篇文章感慨当时鲁艺老师汪洗是怎么教他演戏的，汪洗曾经教他表现抽大烟的犯瘾了如何表演。他说他现在能有今天离不开汪洗老师的教导，那些怎么塑造人物的本领，是汪洗老师一句台词、一个动作教出来的。汪洗现在已经去世了。

经过培训，文学系学生写了一些诗词，颂扬党中央、毛主席。也有一些剧作，像奇哈拉哥写的《酒》，是表现蒙古族现代生活的。还有著名作家敖德斯尔，他不太懂汉语，不会写汉字，20多岁时写了一首歌词《骑兵之歌》，他拿给安波看，请安波提意见，安波说你写得不错，告诉他歌词应该怎么怎么改。他的想法是让安波谱个曲，安波是大作曲家，结果安波还真给他谱曲了，于是这首歌在内蒙古东部草原广泛地流传起来了。

那时候还有一首歌《圆圆的山峰》，是巴布林贝赫作词，奇哈拉哥作曲，胡尔查翻译，这首歌现在作为民歌在传。巴布林贝赫曾经说，草原鲁艺是我创作与人生的转折点，我赞美家乡，唱出了《圆圆的山峰》。奇哈拉哥谱曲以后，在内蒙古东部草原传播，现在巴林右旗把这首歌当作民歌录到光盘里面了。

还有两首歌是根据蒙古国歌曲创作的——《红旗歌》《英雄歌》。这两首歌我小学的时候就会唱，现在我还能记住词，可是我不知这是当年鲁艺的那些师生根据蒙古国歌曲改编的，所以我觉得鲁艺对蒙古族人才的培养劳苦功高，内蒙古草原应该记它一功。

安波德艺双馨，德才兼备，才艺双全，具备卓越的艺术创作才能和卓越的思想品质。我在中国音乐学院纪念安波一百周年诞辰庆典上讲了，安波是艺术家的楷模、民族音乐学的拓荒者，他在文化战线鞠躬尽瘁，死而后已。

安波在病床上还在写和郭小川共同创作的《毛泽东颂歌》，所以他去世以后，有很多人说他是累死的。他整理出两部民歌集，开创全国少数民族民歌抢救的先河。所以，我觉得安波在培养蒙古族学员这方面立下了汗马功劳。

三、草原鲁艺创新办学的影响

鞠红耘：草原鲁艺除了戏音系、文学系和美术系几个传统系别的设置，还开办了短训班、少艺班，请您再谈一谈这方面的情况。

李宝祥：草原鲁艺除了办正规的那几个系，以及短训班以外，还应冀察热辽地区的部队及地方文艺团体的要求，对他们的文艺团体进行培训和组建。当时为配合解放区群众文化活动发展，部队和地方都对丰富文艺生活有着强烈的愿望，对鲁艺来讲工作量也是很大的。

安波在鲁艺三年工作汇报当中说，鲁艺一共组建与培训了24支队伍，在各地培训了近千人。简单说一些我记得的，并不是全部，当时有热东文工团、热河文工团、联大文工团、内蒙古自治区文工团、军区文工团、内蒙古昭盟蒙汉联军政治部宣传队、卓索图盟纵队宣传队、昭乌达二十军分区宣传队、蒙古四师宣传队、铁骑宣传队，当时带出了这些队伍。

草原鲁艺办学以后，我觉得就像母鸡带小鸡，各地的文化活动都开展起来了，为全国解放战争的胜利，以及新中国培养了众多的文艺人才，这些人到了各个地方真是发挥了很大的作用。

举个简单的例子，就是咱们的京剧团，当年鲁艺排演新平剧《逼上梁山》，以及排一些在延安时期的新剧目，改变了很多老艺人不良的习惯，比如抽大烟。汪洗是和京剧团的董春柏同台演出过，所以他很懂戏剧，是个内行。他辅导演员的时候，先跟演员唠嗑，了解戏剧，然后宣传戒烟的好处、吸烟的坏处，改造不良的习惯，在这方面下了很大的功夫。

另外，这些鲁艺学生回到各地以后，都去辅导业余团体，他们对整个剧团的文化活动、文化发展、解放区文艺人才的培养，以及配合全国解放以及新中国成立以后文化战线的建立都立下了汗马功劳，某种程度上他们是新中国文化建设的脊梁和骨干。

四、草原鲁艺深入群众的实干精神

鞠红耘：草原鲁艺一直没有固定的办学场所，它的老师和学员除了要完成教学任务，还要完成生产任务，这跟当时的时代背景是息息相关的。为什么它有生产任务？

李宝祥：1947年新邱地区大旱，毛主席说了应该从小鲁艺到大鲁艺，大鲁艺就是深入生活当中去，和人民群众同甘共苦，了解人民群众的疾苦，你才能做一个革命的文化人。所以他们到了冀察热辽地区以后一半是教学，一半也得配合解放战争做一些必要的工作。如利用文艺的武器来宣传，这方面做了很多的工作；为支援前线也做了很多生产的工作，像当年困难时期，老百姓没有牲畜，男同志拉犁种地去，女同志织毛衣、纺线、打青草等，这些都是支援前线，与人民同甘共苦、心相连的体现，做到了生产学习两不误。

在土地改革中，京津来的大学生、知识分子缺乏农村实践，他们用了大学学的一些方法进行分配土地，实际这是不对的。"左"的东西老百姓也不喜欢，后来也纠正了。在深入生活当中，一开始感情上也很难接受的，老百姓的家很乱，穿的不像穿的，吃的不像吃的，环境也不行，那也是经历了一番痛苦的磨炼。

演员到生活当中去体验，体验回来以后再塑造角色，那就有了依托，心里有点底了，也知道这个人物应该怎么演了。当时戏音系排演一个新剧目《喂鸡》，鸡怎么喂啊，你得深入生活当中去才能找到真实的感觉，所以生产、生活、创作都是相辅相成、互相结合的。

鞠红耘：他们那些创作也符合当时的时代背景。

李宝祥：是的，因为鲁艺是在解放战争时期创办的，这也是土地改革运动在全国各地轰轰烈烈开展的时候。文艺工作者都应该深入生活中去观察体验，才能进入创作过程。为人民群众而歌，与人民群众心相连，你才能与时代共命运，所以文艺工作者必须能跟上时代。

在解放战争时期，在土地改革轰轰烈烈进行的时候，你的作品必须配合这个形势，否则作为革命文艺工作者就是失职，当时有几首歌曲影响比较大，比如说

《打倒蒋介石，解放全中国》，这是我党由防御到进攻阶段转折的时候提出的口号，还有反映共产党的兵和国民党的兵对待人民的不同态度的《兵》，以及军歌《热河子弟兵》等，这些剧目都是配合解放战争形势的。

鞠红耘：是与当时的形势相一致的。

李宝祥：对，与形势配合得比较紧。像《纺棉花》，我念书时候都会唱，这首歌在新中国成立后也很流行，还被苏联莫斯科东方大学、莫斯科国立柴可夫斯基音乐学院当作民歌编入音乐教材，现在还有人把它视作民歌，这是不对的，应该是创作歌曲。这也是配合解放战争、土地改革的形势创作的。

还有《新写十字歌》，这是安波和松山区的民间艺人合作的，唱出了土地改革以后的新风貌。

骆文、海默写了一首《秋收歌舞》，这部作品充满了农民丰收的喜悦，这个舞蹈是专门让少儿演的。《秋收歌舞》这首歌当时影响很大，曾经到葫芦岛为起义的国民党官兵演出。

五、草原鲁艺为群众奉献艺术

鞠红耘：草原鲁艺在当地还做过什么活动吗？

李宝祥：我再给你举个例子，林西县大营子村土地改革时期演出过一出话剧《苦尽甜来》，是来自延安的著名表演艺术家吕西凡编导的，吕西凡也是草原鲁艺戏音系的老师。吕西凡曾被派到大营子村辅导，大营子村正好有个人叫张万生，在县里讲他在旧社会受苦这些事，后来分局领导认为配合土地改革搞个戏挺好，就想用他的事编个剧，让群众演，最后决定让吕西凡做，因为他有编导的经验。

大营子村百年来没有过群众文化活动，你去这个地方怎么编、怎么演？老百姓也不知道啥叫艺术。

当时大营子村正好开始平分土地，不能立即开始排演，因为大家都忙着呢，顾不过来。于是吕西凡开始调查采访，跟群众一起了解情况，后来知道群众对基层干部有些意见。他反映给上级领导，上级领导把那个干部处分了，于是他便赢得群众的信任。后来丈量土地完成了，开始谈戏了，大队领导、村领导开会研究怎么演，吕西凡说把张万生这个戏演出来就行了，群众就说不知道咋演，说让怎么演就怎么演吧，又说张万生行，他能说会唱，当主角没问题。吕西凡说群众也得唱，群众说他们也不会唱，怎么办？吕西凡说不能唱，就用话剧吧，群众说话剧是啥形式，什么叫话剧，他们也不知道。吕西凡说现在研究剧本的过程就是话剧的一场。开始之后大家都觉得这个挺好，但是中间也出现了一些问题，演地主小老婆谁也不愿意干，分配不下去。还有的说他们都打短工几次了，这回也不该轮到他们演戏了，到这个程度上就很难了。吕西凡决定一步一步做工作，把台词讲给群众，一场一场培养他们说台词，演员逐渐入戏了，好多的工作做通了，老百姓逐渐有了兴趣了。

吕西凡说剧本初稿是他写的，但是群众要改，哪些话不合适，就用群众自己的话说出来，有些情节不对，可以增加一些情节；这个情节应该怎么进行，群众可以提意见。这样演员就说这话说得不合适，应该这么说。那行，就这么说吧。然后那个说这个情节不对，应该是那个情节。行，那就改，就这么着。这个剧是老百姓真正参与创作的剧。

吕西凡在那儿蹲了几个月时间，所以我说鲁艺给当今的文化工作提出了很多的思考。我一直找这个剧本也找不着。吕西凡在几十年以后病故了，但他回忆起草原鲁艺和辅导大营子，说这是他在赤峰最难以忘怀的记忆。后来这个戏到林西去演了，正是柴胡栏子事件之前分局党代会召开之际，去演出《苦尽甜来》，宣传部长赵毅敏很高兴，举行庆功表彰会，给他们20万元边区币奖励，说这个戏不简单，我们过去戏都是帝王将相、才子佳人、地主老爷，今天我们农民自己演戏，这是头一遭。你们演得好，吕西凡也导得好。他对吕西凡说，在延安的时候你演过，大家喜欢，我就很有印象，但是你这个戏比那个作用还大，你有功劳。

后来安波连夜写了一篇文章《冀热辽文艺工作的纪程碑——看了林西大营子村民演剧以后》，在《冀察热辽文艺兵》第二辑上发表。他说一生有两场演出让他感动，一个是陕北大秧歌，一个是林西县的《苦尽甜来》这部农民自己创作演出的剧目。他在回忆录中谈到，当时赵毅敏让他把剧本编出来，大家伙讨论，台词就是你一句我一句那么传下来的，也没形成终稿，因为形势紧张，来不及写了。而辅导大营子村的文章他写出来了，认为这是他在草原鲁艺做得很有意义的一件事。

这个剧本我始终没找到，我到了武汉，就听说吕西凡病故了，也没有找到他任何东西。后来我到林西县大营子村去了，村主任张敏正是那个主角张万生的孙子，我问他知道他爷爷当年演出《苦尽甜来》吗？他说不知道。我说他爷爷当时的演出很轰动。后来我又找了两个当时的演员，当年他们十二三岁。有个演员说："当年让我当小姑娘我也不愿意，我男的不愿当女的。"后来张敏还在网上发了一篇怀念安波的文章，所以我觉得应该到那个地方去采访一下。林西的天主教堂当时是冀察热辽的后方医院，抢救了不少伤员，也是当时普及群众文化的一个点，这不简单。

我再跟你讲一个创作，海默的歌剧《十五的月亮》是在宁城的那拉碧流创作的。海默是个才华横溢的人，他曾经写过《敖包相会》，还有电影《草原上的人们》。

《十五的月亮》是怎么写出来的？宁城县的那拉碧流村是个蒙古族、汉族杂居地带，《十五的月亮》反映了蒙古族人如何摆脱贫困，与封建斗争，走向幸福生活的情景。这首歌创作出来以后，海默听取内蒙古自治学院的蒙古族同志的意见后又有改动。海默还写了两部蒙古剧，也受到蒙古族同志的欢迎。

他的创作也是深入群众当中，为人民群众而歌，为人民群众而舞，我觉得这是个很好的典型。《十五的月亮》的前言写得很漂亮，写到了鲁艺学员旺亲拉西为他制作插图，许直搜集民歌、记录民歌以及对原生态民歌进行改编等故事，把一个文艺工作者如何到民间采风、如何搞创作写得很清楚。

鞠红耘：谢谢李老师带给我们的精彩讲解。

鲁艺杰出教师

采访时间：2020 年 4 月 25 日
初稿时间：2021 年 6 月 20 日
定稿时间：2022 年 8 月 10 日
采访地点：赤峰市图书馆"赤峰记忆"拍摄现场
版　　本：文字版

李宝祥速写

乌云高娃：各位朋友，大家好！今天是 2020 年 4 月 25 日，这里是赤峰市图书馆"烽火草原鲁艺人"的拍摄现场，今天采访的嘉宾是李宝祥老师。您好，李老师。

李宝祥：你好。

一、赵毅敏的故事

乌云高娃：草原鲁艺办学时间比较短，但在鲁艺师生中确实涌现了一批杰出人物，其中有两位先后担任了院长，请您说说这两位院长的情况。

图 1 李宝祥（左）接受"赤峰记忆"采访

李宝祥：我觉得草原鲁艺之所以办得红红火火热热烈烈，与首任院长赵毅敏和继任院长安波两个人的关系非常大，他们对于草原鲁艺功德无量。

我先给你讲讲赵毅敏。赵毅敏在延安鲁艺时期，就是主持工作的常务副院长。赵毅敏是从莫斯科东方大学毕业的大学生，善于团结群众，和知识分子在一起也不摆架子，和人民群众同呼吸、共患难。

他有一个举动备受赞赏，抗日战争时期的延安，因为国民党的封锁，各种物资奇缺，非常困难，老百姓的负担很重。在这种情况下，我们的干部懂得和群众心相连，和他们进行沟通，解决这方面的困难。当然总的来讲，搞大生产运动我们要生产自己的粮食，摆脱国民党的封锁。那么问题就是怎么和人民群众沟通。赵毅敏领着鲁艺的人，领着中央办公厅宣传部的那些人，扭起了陕北大秧歌，这一点不简单。扭陕北大秧歌就和人民群众的感情贴近了，关系缓和了。

新中国成立以后，赵毅敏曾经担任中共中央对外联络部副部长。

赵毅敏无论是在鲁艺，还是在对外联系上都做了很多的工作，另外他善于和知识分子融合在一起，可以说是知识分子的贴心人。草原鲁艺为什么能建起来，因为赵毅敏把延安鲁艺的那些艺术家们都留在了热河，才建起了草原鲁艺，没有他，草原鲁艺也建不起来。

二、安波的故事

乌云高娃：那接下来请您再讲讲安波院长。

李宝祥：安波不是专职搞民间音乐研究的，他是领导，从陕北一直到昭乌达盟、辽宁，官是做得越来越大，但是民间音乐这一方面他从来没有放弃。他都是在业余时间研究，像到喀喇沁搞土改，白天搞土改，夜间深入牧民当中搜集民歌。他对蒙古族民歌是很向往的，他在陕北的时候就听了吕骥从归绥（也就是现在的呼和浩特）搜集的一些民歌，很受感动，说蒙古族是个伟大的民族，是音乐的民族、能歌善舞的民族。

《我的祖国》的作曲者刘炽从伊克昭盟搜集了一些民歌，安波听了说："我什么时候能到草原深入生活？"后来终于这个机会来了，他到了咱们草原，他在赤峰待了仅三四年的时间，就搞了两部民歌集。安波在这里整理抢救出《蒙古民歌集》《东蒙民歌选》，可以说是开创了抢救少数民族地区音乐的先河。另外，他到东北又出版了《东北民歌选》。后来到越南当文化专干的时候，又出版了《越南民歌选》。

文艺工作者要在文艺创作上、思想道德上追求卓越，我认为安波都做到了。他配合政治运动、土改斗争写了很多的作品。人品这一方面也是很好的，我给你举一个例子，他到了咱们赤峰，有人介绍这就是大作曲家、《兄妹开荒》的作者安波同志，著名人物。安波很谦虚，他说："这个作品是陆由、王大化、李波编创的，我是作曲的，我编的曲子来自劳动人民，这个曲子应该是属于党的。"

草原鲁艺建立以后，从全国各地，包括从农村、牧区来了好多人，他都亲自赶着大车去接。有人问你们院长在哪儿呢？当时认为他是个伙夫、车老板、勤杂工，因为他穿着破衣，戴着皮帽子，不像一个当官的样子。安波说："我就是安波。"这些学生看了以后都很惊讶，赫赫有名的大作曲家安波竟然是这个样子。可见他的作风是很清正廉洁的。

他这个人对自己的要求比较严格，比如说他抽烟抽得很厉害，在解放战争的困难时期他用棉花团子卷烟抽。他业余创作的时候要抽烟，有时候勤务员给他拿两包烟，他宁可忍受着不抽也不要。后勤的人说："如果领导们都这样，那我们的工作就好做了。"

他在鲁艺的时候，请师生们一起上饭馆吃饭，都是他掏钱。有一次有一帮师生搞恶作剧，到一个饭馆里多要了几个菜，安波觉得带的钱不够，马上就回去拿了，实际上大家是捉弄他呢，钱已经付了。这个人从人品、创作上来讲都是很好的。他在陕北创作了《兄妹开荒》，在赤峰搜集民歌，创作了歌曲《红太阳照草原》，到东北也写了一些东西，如编了电影《春风吹到诺敏河》，在蒙古族歌剧这方面也做了很多的贡献。

1964年，安波任中国音乐学院首任院长。这个时候他在考虑中国民族音乐体系应该怎么建立。他是《东方红》舞蹈史诗音乐组的组长。

三、骆文与王淑耘的故事

乌云高娃：草原鲁艺发挥出了表率作用，除了领导以外还有教务长、秘书长、多位系主任，他们也产生了深远的影响。整个草原鲁艺办得非常好，红红火火，与院长有关系，和各个系主任精诚合作、团结一致也有很大的关系。请您讲一下他们的故事。

李宝祥：我先给你讲骆文同志。骆文从事剧目创作比较早，后来到了延安鲁艺，是文学系的一个教师。他到草原鲁艺以后一直担任教务长、文学系主任。草原鲁艺文学系的办学成果是比较大的，培养的学生有好多是各地文艺期刊的主编，他们都对骆文的为人很敬仰。另外，他从草原鲁艺走了以后，率领70多个人到了武汉，在武汉建立了中南人民艺术剧院，排出了很多剧目，20世纪50年代到北京汇报演出。

骆文同志回到武汉以后，又带领了一个采风组到江西的革命摇篮井冈山采风，搜集了一些江西古老的革命民歌，而且创作了《歌唱井冈山》。他最突出的贡献是率领中国作家代表团到波兰去访问，后来深入大兴安岭生活，写出一部长篇小说《桦树皮上的情书》。作为取材于18世纪至19世纪波兰史的一部小说，受到了波兰人民共和国的表彰并被授予勋章。

骆文同志德高望重，是湖北省文联主席、中国作家协会武汉分会主席。在纪念草原鲁艺成立40周年的时候我见过他，他亲自主持活动。草原鲁艺有一些资料作品，还有回忆录，都是在他的领导策划下搞出来的，这是骆文生前对草原鲁艺最大的贡献。他常常在文章中怀念这个地方，讲忘不了过了封锁线到林西的情况，忘不了在林西冬天战严寒的情况，忘不了在新邱、那拉碧流战鼠疫的情况。他说："那拉碧流是我们的摇篮，什么时候我一定要回去，看一看那里的父老乡亲。"他是《冀察热辽文艺兵》第二辑《鲁艺战斗生活回忆》主要策划人。我今天之所以能编写《烽火草原鲁艺人》，也是在他那个资料基础上来进行创作的，所以应该感谢他。

我再说一说骆文的妻子王淑耘。我在写《烽火草原鲁艺人》的时候，想要到武汉去，因为武汉有70多位鲁艺人。文化局领导说，你这么大年纪，可别再自费跑了，带上你的老伴去武汉吧，我们也放心。乘机到武汉一定要访问王淑耘，她已经93岁了。王淑耘是延安鲁艺文学系的学生，跟着骆文到了赤峰。她是《冀察热辽日报》和《群众日报》的副刊主编，她在任副刊主编期间发表了很多关于草原鲁艺人与事的作品，也写了很多关于草原鲁艺师生创作的作品，所以她也是一个历史的见证者。

但是采访她也不是那么容易，因为老人已经93岁了，身体多病，坐着轮椅。我们能不能去？她能不能受得了？采访当中发生意外怎么办？这些情况都有可能遇到，因为人一激动可能就会出现这些问题。在湖北省戏剧家协会副主席，也是武汉草原鲁艺校友会会长黄毅的游说下，湖北省作家协会破例允许我们去采访她，并且安排她的小女儿王丹丹接待我们。到了她家以后，王丹丹首先接待我们。我问王丹丹:"你为什么叫王丹丹?"她回答说:"我是在乌丹生的。"我说:"那你后来去过乌丹吗?"她说:"我没去过。"我说:"那可是龙的故乡,现在你再去那个地方可不是当年的那个地方了。"

见面后,王淑耘讲述了发表的那些作品,那些人、那些事记得非常清楚。她向我们也讲述了很多关于草原鲁艺的事。最后我们怕她劳累,匆匆就结束了采访。

作协要安排我们中午吃饭,王淑耘一定要陪我们去,当时我们还有宁城县文史委主任索平安都很着急,怎能让老人家坐到轮椅上陪我们呢,我们一再拒绝。黄毅先生说他们都是老同事了,很了解她的性格,他说:"宝祥,既然王老这么坚持,作协这么安排,就听她的吧。"她的保姆和王丹丹推着她从二楼到一楼,又推了几十米的羊肠小道到作协的宾馆陪我们吃饭。我们觉得非常感动,这个精神是什么精神,就是草原鲁艺的精神,这就是平易近人的品格。

我采访以后,这位老人第二年就病故了。她病故以后,她的儿女给她编了一部图志,叫《延河伴侣——骆文王淑耘图传》,反映了他俩在延安、在草原鲁艺、在湖北工作生活的大型画册,并给我邮来一本,看后,我感慨很深。

四、乔振民与陈星的故事

乌云高娃:请您再讲一讲乔振民的故事。

李宝祥:乔振民是冀察热辽军区文工团总团政委,东北鲁艺党总支书记,也是草原鲁艺党的工作负责人。他和安波他们并肩战斗。热河被国民党占领以后,他们到热东躲避的时候,住在一个老百姓家里,老百姓家只有一间有顶的房子,有一间房子没顶,家里的年轻人想腾出来那间有顶的房子让他们住,自己上别的家住去。安波和乔振民他俩不同意,两人就住在一间露天的房子里头,铺上一层稻草,看着天上的星星。那时候随时都有战斗,在鲁艺不是单纯地学文艺,还得随时和国民党斗争,鲁艺还组织一个小队在这儿,所以安波他俩绝对不能走。

乔振民在安波晚上创作的时候常常点松明灯,一开始是勤务员举着松明灯,举累了，勤务员也困了，乔振民就拿过来自己举着，继续让安波在那儿创作。

乔振民后来是沈阳音乐学院党委书记，他经常考虑如何给知识分子提高待遇，让他们高高兴兴地工作，做了很多政策方面的调整。他请外地专家到那儿讲学，对音乐学院的建设起了很大的作用，也做了很多其他方面的工作，所以乔振民在沈阳音乐学院是德高望重的领导。

他的妻子是陈星，少艺班的班主任，她原来住沈阳，现在搬到厦门去了。打听到她在厦门的地址以后，我就把《烽火草原鲁艺人》给她寄去了。我在《烽火草原鲁艺人》中附了她当年写的培训少儿艺术班的情况，她文笔不错。我将书寄给她后，她的女儿说她90多岁了，还是一篇一篇地看，看个没完没了。她女儿给我回电话："李叔，我妈很高兴，看到你这本书，她一定要看，我们也不让她看，那么大岁数看啥，但是挡不住她，我妈让我给你打电话表示感谢。"后来她还亲笔给我写了感谢信。

乔振民还有一个特点，很体贴下属。短训班主任汪洗是国民党起义人员，他也算著名的戏剧专家，生活遇到困难了，这个事乔振民知道了，乔振民觉得应该给他解决，所以通过冀察热辽分局，和东北地方部队的领导沟通后，给予他一定照顾。乔振民晚年的时候，出于与安波长期相处的情感，他要写一部电视剧《音乐家的足迹》，家里的小孩、老伴都不让他写了，这么大岁数了还写什么，他说安波这个人他一定要在有生之年写出来，他们的感情太深了。稿子是写出来了，最后他也累垮了，抢救了一阵子，最后也没抢救过来，很多人给他送了挽联。

乔振民曾经到中国人民大学马列学院学习过，组织把他安排到北京大学当教授，后来又被安波要回来。

五、程云、高庄、严正、杜印的故事

乌云高娃：李老师，是不是还有一些系主任的故事？

李宝祥：对，像程云、高庄、严正、杜印这些人都是系主任。我在写《烽火草原鲁艺人》时没有见到这几个人，很遗憾，只能依靠其他人的回忆来谈他们。

程云在陕北枣园文工团工作的时候，做了一些小提琴、二胡、京胡，得到了领导赞扬，那时候也出名了。因为就他懂乐器，到草原鲁艺后他是戏音系的主任，教授小提琴。

我给你再讲一件他亲身经历的事情。分局党委为表示对草原鲁艺的关心和重视，黄火青和赵毅敏让安波、程云他们到分局去，不知道是啥事，他们就去了。黄火青拿出一斤黄金，说是鲁艺非常困难，拿着这些黄金去购置点物品，如书刊、报纸、服装或者是道具、乐器，当时程云和安波就愣了。这些文化人很激动，当时老百姓生活是非常困难的，在这种情况下拿出一斤黄金来投入鲁艺，那是相当不简单的。领导让他俩去东北买东西，程云带着两个人还拿着枪，去买了一些图书资料、乐器，弄了几大车。现在说文化自信，其实文化战线一直是我们党不可缺少的力量，这种力量就是从老一辈那里来的。

程云到了湖北武汉的时候，担任过中南人民艺术剧院副院长、武汉人民艺术剧院院长。他也搞了很多东西，像屈原的《九歌》，还有歌剧，另外还写了一些秧歌曲牌。还有一阵子他被调到中央歌舞团当过领导。他作为大作曲家，书法也很漂亮。

中国音乐学院成立的时候，安波想把程云和他老伴莎莱，调到北京去。他俩到了北京以后，看到安波办公桌上干巴的馒头，那时安波都当院长了，还这么艰苦，也不是在解放战争的困难时期了。安波还说："我饿的时候吃点干馒头还是很充饥的。"

莎莱也是著名的音乐家，草原鲁艺戏音系的副主任。莎莱在陕北的时候是鲁艺音乐系第3期学员，她受到冼星海的赏识，独唱了《黄河大合唱》中的《黄河怨》，她是首唱者。她到咱们鲁艺来，非常认真，在这里创作了名扬中外的歌曲《纺棉花》。这首歌曲在解放区传播，后来被苏联的莫斯科国立柴可夫斯基音乐学院当作音乐教材。她也到过咱们赤峰喀喇沁旗搞过土改，学过蒙古族姑娘的服饰，还学唱蒙古族民歌。

高庄是美术系的主任，当年草原鲁艺有两个教授，一个是高庄，另一个是徐懋庸，徐懋庸是联大的负责人。高庄在北京的时候因为参加反饥饿、反内战、反迫害的斗争，被送到了内蒙古，送到咱们草原，是党组织秘密送过来的。他只带着他的儿子高康过来，他老伴早就没有了。

高庄是国徽最终的定型设计者。高庄在简陋的小屋里，在100度的灯光下，一直搞了很长时间，孩子也顾不过来了，吃口干粮或者是买个烧饼，最后他改得比较满意了。汇报的时候他对领导说，他改国徽的设计理念，是要让国徽更明朗、更健康、更庄严。他说了这些"更"，得到了全部与会者一致认可。高庄是草原鲁艺人的骄傲。

后来我在草原鲁艺40周年庆典会上见过他的儿子高康，大家一看到高康来了，高庄没来，那种感情难以言说。高康后来是北京市通县良种繁殖厂的副厂长，很可惜他没有从事文艺工作。

严正和杜印都是戏剧方面的专家，草原鲁艺演出的《兄妹开荒》《白毛女》都是他们导演的。严正是话剧表演艺术家，李默然的老师，在东北艺术剧院排练《曙光照耀着莫斯科》的时候，他对李默然的道白很不满意，说像朗诵词似的，没有进入人物。后来严正出了一本书，请李默然给他写序。他们两个人在中央戏剧学院、中国音乐学院，为新中国培养了大批戏剧人才、音乐人才，包括编辑教材，立下了汗马功劳。严正还是陕北秧歌的创始人，到咱们这儿也搞了陕北秧歌，做了很多的工作。严正在陕北排小品，编了一些剧，受到中央领导称赞。

杜印是戏剧家，他有一个代表性的作品，电影剧本《永不消逝的电波》，这是杜印和别人合作的。他还写了一部戏《在新事物面前》。杜印培养的学生还获得了飞天奖。

六、《群众文艺》期刊社的故事

乌云高娃：李老师，方才听了您的介绍，知道当时的师资力量很强，虽然硬件很软，无教材、无教具、无教室，但是软件很硬，培养出的人才可以说是新中国文化战线的脊梁和骨干。草原鲁艺的领导和教师们，培养了众多话剧、秧歌剧、戏剧的人才，他们也创立了《群众文艺》期刊，也组织农民建立了一个剧团，对革命事业的成功和新中国的成立有着不可忽视的贡献。请您讲一下这方面的情况。

李宝祥：草原鲁艺在赵毅敏、安波的直接领导下，搞得红红火火，热热烈烈，排演了很多深受群众欢迎的节（剧）目，还有一个工作就是配合解放战争。草原鲁艺搞的这些剧目所表现的生活，所表现的共产党身先士卒、清正廉洁、官兵一致的作风，有力地配合了解放战争。

我给你讲一个安波和海默的故事。安波是院长，海默是文学系的教员，比较正直，性情直爽，因为工作他俩发生分歧，海默火暴脾气上来了，动手打了安波一巴掌。事过以后他很后悔，有好多人也劝他："你去找安波道歉吧！"他说："我要去了，安波的火还没消呢，矛盾更大了。"别人说："安波不是这样的人，你就承认错误，给他台阶下，安波也好做工作。"所以他就到了安波的办公室去了，跟安波一说，安波笑了，说："我已经向分局党委承认错误了，我也有错误，没事。"

海默在北京电影制片厂当编剧，20世纪50年代因《洞箫横吹》挨整的时候，安波到北京办事，跟同去的团长说："海默现在遇到难处了，因为《洞箫横吹》挨整批判，被下放到农村劳动改造，头发也剃没了，老婆也离婚了，我们应该让他活下去，咱们请他吃顿饭，精神上给他点鼓励。"

后来他又跟负责文化宣传的领导说，《洞箫横吹》创作的时候，我们清楚，虽然他有这儿那儿的错误，但是他的意图是好的。安波是个好人，我在采访的时候这些事都得到证实。我觉得安波这个人很好，一般领导被你打一巴掌可能要记一辈子，给你小鞋穿，安波不是这样，他宽宏大量，最后还给别人解围，自掏腰包，请人吃饭，平易近人。所以草原鲁艺赢得人民群众的信任，也使人们对共产党有了深入认识。

特别是通过一系列的活动，大家看到，革命文艺的作用还是很大的，它激发了人民去斗争的勇气，积极投入解放战争当中。我们以前讲草原鲁艺辅导了24个专业文艺队伍，各个团体风起云涌地都建立起来了，为解放战争、土地改革做出贡献。

安波考虑到冀察热辽地区的群众文化活动已经蓬勃地发展起来，草原鲁艺应该有一个刊物，把这些优秀的节（剧）目刊载出来，把那些深入基层演出的事迹整理出来、编出来，这样对开展整个冀察热辽地区的工作是有好处的。

在新邱的时候，安波、海默他们漫步在原野上，安波说："现在我们要办一个刊物，这个刊物你看怎么办，请你们十天内拿出一个意见。"最后这个刊物叫《群众文艺》，也就是草原鲁艺的院刊。草原鲁艺建院40周年庆典是在赤峰宾馆召开的，我找到了刻印的原件，我在写《烽火草原鲁艺人》的时候有好多内容都取材于这里头。

《群众文艺》在1948年办了三期，当年就停刊了，结束了它的历史使命，但是为我们今天弘扬草原鲁艺精神，编写草原鲁艺这段红色革命文艺史，提供了很多弥足珍贵的史料，对我们今天了解、认识草原鲁艺起了很大的作用。

敖德斯尔

鲁艺杰出学员之一

采访时间：2020 年 4 月 22 日
初稿时间：2022 年 8 月 18 日
定稿时间：2022 年 8 月 30 日
采访地点：呼和浩特市图书馆
版　　本：文字版

萨仁托娅速写

  萨仁托娅　蒙古族，一级作家。冀察热辽联合大学鲁迅艺术文学院学员敖德斯尔和斯琴高娃的女儿，1953 年出生于呼和浩特。曾任内蒙古电影家协会副主席兼秘书长，当过知青、教师、团委书记、文学编辑等。1976 年毕业于内蒙古大学蒙古语言文学系，后被分配到教育系统工作。20 世纪 80 年代后先后在《内蒙古人民防空》《北国影剧》（后改名为《内蒙古艺术》）担任编辑、编辑部主任、副主编等。其间，在上海戏剧学院戏剧文学系少数民族编剧班任辅导员并进修。从 1981 年开始发表报告文学、散文、戏剧影视作品及戏剧评论等，并翻译过多部文学作品。创作、翻译作品达 200 多万字。

  中国作家协会会员、中国戏剧家协会会员、中国编剧协会会员、内蒙古翻译家协会会员、内蒙古小作家协会名誉副主席；内蒙古师范大学文学院兼职教授；内蒙古司法戒毒系统"爱心使者"，内蒙古老牛慈善基金会理事。

现为内蒙古自治区党委宣传部电影电视审查委员会委员，内蒙古自治区广电局影视剧专家评审委员会特聘专家，内蒙古自治区民族事务委员会电影电视审查专家。

主要文学作品有：《静静的艾敏河》《远去的战马》《草原之子——廷·巴特尔》《牛玉儒——一个人和他热爱的土地》《国家的孩子》《牧野无歌》《名人和他的母亲》《母亲，我心中永远不能淡忘的记忆》《敖德斯尔和他的母亲》《星的天空》《悠远的马头琴》等，另有数篇影视评论、散文等散见于《上海艺术家》《剧稿》《北国影剧》《内蒙古文化》《草原》《北方新报》《内蒙古日报》《内蒙古艺术》等报纸杂志。影视作品有：《静静的艾敏河》《将军的儿子》《骑兵骑兵》《潮起瓯江》《英雄梦》《国家的孩子》《牧村诊所》《巴特尔的五个秋天》《响泉》《仙女湖》等。

长篇报告文学《草原之子——廷·巴特尔》获中宣部精神文明建设"五个一工程"奖，自治区"五个一工程"奖特别奖；电视剧《静静的艾敏河》获中宣部精神文明建设"五个一工程"奖，自治区"五个一工程"奖特别奖，全国少数民族"骏马奖"长篇电视剧一等奖、最佳编剧奖，全国少数民族题材电视剧评比一等奖等多个奖项。动画电影《国家的孩子》获第六届全国动漫"金龙奖"最佳动画电影短片一等奖；电影剧本《仙女湖》获第十五届中国电影文学"夏衍杯"成长剧本奖；长篇小说《静静的艾敏河》、长篇报告文学《国家的孩子》获"索龙嘎"奖；电影剧本《牧村诊所》获第二届全国电影剧本"凤凰杯"大赛一等奖、内蒙古第一届《草原新剧本》"优秀剧本奖"。35集电视连续剧剧本《骑兵骑兵》获自治区"优秀剧本奖"。电影剧本《江布拉大夫》获第一届内蒙古"优秀剧本大赛"二等奖。4集纪录片《心愿》获内蒙古自治区"五个一工程"奖。另有作品获得中国戏剧文学学会银奖、创新奖，中国曹禺戏剧文学小戏小品三等奖，华北五省戏剧理论研讨会优秀论文奖，内蒙古文学创作第六届"索龙嘎"文学翻译奖，第八届、第九届文学创作"索龙嘎"奖、内蒙古艺术创作"萨日纳"奖等多个奖项。

阿·敖德斯尔（1924—2013）　蒙古族，1924年生于赤峰巴林右旗。1946年5月参加革命，1946年10月参加中国人民解放军，1947年9月加入中国共产党。历任内蒙古骑兵部队团政治处主任、师宣传队队长、宣传科科长、军区文工团团长等职。1957年10月从部队转业后，历任内蒙古作家协会副主席、主席，内蒙古文联副主席，内蒙古文联和作家协会名誉主席，中国文联委员等职务。中国作家协会第三、四届理事，第五、六届全国委员、名誉委员，中国少数民族作家协会理事。1948年开始文学艺术创作，1956年加入中国作家协会和中国戏剧家协会，1984年被评为一级作家。

在半个多世纪的创作生涯中，共创作各类文学作品600多万字，其中不少作品被翻译成英、法、日、意、朝鲜、哈萨克等文出版，多部作品被选入中小学教科书。1992年获国务院政府特殊津贴，1996年获内蒙古自治区首届文学艺术杰出贡献奖，奖金全部捐给内蒙古文学创作基金会，设立"敖德斯尔文学奖"。

代表作有：长篇小说《骑兵之歌》《血和泪的爱》《岁月》；中、短篇小说《遥远的戈壁》《撒满珍珠的草原》《蓝色的阿尔善河》《生命之光》《历史的回声》《月亮湖的姑娘》《时代性格》《布谷鸟的歌声》《敖德斯尔小说选》等（蒙汉两种文字发表、出版）；短篇小说《阿力玛斯之歌》《老班长的故事》《欢乐的除夕》《水晶宫》《东格尔喇嘛》等80余篇；散文、随笔150余篇；文艺理论文章100余篇；电影剧本二部；话剧、歌剧三部；《敖德斯尔文集》汉文版12卷、蒙古文版10卷；短篇小说集《银色的白塔》，儿童文学集《钢宝鲁寻母历险记》等。电影文学剧本《骑士的荣誉》《蒙根花》《战地黄花》被拍摄成影片。

《草原民兵》获全国独幕剧会演三等奖；《小钢苏合》获全国儿童文学三等奖；《骑兵之歌》获全国第一届少数民族文学奖；小说集《月亮湖的姑娘》获全国第三届少数民族文学奖、全国少数民族图书奖；10卷本《敖德斯尔文集》（蒙古文）获第十二届中国图书奖；论文集《敖德斯尔研究专集》《生活与创作实践》，蒙古文、汉文版《敖德斯尔文集》分别获第一、三届全国少数民族文学奖（"骏马奖"）；《蓝色的阿尔善河》获内蒙古首届"索龙嘎"文学创作评奖一等奖；《东格尔喇嘛》获全区改革题材文学奖一等奖。多次获内蒙古自治区文学创作

"索龙嘎"奖、艺术创作"萨日纳"奖。

刘锦山：各位朋友，大家好！今天是 2020 年 4 月 22 日，这里是呼和浩特市图书馆。我们在赤峰市图书馆"烽火草原鲁艺人"项目的拍摄现场。我们今天邀请到的嘉宾是萨仁托娅老师。

我们这个项目是赤峰市图书馆的项目，因为几位草原鲁艺的专家和嘉宾年龄比较大，他们住在呼和浩特，所以我们借用呼和浩特市图书馆来进行拍摄。

萨仁托娅是草原鲁艺学员敖德斯尔和斯琴高娃老师的女儿，今天我们邀请萨仁托娅老师介绍一下她的父母在草原鲁艺的学习生活以及离开草原鲁艺后的发展情况。

您好，萨仁托娅老师！

萨仁托娅：您好。

图1　萨仁托娅（左）接受"赤峰记忆"采访

一、笔耕不辍

刘锦山：首先请您给大家介绍一下您自己的经历。

萨仁托娅：我 1953 年出生于呼和浩特的军队医院，小学、初中都是在本地念的书。6 岁时，母亲给我讲故事，常常是讲着讲着就睡着了，我又叫醒母亲，缠着她接着讲。当时父母都挺忙的，于是父亲就给了我一本新华字典，教我查字，此后我便自己看书。小学时，我家隔壁是《草原》编辑部，每每放学回来，我就搬着小板凳去开挂锁，我的理想就是和这些叔叔阿姨一样从事文字工作。中学毕业后，我下乡当了知青，又上了内蒙古大学蒙古语言文学系翻译专业。大学毕业后，被分配到呼和浩特市师范学校。首届蒙古语师资班招收小学老师，我就去那儿当班主任，用蒙古语授课，从那时候开始我在教育系统工作了几年，也当过团委书记。

刘锦山：后来怎么没去《草原》编辑部呢？

萨仁托娅：当时父亲是文联的领导，母亲是作协的领导，父亲为人正统，他说一家三口在一个单位不合适，但是他支持我业余创作。后来我写了一篇报告文学，但发表后社会上就说是父亲帮我写的。那时候我年纪小，不谙世故，一气之下去写电影剧本了。因为我父亲不写剧本，省得让别人议论。但我还是喜欢编辑行业，一心想圆儿时的梦想，便去了文化厅主办的戏剧影视刊物《北国影剧》做编辑，其间我还抓住机会去上海戏剧学院进修了。

刘锦山：那您是从什么时候萌生

图 2　萨仁托娅

了写《骑兵骑兵》的想法？

萨仁托娅：真正对父母的故事感兴趣是父亲有一天跟我说："这么多电视剧都没有人把我们内蒙古的骑兵搬上荧幕，我们内蒙古的骑兵在新中国成立的过程中，立下了赫赫战功。"我听了以后，心里一下子就被触动了。我干了一辈子影视，想帮父亲完成这个心愿，我请父亲跟我讲述一下那个年代的故事。起初，他推荐我去看《骑兵之歌》，而后我又自主去读父亲的作品。我认识内蒙古文学界、理论界的很多前辈、老师，他们对我父亲的评价特别高，说我父亲创造了内蒙古新文学的四个第一：1948年他与人合写的蒙古文独幕剧《酒》是自治区蒙古族作家创作的第一个剧本；1952年发表的蒙古文短篇小说《枣骝马的故事》和第二年发表的蒙古文中篇小说《草原之子》又分别是蒙古文中、短篇小说中的第一篇；1956年发表的儿童文学《小钢苏和》也被评论家认定为蒙古文儿童文学的第一篇。这四个"第一"充分说明他被称为"蒙古族新文学的奠基人之一"当之无愧。

有一回，乌兰部长把康洪雷导演和我叫过去，说要拍一个骑兵题材的电视剧，然后我就开始编剧。在这个过程当中，我翻阅了大量的内蒙古骑兵历史，这是一部宏大的、伟大的历史。我几年的时间完全沉浸其中，这里面有一小段就是父母在草原鲁艺的经历。

实际上内蒙古前前后后一共有七个骑兵师，我看史料的时候就觉得特别乱。当时我父母也是骑兵部队的一员，我凭借史料推断父母是四师，结果我一问，父母都说是三师的。我父亲是二十三团政治部主任。我问我父亲，为什么他们骑兵部队总是不停地整编？他说骑兵跟其他兵种不同，他们是冲在最前头的，举着马刀近距离斩劈、擅长突袭、奔袭，不善打阵地战。枪也是马枪，枪身短，射程也有限。正因如此，损失特别大，打一次，一个连的战士和战马就会损失将近三分之一，因为战员缺失很多所以就得整编。

后来电视剧由于资金问题没拍成，我就把剧本改成了一部长篇小说，难点在于战争描写。写剧本的时候只要将战争背景、人物和地形描述清楚后交给导演，其余的由导演设计安排就可以了，但写小说的时候你就不能一笔带过，得写具体怎么打仗，我不得不将打仗的内容删去了很多。原来电视剧叫《骑兵骑兵》，但是改成小说以后你老不打仗，叫《骑兵骑兵》也不贴切，就改叫《远去的战马》了。

刘锦山：您现在的工作单位是什么？担任什么职务？

萨仁托娅：我是从内蒙古电影家协会退下来的，之前是协会副主席兼秘书长，也是中国作家协会会员、中国戏剧家协会会员及内蒙古翻译家协会会员。

刘锦山：目前为止创作了多少作品？

萨仁托娅：能叫得上名字的大概四五部吧。譬如比较出名的写三千孤儿的《国家的孩子》，获得中宣部"五个一工程"奖的《静静的艾敏河》，包括刚刚谈到的《远去的战马》，以及《草原之子——廷·巴特尔》和《牛玉儒——一个人和他热爱的土地》等，其实我还是写电视剧剧本比较多。

图3　萨仁托娅《静静的艾敏河》书影　　图4　萨仁托娅《国家的孩子》书影

二、父母故事

刘锦山：接下来请介绍一下您父亲敖德斯尔老师的情况。

萨仁托娅：我父亲出生于巴林右旗白塔一个非常富有的家族，具体住址汉语叫乌兰少冷。有一片山水名叫阿民布合沟，是以我爷爷的名字阿民布合命名的，也就是这一片都是我们家的地，相当于当地首富了。

我奶奶是巴林左旗的一个台吉（贵族）家的公主，因为她们家是贵族，家里给她的两个哥哥请了家庭教师，因此我的奶奶也跟着学了文化。但是她们家不知道什么情况没落了，她就嫁到巴林右旗我爷爷家了。

我父亲十岁那年，到家乡一所学校上学。我父亲说条件特别苦，去那儿以后一天二两小米，根本吃不饱，另外炕也是冷的，一年级上了一个学期以后他就不愿意上了。牧民们都不愿意把孩子送去，当时的伪满政府就按户口强迫所有学龄儿童必须上学，进行奴化教育。富人家的孩子不愿意去，就雇穷人家的孩子顶替。我爷爷有钱，就雇了一个穷人的孩子替我父亲去上学。有意思吧？穷人的孩子上学，富人的孩子不去。我奶奶告诉我父亲说，还是得读书，苦是苦，但是有文化就不一样，你的眼前会有一个无限美好的世界。她还用蒙古族的俗语来教导父亲，说你有再多金银财宝，被人抢了，便一无所有；你有再多的牲畜，一场暴风雪，便一无所得；只有你学到的知识一辈子跟着你，谁也夺不走。

我父亲经常给我讲这个事，说我奶奶太伟大了，所以我也特别感动。我父亲克服了怕吃苦的心理，去巴林右旗林东街伪满办的高小完成了学业，后来又到伪满在王爷庙（现乌兰浩特）的兴安学院上学，他的理想是将来长大以后回到家乡当老师。这时候共产党来到了内蒙古草原，当时有点家底儿的一部分人跟着国民党跑了，其余的广大农牧民都倾向于共产党。所以整个内蒙古草原都支持共产党。我父亲是十七八岁的热血青年，积极参加了革命。突然有一天，他糊里糊涂被派到二十三团当政治处主任，后来才知道那是和子章的部队，共产党从延安派来的干部要改造这支部队。我父亲家跟和子章家沾亲带故，上级便派了父亲到二十三团做工作，从此以后他就参了军，打了很多仗。

图5 敖德斯尔

后来，父亲因故遭受冤屈，还进了监狱。我父亲出来以后部队已经南下，他的职位也安排了别人。于是他和另外一个同志被安排到五岔沟去劳动，父亲发现这里全是犯人。后来，父亲和那位叔叔决定回家当牧民。我父亲回家以后，由于土地改革期间被划成牧主成分，家里被整得很惨，他待不下去又返回了部队，找了后来的内蒙古军区政委刘昌，他是父亲的入党介绍人，一位老红军。刘昌觉得父亲有文艺天赋，正好要往草原鲁艺派一个小分队去学习，就让他带队前往。父亲便带领着男男女女二十多人一同去了草原鲁艺。

父亲是独子，小的时候独自一人在广阔的草原上常常感到孤单。这时候奶奶就给他唱各种民歌，东部民歌都是叙事民歌，一唱能唱一宿。到了草原鲁艺以后老师们觉得学员们唱的民歌很优美，可是老师们不懂蒙古语，父亲虽然懂汉语却不懂汉字，只能口述，老师们便按他说的翻译出来。

父亲常说在草原鲁艺的时间虽短，但奠定了自己一辈子的志向。第一，他发现自己喜欢文艺；第二，他深知自己成分不好，所以一辈子远离仕途，成为一名作家。他在鲁艺的时候就开始写歌词、小戏、蒙古文戏等，如《草原民兵》《乌恩山》《达那巴拉》《爱马歌》《骑兵之歌》《立功歌》，等等。

著名评论家刘成老师曾专门写了评论，探讨为何他的歌词、戏文没传承下来，原因之一是他的歌词全都由蒙古文写的，没有人把它翻译成汉文；原因之二是新中国成立以后骑兵就剩了一个骑五师，其他的骑兵师全都解散了。骑兵要么

图6 敖德斯尔《敖德斯尔短篇小说选》书影

图7 敖德斯尔与斯琴高娃合著的长篇小说《骑兵之歌》书影

图8 萨仁托娅与父亲敖德斯尔

敖德斯尔：鲁艺杰出学员之一

是当干部，要么是回家当了牧民，没有传唱下来的途径。前段时间，我看到搜集来的民歌里有父亲的歌，但鲜有人传唱，即便有人会唱，也认为它是民歌，没人知道那是父亲创作的了。

刘锦山：萨仁托娅老师，您刚才介绍了您父亲敖德斯尔老师的情况，接下来您再介绍一下您母亲斯琴高娃老师的一些情况。

萨仁托娅：我母亲是她们村的小明星，她从小歌唱得很好。蒙古族有聚会、婚礼的时候经常会请她去唱歌跳舞助兴。14岁那年，她有个当兵的舅舅回家来取衣服，母亲就跟着舅舅参军到了部队。

图9 萨仁托娅与父亲敖德斯尔、母亲斯琴高娃

母亲跟父亲是在草原鲁艺相识的，她从军政大学被抽调到骑兵三师宣传队当小演员，后来去草原鲁艺学习，一开始他们就一起合作。那时候我父亲汉文不行，母亲就帮他翻译，将歌词抄写下来。后来我父亲开始自己用汉文写作，他是内蒙古第一个用蒙古文、汉文都能创作的作家。

三、血脉相传

刘锦山：您姊妹几个？

萨仁托娅：我们姊妹三个，我是老大。我小时候跳舞跳得好，还上过电影。北京舞蹈学校来这儿招演员的时候，当时的文化局局长布赫和我爸妈说孩子跳得这么好，送她到舞蹈学校吧。母亲舍不得，我年纪也小，就没去。

老二身体弱，小时候得了贫血症，心脏也不好，我妈不舍得让她下乡。我在农村那会儿干活弄得手上、肩膀上都是血泡，我妹妹每次见都哗哗掉眼泪。她中学毕业正好赶上文艺界在搞文艺会演，巴彦淖尔盟歌舞团看中了我妹妹，就招她进团当了一名舞蹈演员。她从小喜欢画画，小学三年级时的一幅画还登上了报纸。我父亲嘱咐她说：舞蹈演员的艺术寿命很短，你一定要坚持画画，不要放弃！后来天津美术学院到巴盟招生，招生老师去看那达慕，正好跟她们歌舞团的一个男同志住同一间招待所，那位男同志引荐了我妹妹。招生老师说先看看，一看就认为有天赋给招走了，她顺利地上了天津美术学院。后来妹妹去了《民族画报》当美编，一直到退休。

小妹妹继承了我妈妈的好嗓子，从小就唱得好。但小妹妹没赶上好时候，当年我爸挨整，我们全都没有出路，后来南京军区文工团来呼和浩特市招生，招了两拨，没招到合适的人。我听说了以后，就领她去了，到那之后那个招生的人正眼都不看她，因为那时候我妹妹才15岁，又瘦又小很不起眼。但她一开嗓子，

图10 "文革"结束后全家合影（从左到右依次为小妹妹乌日罕托娅、萨仁托娅、母亲斯琴高娃、父亲敖德斯尔、大妹妹舒仁托娅）

把在场的人都震住了，就这样破格将我妹妹录取了。她当了文艺兵，一直在南方的部队，后来调到内蒙古军区文工团当歌唱演员。

  当初父母说绝对不让我们搞文艺，但那个时代我们无法按部就班地上学，只好根据自己的特长找工作。后来我们还是都搞了文艺，我算一个作家，老二是画家，老三是歌唱演员。老三如今还在北京唱歌，经常去"草原恋合唱团"参加演出。我们姐妹三个就是这样，也算是家族传承。

  刘锦山：萨仁托娅这个名字是什么意思？

  萨仁托娅：萨仁是月亮，托娅是霞光，萨仁托娅可以说是月光的意思。

  刘锦山：萨仁托娅老师，谢谢您接受我们的采访。

斯琴高娃

鲁艺杰出学员之二

采访时间：2020年4月22日
初稿时间：2021年8月18日
定稿时间：2021年9月18日
采访地点：呼和浩特市图书馆
版　　本：文字版

斯琴高娃速写

  斯琴高娃　蒙古族，1933年9月生于内蒙古哲里木盟科尔沁左翼中旗。离休前为内蒙古作家协会秘书长，中国作家协会会员、内蒙古作家协会理事。

  1947年参加革命，先后在乌兰浩特内蒙古军政大学、冀察热辽联合大学鲁迅艺术文学院学习，曾在校文工团、骑兵三师宣传队及内蒙古军区文工团当演员。1953年9月从部队转业到内蒙古自治区政府监察厅、党委监察委员会、宣传部等单位工作。1956年加入中国共产党，1959年9月入内蒙古大学中文系汉语专业深造。

  从小爱好文学，与丈夫敖德斯尔共同创作了《骑兵之歌》等不少长、中、短篇小说，并将多部蒙古文作品翻译成汉文。创作的作品有：《小路》（短篇小说）、《乌兰托娅的开始》（短篇小说）、《骑兵之歌》（长篇小说，合作）、《血和泪的爱》（长篇小说，合作）、《遗嘱》（中篇小说，合作）、《云青马》（中篇小说，合作)、《狗坟》(中篇小说,合作)。翻译的作品有:《新春曲》(短篇小说)、《老车夫》(短篇小说)、《含泪的笑声》(中篇小说)、《风,在草原上吹过》(短篇小说)、《欢乐的除夕》(短篇小说)、《井边上》(短篇小说)。

《骑兵之歌》获第一届全国少数民族文学奖。

◉

刘锦山:各位朋友,大家好!今天是2020年4月22日,这里是呼和浩特市图书馆。我们在赤峰市图书馆"烽火草原鲁艺人"拍摄现场,我们今天邀请到的嘉宾是草原鲁艺学员斯琴高娃老师。您好,斯琴高娃老师!

斯琴高娃:您好。

图1 斯琴高娃(左)接受"赤峰记忆"采访

一、个人经历

刘锦山：非常高兴您能接受我们的采访，首先请您给大家介绍一下您的个人情况。

斯琴高娃：我是 1933 年 9 月 25 日生的。我的父亲在当地伪满政府做职员；母亲是个家庭妇女。我小学上到六年级还没有毕业的时候共产党收复通辽，父亲跟了共产党，担任科尔沁左翼中旗的旗长。

国民党快到通辽的时候，父亲就往后撤，撤到北山一个叫爱玛拉吉的农村。那里偏僻，连个学校都没有，我们一天到晚就是玩。正好那时候，有一个远房的舅舅从军政大学来取冬衣，我就跟那个舅舅说，你把我带走吧，带到王爷庙（现乌兰浩特）到你们学校或者是什么学校，我想上学。我那个舅舅就跟我父母说了，得到父母应允后，他就把我带到王爷庙（现乌兰浩特）去了。原来我想上一个中学，没承想直接把我弄到军政大学了。

那个时候生活特别苦，因为王爷庙（现乌兰浩特）天气冷，宿舍里头是大通铺，吃得又不太好，种种恶劣条件堆积在一起，我就开始想念待在家里的时光。但想家也不敢说，更不敢哭出声，只得黑夜躲进被窝里悄悄哭，不过还是坚持下来了。

内蒙古自治政府[①]成立以后我参与拍戏，演了《送郎参军》里头的一个小姑娘，学校看我会演戏，歌唱得也挺好，就把我留到学校的文工队了。后来，学校把文工队撤了，把我们介绍给了内蒙文工团（后改为内蒙古歌舞团[②]）。正好这时候招兵的来了，我就求那个人，说我想当兵，把我带走吧。

他是负责招文艺兵的，我又会唱歌又会跳舞，但他拒绝了，说我年纪小，部队很苦，怕我受不了，哭鼻子。我跟他保证我绝对不哭，他觉得我这个小孩很有

[①] 内蒙古自治政府于 1947 年 5 月 1 日在王爷庙成立，乌兰夫为政府主席。同年，王爷庙改称乌兰浩特。

[②] 内蒙文工团于 1946 年 4 月成立。

决心就把我带走了。当时去了四师政治部所在地林东，可是招来的一帮小孩都没有文艺基础，于是政治部想出了个办法，就是把我们送到鲁艺去学习。

二、鲁艺之旅

刘锦山：请您再详细介绍一下您在鲁艺的情况。

斯琴高娃：我15岁到鲁艺学习，正逢1948年旱灾。我们在鲁艺吃的是小米粥，说是小米粥，实际上是米汤，豆角和小米混到一块儿，好几缸。我们蒙古族的男生也好，女生也好，可老实了，抢不过人家，也不懂得抢。后来老师们知道了，说这样不行，少数民族的同志应该照顾，就单独给我们弄一个缸。

但米汤终究是喝不饱，排练节目时身上没劲，我们就到玉米地里掰乌米[①]吃，乌米刚长的时候里头是硬的，味道发甜。老了以后里边是黑色或粉色，我们挑老的吃。吃完以后嘴唇和牙都发黑，老师发现了就问我们：这是吃啥了？我们说吃玉米地里头的乌米了！老师知道后说不能再上这来找吃的了。那时候不太平，怕出事。后来女孩子就不敢去地里了，但还是饿得不行，我们六个女孩子，其中一个有一顶大皮帽子，她就拿皮帽子和老乡换吃的。老乡把成熟的土豆收了，给了我们三盆剩下的小土豆，太阳晒得小土豆都变成绿色了。当时有些人饿死了，我们还能活下来，已经很好了。

刘锦山：请您给我们讲讲您和艺术的故事。

斯琴高娃：我从小就爱唱歌，唱的是《诺恩吉雅》，没有一个老师教导我唱歌的方法。到了鲁艺以后，莎莱、程云是音乐老师，莎莱说这小姑娘嗓子挺好，好好培养培养不得了。她教我怎么呼吸，怎么用丹田，我没太学会，但老师还是尽职尽责地教了，所有老师对我们少数民族学生都特别关爱。

刘锦山：鲁艺当时的院长是谁？有多少学员？设了哪些系？

斯琴高娃：我只知道我们的院长是安波。

[①] 乌米：一种生长在玉米顶部的真菌，颜色多为黑色，可食用。

刘锦山：那请您简单介绍一下您的老师。

斯琴高娃：张一凡老师，后来改名海默，他常常让我抄他的歌剧《十五的月亮》，虽然我的文化程度不高，但是字写得好，我边抄他边改，改完我又重新抄。安波老师一有时间就找我们蒙古族学员学唱民歌。汪洗老师，他是搞打击乐并组织乐队的人，也经常关心我们的生活。我们毕业以后，他们都去武汉了，后来汪洗老师来呼和浩特，我们还一起照过相。他们对蒙古族感情很深，安波老师他们收集民歌，还出了民歌集。

刘锦山：请谈谈您的同学。他们离开鲁艺后到哪工作了？发展情况怎么样？

斯琴高娃：我们同班的6个女生，那个戴皮帽子的吃不了苦，回家当牧民了；索伦高娃本来就是跳舞的，回去之后接着跳舞；哈斯回部队没多长时间就跟一个军人结婚了，具体去了哪里我也不清楚；剩下的三个都去世了。

刘锦山：您毕业后去了哪里发展？

斯琴高娃：毕业以后，我回到骑兵三师宣传队，敖德斯尔是我们的队长，阿民布和是我们的副队长。自此开始排练节目，给连队战士们演出，我演了《兄妹开荒》和大鼓书《董存瑞》。其中《兄妹开荒》是安波老师作曲，大鼓书《董存瑞》是部队里战士和军官都很喜欢的一部曲艺节目，一听说我是唱《董存瑞》的人，都跑过来跟我打招呼。我还专门给乌兰夫主席唱过一次。

当时领导给我介绍了一个对象，他是兴安盟分区的一位领导，我不喜欢但又不敢说，他是我的直接上级，后来他被调走了，其间内蒙古军区来调令把我调到军区文工团，我知道后可高兴了。后来才知道是敖德斯尔去找领导，说原来我们宣传队有一个叫斯琴高娃的女孩，唱歌、跳舞都挺好，把她调来文工团吧。他当时是军区文工团的副团长，领导也同意，就把我调到内蒙古军区文工团了。

来到文工团时间不长，敖德斯尔就对我表明心意。他当过我的队长，对我是了解的，他很善良，工作特别努力，在宣传队他的威信很高。我一想这个人还行，有自己的目标并且开始创作了，我同意后就结婚了。后来怀孕，文艺工作也不好进行，就转业到内蒙古自治区监察厅，那边看我的档案，说我从小参加革命，没什么问题，我就这么离开了部队，离开了文艺队伍。

图 2 1952 年秋，斯琴高娃和敖德斯尔结婚

我文化程度不高，就和领导说我想去内蒙古大学学习，最初领导不放我走，我就天天跟他说，后来他就同意了。我上了内蒙古大学中文系汉语专业，那时候我已经有了三个孩子，比不上人家按部就班上来的同学们。老师一叫我念诗，我就站起来背"床前明月光，疑是地上霜。举头望明月，低头思故乡"。过几天又叫我，又是这首诗，把大家逗乐了，老师也笑了，以后就不叫我念了。我一般是上午上课，下午自习，但我没法参与自习，得回家照看孩子。小孩子容易发烧，幼儿园打电话来就得把孩子接走。

三、文学成就

刘锦山：请您给大家介绍一下敖德斯尔老师的情况。

斯琴高娃：他 1924 年出生，比我大 9 岁，赤峰巴林右旗人。在鲁艺时，他是我们的领队。他原来不是搞文艺的人，是二十三团政治处主任，后来因为冤案，位置叫别人代替了，等平反以后他失去了工作。但他有艺术天赋，领导就让他带上一帮人到鲁艺学习。

刘锦山：请您介绍一下《骑兵之歌》的创作情况。

斯琴高娃：我小学没毕业，平时排练节目的时候别人嘻嘻哈哈地玩，我就利用这个时间来看书，提高自己的文化水平。跟敖德斯尔结婚以后，起初他是用蒙古文创作《骑兵之歌》，因为他的汉文不好，所以都是我将文章翻译成汉文，错别字也是我给他改。我这辈子跟在他身后，一切出头露面的事情我都不参与。新中国成立 70 周年时，中国作家协会给我颁发了一个荣誉证书，肯定了我的成绩。

刘锦山：我刚开始以为《骑兵之歌》是一个音乐作品，实际上是小说。

斯琴高娃：《骑兵之歌》也有音乐作品，是安波老师谱曲，敖德斯尔作词，在鲁艺时完成的。

刘锦山：刚刚我们谈了《骑兵之歌》的创作，但我知道您后来创作了很多其

图 3　骏马是敖德斯尔终身的最爱

图 4　敖德斯尔和冰心合影

图 5　敖德斯尔（右二）、斯琴高娃（左二）与三个女儿

他的作品，请谈谈您一直以来的创作情况。

斯琴高娃：创作方面我和敖德斯尔商讨着来，我们俩都有部队生活的经历，作品这个东西没有生活是写不出来的。敖德斯尔当了很长时间的骑兵，还打过仗，我没打过仗，但会下连队给战士们教歌、唱歌，我们俩越谈越能谈到一块儿去。

敖德斯尔不光是写书、写歌词，他还会作曲。原本我俩都会唱他作曲的歌，后来他耳朵聋了以后五音不全了。有一次他非要和我一起唱《敖包相会》，我说："不行，你一跑调我就笑，一笑我就唱不出来。"

刘锦山：他都创作了哪些作品？

斯琴高娃：比较有代表性的是长篇小说《骑兵之歌》《血和泪的爱》，中篇小说《撒满珍珠的草原》《欢乐的除夕》，还有很多部短篇小说，他的文集共12卷。

刘锦山：斯琴高娃老师，谢谢您接受我们的采访。

奇哈拉哥

鲁艺杰出学员之三

采访时间：2020 年 4 月 22 日
初稿时间：2022 年 8 月 18 日
定稿时间：2022 年 8 月 30 日
采访地点：呼和浩特市图书馆
版　　本：文字版

高娃速写

　　高娃　蒙古族，大学学历，副研究员。1957 年出生于呼和浩特市。1976 年 10 月，在包头市兵器部第五十二研究所参加工作，任理化实验室实验师，从事物理金相检测分析。1992 年 9 月，调入内蒙古自治区考古研究所。2001 年 7 月至 2004 年 7 月，在中共内蒙古自治区委员会党校行政管理专业学习。主要从事文物保护与文物库房管理等工作，负责文物藏品档案与数据库、文物标本室、文物展览与陈列、图书等。

　　参与编撰《契丹王朝（图录）》《中国文物地图集（内蒙古自治区分册）》《内蒙古考古五十年》《内蒙古珍宝（陶瓷器）》《中国藏黑水城汉文文献（全十册）》《天骄遗宝》《草原华章——契丹文物精华展》《辽河寻根　文明溯源——中华文明起源展》《中国藏黑水城少数民族文字文献》等。其中，《中国藏黑水城汉文文献》在 2011 年荣获甘肃省第十二届社会科学优秀成果二等奖。现为内蒙古自治区政府文博评定采购专家组成员。2012年10月退休。

奇哈拉哥（1925—2013） 蒙古族，出生于赤峰市巴林右旗大板镇。1939年至1943年在伪满开鲁国民高等学校和扎兰屯师道学校学习。1943年1月，在伪满巴林右旗第一完全小学任教。1945年10月，参加内蒙古自治运动联合会巴林右旗支会工作。1947年1月至1949年1月，在冀察热辽联合大学鲁迅艺术文学院第一期学习。1948年9月加入中国共产党。1949年1月至1952年7月，在天津市第一文工团、华南文工团、中南文艺工作团、内蒙古军区文工团工作，历任乐队副队长、戏剧队队长等职。1952年7月至1954年7月，在石家庄中国人民解放军第六政治干部学校学习。1954年7月至1974年12月，在内蒙古军区政治部、炮兵团、步兵团等单位任干事、教导员（营党委书记）、政治处副主任、主任。1971年2月至1971年7月，任内蒙古自治区革命委员会政治部文化组副组长。1971年7月至1983年6月，任内蒙古自治区文化局副局长、党组副书记。1974年12月至1978年10月，兼任内蒙古军区乌兰察布盟达茂旗武装部政治委员。1983年6月至1988年底，任内蒙古自治区人民政府巡视室巡视员，享受正厅级待遇。1988年12月离职休养。

图1 1958年10月1日，奇哈拉哥摄于北京

刘锦山：各位朋友，大家好！今天是 2020 年 4 月 22 日，这里是呼和浩特市图书馆，我们在赤峰市图书馆"烽火草原鲁艺人"的拍摄现场。今天我们采访的嘉宾是高娃老师。高娃老师，您好。

高娃：您好。

一、高娃眼中的父亲

刘锦山：高娃老师是草原鲁艺学员奇哈拉哥的大女儿，奇哈拉哥在新中国成立以后曾经担任过内蒙古自治区文化局的副局长。首先请您给大家介绍一下您个人的情况。

图 2 高娃（左）接受"赤峰记忆"采访

高娃：我 1957 年 10 月出生在内蒙古呼和浩特市。1976 年我参加工作，当时去了包头市一所国家的军工企业，第五十二研究所。在那儿工作 17 年，主要是做物理金相检测。后来因为个人的原因，我调到了内蒙古自治区文物考古研究所（今内蒙古自治区文物考古研究院）。当时这个研究所也要办一个物理实验室，但是一直没有办成。我当时准备继续干物理金相检测，但没干成，就改行管理资料室、档案室、库房的这些文物，制作展览大纲。2012 年退休。我的情况就是这么简单。

刘锦山：考古所在呼和浩特市？

高娃：对，在展览馆东路。

刘锦山：您后来到考古所做资料、文物的管理，这块跟图书馆其实有一些类似。

高娃：是的，有相似的地方，也有不相似的地方。因为它有其他实物，不像图书馆这块儿光是图书。我们也有图书室、资料室，还有档案室，文物库房及标本室，都是归我们这个部室管。我们部室的全称叫资料研究室。

刘锦山：接下来请您谈谈您父亲奇哈拉哥到鲁艺学习之前这一段的情况。

高娃：我父亲是 1925 年 10 月 13 日出生的，1939 年小学毕业。初中的时候到了开鲁，他在那里上的中学。

刘锦山：他是什么地方人？

高娃：巴林草原的大板。

刘锦山：巴林左旗还是巴林右旗？

高娃：巴林右旗，当时算是半农半牧的地方。那个学校是伪满时期的高级中学，我们的老人都管它叫"国高"，它实际上叫伪满兴安西省开鲁国民高等学校。上完中学以后，父亲又考入伪满扎兰屯师道学校上了一年的师范。1943 年毕业以后返回到大板。当时有一所小学叫伪满第一完全小学，他在那儿当了音乐和语文老师。1945 年，随着党领导的革命解放事业的不断全面深入，那时家乡成立了旗支会，父亲感觉到了这些变化。1945 年 9 月或 10 月，听说有一个内蒙古自治运动联合会巴林右旗支会的组织，他就到那里参加了组织工作。那时候，父亲看到周围那些有文化和觉悟高的朋友高举反封建大旗搞革命，这些都在潜移默化地影响着父亲，他心里也非常憧憬和向往。当时这种切身感受到的变化，都对父亲走上革命道路产生了积极的影响。父亲渴望了解革命的进步思想，渴望学习新知识，摆脱落后的封建思想。父亲记得很清楚，1947年1月，他独自一人从家乡骑着马来到赤峰冀察热辽联合大学鲁迅艺术文学院，经过考试合格就被留下来学习了。当时草原鲁艺还在筹备办学的前期。听父亲讲过，筹备工作开始是在赤峰二道街赤峰中学内。1947年8月学院正式成立时，迁至赤峰六道街的一个货栈，三面是房舍的一个大院，很破旧，作为院部和校舍。后来赤峰地区出现鼠疫，他们就从这往南迁，一直迁到宁城。他们的第一任院长是赵毅敏，第二任院长是安波。教师都是从延安鲁艺过来的，他的教务长是骆文。我父亲后来经常念叨这些老一辈。父亲是1948年9月入的党，学院那一年就吸收了三个优秀学员加入中国共产党，他是其中一个。他的入党介绍人是莎莱先生和严正先生，他们都是从延安过来的老党员、老前辈。父亲是戏音系的第一期学员，他们这个班上少数民族学员很少，除了他还有一个叫阿民布和的也是蒙古族。第二期少数民族学员就多了，在昭乌达盟招了一些蒙古族学员，内蒙古军区早期部队的文艺骨干过去了一拨，所以鲁艺的少数民族学员就逐渐多了起来。鲁艺除了培养文学、戏剧、音乐、美术文艺骨干外，还着手培养少数民族文艺干部，决定开办蒙古族艺术班和短训班。1948年开春，学院派父亲、张有明、阿民布和三个人，赶着一辆大马车到当时的昭乌达盟各旗，招收蒙古族学员以培养少数民族干部，同时向驻昭乌达二十军分区领导汇报鲁艺拟为军分区培训宣传队员。当时报名的人很多，经过父亲他们的选拔，从中选录了25名男女学员。他们中有叶贺、图门、额尔登、额尔登其木格、奇其格、清格勒图等。二十军分区有18人参加鲁艺短训班学习。

1947年6月，父亲就已经在"鲁艺实验文工团"了，当时有二十五六个团员，我父亲是唯一的蒙古族团员。1948年9月，"鲁艺实验文工团"改为"联大鲁艺文工团"，这时有新的团员不断加入，文工团不断壮大，到1949年1月联大鲁艺文工团已经有四五十人。国民党败退以后，鲁艺的内蒙古学员，一部分回到草原参加了骑兵，留在内蒙古扎根；一部分南下，南下的这一拨人先到了锦州，又从锦州南下就到了天津。到天津以后，他们把联大鲁艺文工团改成了"天津市第一文工团"。文工团排演过好多剧和节目。像《白毛女》，还有《兄妹开荒》，还有延安时的好多文艺节目，这些节目都演得特别感人。记得我还小的时候，父亲讲，他们团演出的《白毛女》，把那些抗战老兵的士气鼓得特别高涨。当时扮演黄世仁的演员演得特别逼真，演完之后都不敢下舞台。父亲说那时候的服装道具都特别简单，只有几块幕布，几根铁丝、绳子和钉子，简单的一两件道具。照明是一两盏汽灯和马蹄灯、煤油灯。服装是从地主老财那里清算来的几件衣服和几件缴获来的日伪军服。没有服装道具的时候，他们就跟附近的老乡们借，演出完了再还回去。音响效果则是大鼓，子弹头拔下的空弹壳，还有后来自己制作的表现机枪声的小木盒。化妆是用红、黄、蓝、白、黑等颜色粉与凡士林调和制成的"油彩"，做胡子用的羊毛和黑白毛线，卸妆用的油是炼出来的猪油。全部家当一辆马车拉着就走了。每次出去演出，除了笨重的物件用马车拉外，乐器、服装等还得自己背着跟着马车走。

接着他们又南下，走到了湖北汉口。他们到了汉口以后，把文工团的名字改成了"中南文艺工作团"。当时骆文，还有程云、莎莱等老师和前辈都是从延安到赤峰，随后又跟着南下的。现在有的身体不好了，有的不在了，所以特别遗憾。我们当时岁数小，没注意多收集这些资料，现在回想起来也是有点后悔。到了武汉以后，父亲在那儿待到1951年7月。内蒙古自治区刚成立不久，百废待兴。内蒙古社会主义建设初期的各个领域都急缺各类少数民族干部。当时政府有一个文件，要求随部队南下的少数民族干部回来支援建设内蒙古，所以我父亲回来了。1949年11月，内蒙古自治政府从乌兰浩特迁到张家口，当时父亲南下以后回内蒙古是在张家口报到的，同时带回来了好多学生。因为他在巴林右旗的学校当过音乐老师，这些学生又是他招到鲁艺的，所以他回内蒙古的时候也带上了这些学生。这样，在南方的少数民族文化干部回来了很多人，像他招的学员额尔登、叶贺、旺亲等，都是一起回来的。

回来以后，好多人被分配到了地方。父亲被当时的内蒙古军区政治部领导刘

图3　草原鲁艺南下学员在湖北中山纪念堂留影

昌要了过来，分配到内蒙古军区文工团。因为有专业特长，在中南文工团还担任过队长，回来后父亲就当上了内蒙古军区文工团乐队的副队长。隔了一年以后又把他调到戏剧队当了队长。父亲当了文工团的队长以后，感觉身上的担子重了，为了继续提高自己的文化水平和工作能力，他向组织和领导提出申请，想进修学习。之后，1952年7月内蒙古军区领导批准并派他去步兵学校学习，叫中国人民解放军第六政治干部学校。这个学校当年在石家庄，他在那儿学习了两年，毕业回来以后彻底改行了。1954年7月，他被分配到内蒙古军区政治部组织处任干事，1956年被调到内蒙古军区司令部直属政治部任组织干事，在这两个军区机关做行政工作。1956年12月，我父亲和我母亲包淑珍结婚。我母亲20世纪40年代参加革命，1952年曾在内蒙军政干部学校学习。1957年，他被评为内蒙古军区五好军官。1958年10月1日，他参加了中华人民共和国国庆观礼代表团，出席了国庆典礼。1959年4月，父亲自己要求下部队锻炼，被组织派到内蒙古军区炮兵团二营，任政治教导员和营党委书记。1961年任炮兵团政治处副主任。1964年11月任内蒙古军区步兵第二团政治处主任，一直到"文革"开始。父亲在"文革"中被扣上莫须有的罪名，被下放五七干校劳动。父亲从"牛棚"出来之后的第一件事，就是领着我们全家回了一趟老家。此时，父亲参加革命走南闯北，已经阔别家乡整整23年。

图4　1952年8月17日，内蒙军政干部学校文化大队蒙语班全体合影（第一排左二为包淑珍）

图5 1954年8月29日,中国人民解放军第六政治干部学校本科七队第一学期毕业合影(第五排左九为奇哈拉哥)

图6 奇哈拉哥军政学校毕业证

图 7　1956 年 12 月，奇哈拉哥和包淑珍结婚留影

刘锦山：那是哪一年？

高娃：是 1971 年。1971 年 1 月春节前回的老家。1970 年年底，父亲从"牛棚"被放出来以后，学习了两个多月的中央文件。学习完就决定带着我们一家人回赤峰巴林右旗，那是我第一次去巴林右旗。过去不像现在交通那么方便，当时需要坐火车到北京再转火车到赤峰。赤峰下火车后，找了一个招待所住了一夜，第二天又坐上班车一路到达巴林右旗大板镇，就这么走了好几天。我父亲有六个兄弟姐妹，早年去世了两个妹妹。老家还有父亲的姐姐、哥哥和弟弟。我们那年回去以后，旁支的看到父亲回来都挺兴奋的。在巴林右旗过完春节，我们一家人又启程去了我母亲的老家科尔沁大草原的科尔沁左翼中旗。

从老家回呼和浩特市以后父亲就特别忙了。当时，内蒙古自治区政府从内蒙古军区要懂文化文艺的人过来，所以父亲被军区派到了内蒙古自治区政府。"文革"中，内蒙古文艺界也受到很大的冲击和影响，文化局还处于瘫痪状态。父亲被任命为内蒙古自治区革命委员会政治部文化组副组长。这是整顿内蒙古文化系统，建立新秩序的开始，也是恢复内蒙古文化局的一个过渡期。1971年下半年，内蒙古自治区革命委员会政治部文化组改称内蒙古自治区革命委员会文化局，父亲任文化局副局长、党组副书记。那时父亲还是军人身份，还没脱军装。

刘锦山：当时叫文化局？

高娃：是的。1974年12月，内蒙古军区又任命他为乌兰察布盟达茂旗武装部的政治委员。他这时还挂着部队的职务，所以是兼任。那年李宝祥老师写书的时候问过这个问题是不是冲突了，我说不冲突，当时他就是一身兼着部队和地方的职务。1978年年底，他从部队转业才脱去军装。内蒙古军区的平反、转业这些正式文件都是1979年10月才下来的，但是父亲已经在文化局干了七八年了。好多文化局的老人说，那些年你爸在这儿还穿着军装，我说那时候就是那个情况。1983年6月，内蒙古政府机关整改，自治区人民政府成立了一个内蒙古自治区巡视室，把他调到那里去了，任厅局级巡视员，一直干到1988年12月离休。

图8　1977年，奇哈拉哥为牧民颁发奖状

图9 1977年，奇哈拉哥慰问民兵

    父亲1988年年底正式办理离休以后，组织关系又回到内蒙古自治区文化厅，属于文化厅的老人。四川地震那年，我父亲突然间想回老家，他就自己买了火车票。当时我在南方出差，回家一进门我妈说的第一句话是："你快看看你爸爸，谁也劝不动，他非要自己走，回老家去。"那一年他已经80多岁了，他自己买了火车票要回老家。我妈让我去劝劝，我说那行，我到父亲的卧室兼工作室，问他："你买车票了？"他说："嗯。"我说："你到底怎么想的？"父亲说："我就想回老家看看。"可能是人老了思乡情就特别重。一看这种情况我也买票吧，就跟父亲说陪着他一起回去，父亲一听就特别高兴。因为我父亲身体不好，又有好多病。当时我妈还有好多人都反对，说他这么大岁数一个人走多不安全，他一听我跟着他走，高兴了。接着我就赶紧吃完早饭跟我爱人去火车站买了两张票。那时候火车票很难买，当时买的坐席都不在一个车厢，我跟我爱人还是两个上铺。

我说只能上车去试着换，或者怎么倒腾一下就回去了。回到老家，我父亲是特别的高兴。

父亲在筹办巴林右旗大板实业学校和执教期间，负责组织了一个学生宣传队，经常带着学生宣传队下乡搞宣传，那时还创作了一首歌曲叫作《圆圆的山

图10　1991年9月13日，黄毅（左）、奇哈拉哥（中）、刘岱（右）在成吉思汗陵

图11　延安鲁艺校友会会员证

峰》。词是好多人一起写的，曲子是他作的，是一首怀念家乡的曲子。2008年6月，我陪着父亲回到巴林右旗，回到了他创作《圆圆的山峰》的地方，回到了他一生魂牵梦萦的地方。家乡的好多人说这首歌就是写的当地这座山，远看像两个圆圆的山峰，就好似驼峰，他们也有叫它驼峰山的。这首歌被翻译出好多名字。这次和父亲回老家，还专门跟着他到这座山转了一下，看了看，确实跟他写的意境都挺像的，山上还开了好多花。老年以后他就特别愿意回忆这些东西。我说你们当年写这首歌曲的时候，是不是以这个为灵感写的，他说确实是以那座山为灵感写的。我父亲是学音乐的，他会拉手风琴，会拉二胡，也能拉四胡，他会好些乐器。当年学校给他们派了一辆马车，他带着学生宣传队，还带着手风琴，所以他就边拉边创作了这首曲子。现在这首曲子传唱了几十年了，我妹妹对这首曲子特别了解。当年我父亲就这么告诉我，好多人集体创作的歌词，他们现在唱的叫《两座山》，过去不叫《两座山》，叫《圆圆的山峰》或《驼峰山》。

刘锦山：您父亲名字的汉语意思是什么？

高娃：父亲的蒙古名字是他上小学的时候，他的老师给起的，蒙古语的意思是"健康长寿"。工作以后一直用这个名字。父亲小的时候在家还有一个汉名叫罗满良。

刘锦山：高娃老师，谢谢您介绍这么详细！

二、赛罕眼中的父亲

赛罕　蒙古族，大学本科学历，研究员。1963年出生于呼和浩特市。1981年7月，在内蒙古自治区歌舞团合唱队任学员。1982年9月，考入西北民族学院（今西北民族大学）艺术系声乐专业学习。1986年7月，毕业后被分配到内蒙古歌舞团任独唱演员。1988年9月，参加内蒙古蒙古族青年合唱团。1989

赛罕速写

年6月,调入内蒙古自治区艺术研究所。长期从事自治区音乐、曲艺、乌兰牧骑、舞台艺术及相关文化艺术领域的研究。

负责、主持、承担国家"七五""八五"全国艺术科学规划项目"文艺集成志书"——国家重大艺术科研项目《中国曲艺音乐集成·内蒙古卷》《中国民族民间器乐曲集成·内蒙古卷》《中国曲艺志·内蒙古卷》;国家社会科学基金艺术学项目《内蒙古乌兰牧骑现状调查与优秀传统文化传承研究》;自治区重点项目《内蒙古自治区志·文化志》《内蒙古自治区志·社科志》、内蒙古自治区文化厅项目《乌兰牧骑赞》等编纂研究。发表论文、评论等60余篇。获得国家艺术科研成果个人二等奖两次,国家和自治区文艺理论研究多项奖励。被自治区授予"第二届全区青年科技标兵"称号。曾代表国家和自治区出访西班牙、澳大利亚、奥地利、荷兰、德国等国家,多次参加国际合唱比赛和国际文化交流活动,并获得多项合唱大奖。

现为国家社会科学基金艺术学项目、全国艺术科学规划项目鉴定专家,内蒙古草原艺术评审专家;中国文艺评论家协会会员,中国田汉研究会会员,内蒙古文艺评论家协会会员,内蒙古戏剧家协会会员。

刘锦山: 各位朋友,大家好!今天是2020年4月22日,我们在呼和浩特市图书馆。这里是赤峰市图书馆"烽火草原鲁艺人"的拍摄现场。今天我们邀请到的嘉宾是奇哈拉哥的二女儿赛罕。您好,赛罕老师。

赛罕: 您好。

刘锦山: 赛罕老师,您好,刚才我们采访的高娃老师是您的姐姐,接下来请您给大家谈谈您个人的情况。

赛罕: 我是1963年1月在呼和浩特市出生的,在呼和浩特市呼伦路小学念的小学,初高中是在第十五中学上的。1981年在内蒙古自治区歌舞团合唱队任学员。1982年9月考入西北民族学院(今西北民族大学),学的是声乐专业。

图12　赛罕（左）接受"赤峰记忆"采访

1986年7月毕业回来又分配到内蒙古歌舞团任独唱演员。1989年6月从内蒙古歌舞团调到内蒙古自治区艺术研究所（2017年更名为内蒙古自治区艺术研究院），一直工作到现在，从事民族文艺理论研究和艺术评论工作。

刘锦山：您父亲的专业也是音乐吧？

赛罕：是的，所以我走上音乐这条道路，跟我父亲有直接的关系，完全是受到父亲的影响。

刘锦山：接下来请您谈谈您的父亲。

赛罕：我父亲是一个非常严厉的人。从小就感觉父亲是一个非常正统的人，对子女要求很严格，不苟言笑。我小时候特别怕父亲，父亲这么严肃，我得做个乖孩子，生怕做错什么事儿让我的父亲生气。从我五六岁记事起的童年成长阶段，印象中的父亲穿着军装，在很远的部队上班，好长时间才能回一次家。"文革"中父亲被关押起来，更是感觉几年也见不到父亲。我们家是在军区大院，我们都是在军区大院长大的孩子。军人的特点一个是守纪律，一个是特别传统朴

奇哈拉哥：鲁艺杰出学员之三

图 13　1964 年，1 岁多的赛罕

素。不管是战争年代，还是和平时期，听命令、听指挥是军人的天职。党指挥到哪，他就到哪。我还不像我姐姐，父亲有些话更愿意跟她说，我跟我父亲基本上不太聊天。父亲年轻时是怎样与鲁艺结的缘，以及有关鲁艺的光辉历史，这些都是通过父亲离休以后开始编纂《冀察热辽文艺兵》（共 4 辑），通过阅读这些回忆文章才渐渐地有了一些了解和认识。可以说，父亲离休后的全部精力和心血都花费到了这上面。从 1987 年开始联系各部门审批、组稿编辑、跑经费、跑印刷厂，每出一辑给全国各地邮寄等，一直到 2003 年第 4 辑的出版完成，父亲都是亲力亲为。

冀察热辽联合大学鲁迅艺术文学院的院训是"忠诚、老实、刻苦、朴素"八个大字，是对延安鲁艺精神和光荣传统的继承和发扬。所以父亲始终都保持着革命军人的本色。

父亲在《冀察热辽文艺兵》的回忆文章中写了他在鲁艺的学习生活和锻炼成长。鲁艺的革命大熔炉熏陶滋养了父亲，给父亲指明了革命的前进方向、奋斗目标和树立了坚定的信念。父亲写道："蒙古族同学自编自演了一些文艺节目，其中有反映内蒙古各族人民坚决反对蒙古族封建上层分子投靠国民党蒋介石的故事《砍大树》，剧中旺亲拉西同志扮演福晋太太（本科当时没有蒙古族女同学，只好男扮女装了），朝鲁同志扮演王爷，奇哈拉哥同志扮演王爷的管家，还有一些同学扮演群众和我党的工作人员。这个节目在当时受到学院老师和当地群众的好评。我们还参加学院组织的各项演出活动，其中有，为配合土改的大型歌剧《反翻把斗争》；为配合改造二流子的歌剧《大家喜欢》；为促进解放区发展生产、改善人民生活、支援前线的《兄妹开荒》《纺棉花》《夫妻识字》等节目。这种理论与实践相结合的学风，又使我们受到了新文艺观的生动教育。"当时父亲他们还学演了延安鲁艺的优秀歌剧作品《周子山》。父亲说："歌剧《周子山》是个好戏，鲁艺文工团的演员唱得也好。""该剧的动人场面至今使人难以忘怀。当表演到革命群众纷纷挂上红带子，向反动势力的营垒进行总攻击的场景时，我们和观众没有不兴奋鼓舞的。轰轰烈烈的剧情使观众感到人民群众的伟大力量，不由得树立起无限的革命信心。《周子山》在平庄、乃林、五十家子、土城子等地演出十多场，到处受到老百姓的热烈欢迎，发挥了极大的动员作用。从这里我们体会到：用革命历史进行教育，是很有力量的。"

在鲁艺学习过程中，父亲他们认识到蒙古族的优秀文化遗产的宝贵，其中以民歌最丰富、最珍贵。为了继承发扬蒙古族的优秀文化遗产，父亲在回忆中写道："我们敬爱的安波院长满腔热情地组织和指导我们蒙古族同学搜集整理蒙古族民歌。我们来自昭乌达盟各旗蒙古族同学，都能唱几首在自己旗内流传的民歌。安波院长教我们用学到的知识去记录整理自己会唱的民歌，让我们用当时的新蒙文把歌词填上。胡尔查同学当时在文学系学习，他又把蒙文词译成汉文，送交安波院长审阅修改。还让我们互相帮助整理比较难记录的歌曲。前后几个月我们还深入生活挖掘和采集了蒙古族民歌二百多首。在安波院长的亲切指导下，由许直、胡尔查同志负责编选翻译成书——《蒙古民歌集》。1949年这本民歌集在当时的内蒙古自治区首府乌兰浩特出版了，安波院长为这本民歌集子写了热情洋溢的序言。这是新中国成立后，我国出版的第一部少数民族民歌集，是敬爱的安波院长对蒙古族文艺事业做出的重大贡献。它的问世，在内蒙古和全国音乐界都有很大的影响，尤其是对推动民间文艺工作的开展，起了开创性的作用。"

呼和浩特市有一个文化市场，父亲离休以后经常去那个地方转，买一些书籍回来。2002年7月的一天，他又去了文化市场准备买一些书，在逛的时候偶然发现一个书摊摆放着一本《中国蒙古族当代文学史》，这本书是1999年内蒙古教育出版社出版的，看到这个书以后我父亲就止步了，翻到了一篇写巴·布林贝赫老先生的文章，上面就提到了《圆圆的山峰》的歌词。2003年6月，正好有一个内蒙古电台的记者来采访我父亲，在这个过程中我才了解到这方面的事情，也了解了这首歌曲的创作过程。

我父亲家是非常贫苦的一个家庭。

刘锦山：是牧民家庭？

赛罕：是的，贫苦牧民家庭。父亲蒙古语说得非常好。父亲有六个兄弟姐妹，他排行老三，在他小的时候两个妹妹就没了。父亲是家中唯一念过书的人。父亲的姐姐、哥哥，还有弟弟都没念过书。当时家里积攒的一点钱只能供父亲一人上学，我听到这个，心里也是挺难过的。父亲讲，我奶奶会唱很多当地民歌和阿拉善民歌，奶奶也是一个非常开明的人。她给有钱人、校长家当奶妈，做针线活，洗衣服赚点钱供了我的父亲上学。父亲10岁开始念了几个月的私塾。然后在巴林右旗大板镇的伪满第一完全小学念的小学。15岁在大板完小毕业后，又念了两年伪满开鲁国民高等学校，然后考入伪满扎兰屯师道学校学习一年。这期间的学杂费都是奶奶给的，举全家之力资助了我父亲。1943年，父亲毕业以后回到家乡母校当了老师，教1—2年级语文和1—4年级音乐。

1945年10月，父亲参加了内蒙古自治运动联合会巴林右旗支会组织工作。同年12月底，开始研究筹备成立昭乌达盟巴林右旗大板实业学校。父亲是筹办实业学校的一个主要成员。他们计划把大板完小的高年级拿到实业学校，准备招收20—30人。这个实业学校主要开设了技能课，包括熟皮子、印刷、木工、雕刻等，都是非常实用的专业技术，也就是能够帮助人们生活、生存的一些技艺。1946年年初，大板实业学校成立，校长是查勒丰嘎，校址在大板南面的葛根（喇嘛）仓库。为了积极配合旗支会工作，父亲还负责在学校成立了学生宣传队，经常带领学生下乡为农牧民做政策宣传工作。

1946年4月，内蒙古文工团路过大板去林东停留。10月，父亲就带领学生到林东向内蒙古文工团学习节目。他们学演话剧《血案》（原名《巴根回家》），学习了一个多月回到大板。在林东向文工团学习期间，1946年11月，父亲创作了至今流传很广的歌曲《圆圆的山峰》（曾被翻译为《我们的故乡》《突兀的山峰》《颠连的山峰》等），后来这首歌的名字起得非常多。父亲会拉四胡和二胡，还会拉手风琴。父亲和我说，这个乐曲是在学习期间，在宿舍里自娱自乐的时候，随手拉出来的旋律，是即兴演奏。当时的学生有额尔登叔叔（内蒙古群艺馆原馆长）、吉日嘎拉图（包头市原文化局局长）、巴·布林贝赫、图门等。当时，父亲的学生听到这个陌生的曲子后，就问父亲："老师，你拉的这个曲子是什么曲子？"父亲笑着说："这是我刚拉出来的曲子。"学生们兴奋地说："老师拉出来的曲子真好听。"于是他们跟着旋律哼唱起来，学习了几遍大家就都会哼了。大家提议要不给这个曲子写个歌词，就能记住唱出来了。于是，学生们都兴致勃勃，跃跃欲试，你一句、我一句地给这首曲子填写歌词。这首曲子在很短的时间内就传遍了整个巴林右旗。安波老师把这首歌曲还收录进了他的《蒙古民歌集》。当时的人们不懂，也没有想过这就是歌曲创作，创作一首曲子要留个什么名，也不会考虑那些。

20世纪80年代初，父亲在文化局担任副局长时有一次在包头市检查工作，正好兴安盟歌舞团到包头市演出，演出结束后在吃便餐时兴安盟歌舞团的一个男演员演唱了这首歌曲。当时，父亲的学生吉日嘎拉图把这个演员拉到了我父亲的身边说："你刚才唱的那首歌曲就是这位老同志写的曲子，我给你介绍，他就是作者。"后来在2003年6月，内蒙古电台的记者来采访父亲，勾起了他对往事的回忆，便给我讲了这一系列的过程，我做了笔录。随后，根据我父亲创作这首歌曲的背景，我写了一篇文章《我父亲与〈圆圆的山峰〉》，发表于2003年10月10日的《内蒙古日报》。当时我写了有一千二三百字，报纸登了四五百字。现在巴林人，包括东部区的蒙古族都会唱这首歌曲。

刘锦山：您会唱吗？能不能唱几句。

赛罕：（演唱）现在的民歌演唱者把这首歌曲进行各种节奏变化处理，还有这样唱的（演唱）。这就唱得非常欢快了。当时我父亲创作这首歌曲时的情绪是非常深情、饱满的，一种怀念家乡、赞美家乡、热爱家乡的情感融入其中。现在这首歌的版本非常多，我东北的姐姐们，老家的人都会唱我父亲的这首歌曲，他们在家庭聚会时都会唱起这首歌。

刘锦山：您对鲁艺的情况有没有了解？

赛罕：1948年10月15日，东北野战军攻克锦州，为辽沈战役的最终胜利奠定了坚实的基础。11月沈阳解放。12月的东北,正值滴水成冰的寒冷冬天,冀察热辽联合大学鲁迅艺术文学院进驻锦州城北大营新址。鲁艺文工团在锦州大礼堂继续进行演出和学院整顿工作。1949年元旦过后,就传来天津解放的消息。解放区不断扩大,此时需要大批文化干部随军到新的解放区开辟新的工作,随即着手酝酿将鲁艺文工团分组,派向祖国的四面八方。随后组成了几个文工团,分别派往热河、锦州、沈阳,以及随军进关南下。1月下旬,包括父亲在内,内蒙古籍的8名文工团员分编到由骆文、程云、吕西凡、海默、莎蕻、汪洗等学院领导和老师带领的,由60多人组成的文工团,跟随绵延不断、气势磅礴、浩浩荡荡的中路大军一起南下,奔赴天津。到了天津,父亲所在的南下文工团改名为"天津市第一文工团"。1949年4月,冀察热辽联合大学鲁迅艺术文学院完成了战争年代办学的光荣使命。1949年5月,父亲他们接到上级指示,编入湘江大队,随军继续南下到了汉口,改称"华南文工团"。中共中央中南局成立后,"华南文工团"又改名"中南文艺工作团"(武汉歌舞剧院前身)。在中南文艺工作团工作期间,父亲被抽调组成慰问湘西少数民族演出团,到湘西等地进行慰问演出。家里有几张这个演出的老照片,虽然历尽沧桑,但还能窥见当时壮观的演出场面。战争年代非常艰苦,居无定所。父亲参加革命一路辗转,走了很多地方。父亲回忆,他们到了汉口以后,条件艰苦,北方人水土不服。武汉很热,蚊子也多,晚上睡不着觉,热得身上起那种大大的黄水泡。父亲还给我讲,在文工团他们什么都干,除了演出,还抗旱救灾,需要干啥就干啥。父亲被分配在团里管后勤,做舞台工作,自己做道具,人不够了还上台表演。1951年的《长江日报》相关文章赞扬了我父亲他们的精彩演出。

刘锦山:这个荣誉很高的。

赛罕:是的。父亲受到了毛主席等多位国家领导人的接见,并与他们合影。我从小就喜欢艺术,发自内心地喜欢唱歌,喜欢蹦蹦跳跳。在上小学的时候就是班级里的文艺骨干。当时从广播里学演京剧《沙家浜》《红灯记》,然后在学校登台表演。上中学以后,学校校庆,组织文艺演出我都积极报名参加。那时候父亲在文化系统工作,有更多机会经常观看音乐舞蹈演出,这个影响促使我走上了音乐的道路。"文革"后，父亲见证了内蒙古的文艺事业从停滞到开始渐渐复苏。各文艺团体逐步运转，解散的文艺团体得到恢复，老艺术家又重新登上舞台，创作排演了很多新节目。1976年开始举办全区乌兰牧骑调演，看文艺演出的机会就多了起来，基本上每年都有。在我十三四岁的时候，父亲经常要审查节目，有演出父亲是不带我的。后来我就软磨硬泡要跟着去，父亲就带着我去了几次。年龄再大一点，拿上票我就自己去看演出，连着去看了好几年，一有会演和演出我就去看。当时就觉得作为一个文艺工作者是非常荣耀的。那些好听的歌、好听的音乐感染着我。当时拉苏荣、金花才30来岁，还不怎么出名。我那时候看所有的文艺演出节目都新鲜得不得了，看完了以后回家就背地里学唱歌。父亲是一个非常俭朴的人，多年基本没有为家里添置点什么东西，从来不为自己买一件新衣服。但是在国家有难的时候，像东北发大水、四川大地震他都二话不说去捐了很多款。记得小时候，我们家也没有好的收音机，有一个20世纪50年代买的收音机都放不了音了，有时候捏一捏天线它能出来两声，不捏了就没声了，得这样趴着听才能听到微微的一点声音。我想从广播学东西，基本上没有学到。所以说看演出是一个学习的机会，特别难得。那时候新华书店能买到的歌曲集也特别少。有时候新出版的内蒙古文艺专辑或者歌曲集送给父亲，我就从这些书里头学习一些知识。那时候我也没钱，家里头生活也不富裕，出得最早的就是《战地新歌》，我从这里边学会了很多歌曲。

  十五六岁的时候我跟父亲提出来想学一门音乐专业。父亲说学那个干啥？就不让我学。因为买乐器得有钱，我没钱，父亲也不给买。没办法我就偷着学唱歌。后来有一次父亲听到我在家唱歌就是嗷嗷地喊，什么唱歌的方法、技巧也没有。他就让我先跟额尔登叔叔学二胡，就这样把我介绍给父亲的学生额尔登叔叔学习二胡。额尔登叔叔当时在内蒙古群众艺术馆当馆长。我学习用的二胡还是额尔登叔叔的，学了四五个月也没学出啥样。额尔登叔叔看我学得也没啥劲，我就说想学唱歌，然后他就给我找了群艺馆的老师教我唱歌，没过多久那个老师调走了。我父亲一看我这么执着地学唱歌，没办法只好给我找了内蒙古歌剧团的赫励老师（也是鲁艺的工作人员）教我声乐，这样我就走上了艺术道路。父亲在担任文化局副局长期间，1978年12月应广西壮族自治区的邀请，以父亲为团长，率领内蒙古自治区直属乌兰牧骑代表团，赴广西南宁参加广西壮族自治区成立20周年庆祝活动。其间，分别在首府南宁、武鸣县、平果县、百色市、巴马瑶族自治县等地演出50多场。代表团结束对广西的慰问演出返回途中，路经桂林、阳朔、武汉等地也进行了演出。在武汉演出后，父亲带领直属乌兰牧骑与武汉歌舞剧院的领导、演职人员欢聚一堂。时光荏苒，父亲当年离开中南文艺工作团已经28年，这次难得再相会。父亲与鲁艺的领导、老师和同学们畅叙离别友情，非常让人感动。

父亲从中南文艺工作团回到内蒙古以后不久，就到部队的政治干部学校学习。内蒙古军区的领导是按照作战部队政治军官的标准对父亲进行培养的。"文革"前，父亲一直在部队基层做官兵的政治思想工作，等于是彻底地脱离文艺工作。父亲到了文化局以后主要负责政工人事。过去这些年，父亲从鲁艺到部队，又从部队到地方，承担的工作性质转换得很彻底，让他无暇再顾及自己的专业爱好。可以说，不同工作角色的转变，让他把原来的专业都放下了。父亲在文化局的时候特别忙，起早贪黑。我很早去上学，印象中就是一早上起来他就走了，中午基本都见不到，晚上很晚才回来。我们家周末经常会有文化局二级单位的人员因为各种事情来找父亲。他们来我们家跟我父亲反映情况，我父亲都是无条件地接待，忙得不得了。别人对我父亲的印象是，人特别好。对所有人员，他都不厌其烦地倾听所反映的各种问题、各种困难。单位分不上房的、离婚的、调动工作的等，都找我父亲。父亲都特别和蔼热情地对待这些人。我印象中父亲对自己要求特别严格，体现着鲁艺人的精神和革命军人的精神。父亲在文化局担任了十多年的副局长，20世纪70年代末80年代初，内蒙古文化大院盖了五六批新楼房，包括新城区那儿盖的新楼房，父亲都以身作则，一直坚持在地方没有要房。当时军区大院都拆了平房，盖起了楼房，人们都搬进了新房，我们家依然住的是军区50年代盖的土坯平房。我们家外墙都是土坯抹的，房顶夏天会漏雨，冬天生煤炉子，吃水要到外院锅炉房担。军区为了进行房改，把我们家周围的房子全给拆了，就留下我们家住的这栋房子也拆掉了一半，仅剩几间房摇摇欲坠，一边拆开

图 14　1987 年 5 月 10 日，奇哈拉哥与包淑珍在天安门后城楼上

图 15　2005 年 2 月 1 日，奇哈拉哥与包淑珍

奇哈拉哥：鲁艺杰出学员之三

了都能见到天。最后我们家拿砖头把拆开的这边垒上了，但是房顶也垒不上，就那样又住了三四年。真是为难了我的父亲，实在无奈，父亲这才开口要一套房，我们才住上了文化局给分的房子。这个房子还是原来的住户搬到新盖的房子里，调给我父亲的。

刘锦山：您父亲除了《圆圆的山峰》还有没有其他作品？

赛罕：年轻时有，但都没有留下。父亲年轻的时候颠沛流离。稳定后工作变化很大，一直在部队基层搞政治思想工作和行政工作，没有机会发挥文艺才干，如果父亲一直搞专业创作，一定会有大作为。父亲说过："我入学前是搞音乐工作的，也是热爱这项工作的。在鲁艺学习中，我了解到无论什么工作，只要革命需要就积极地去做，要诚心诚意地去做，决不能向党和人民讨价，甚至伸手要待遇要享受。要老老实实地做人，要老老实实地为人民服务，少说多做，不讲价钱，党和人民对这样的人是不会忘记的，这是我在鲁艺打下的思想基础。"

图16　2009年，退休后的奇哈拉哥

刘锦山：对，有一曲能流传下来就非常好。

赛罕：我父亲当兵南下以后就没有回过家，我母亲参加革命后也是一直没有回过家。他们从20世纪40年代出来投身革命将近二十三四年，一直到1971年我们全家唯一一次回故乡。父亲为革命奋斗了一生，到年老时，更是思故乡，念故乡。他怀着一颗拳拳之心，怀着永远挥之不去的对生养他的那片土地的深情与挚爱。

刘锦山：好，赛罕老师，非常感谢您能接受我们的采访，谢谢您！

赛罕：谢谢。

胡尔查

鲁艺杰出学员之四

采访时间：2020年4月22日
初稿时间：2021年6月20日
定稿时间：2022年8月10日
采访地点：呼和浩特市图书馆
版　　本：文字版

胡尔查速写

  胡尔查　又名霍尔查，笔名霍尔钦夫。1930年11月3日出生，蒙古族。内蒙古赤峰人。中共党员。1946年毕业于东北军政大学，1948年毕业于冀察热辽联合大学鲁迅艺术文学院，1955年结业于中国作家协会文学讲习所。历任中国民间文艺家协会、中国少数民族文学学会常务理事，内蒙古自治区文学翻译家协会名誉主席，内蒙古民俗学会名誉会长，内蒙古民间文艺家协会主席。1948年开始发表作品。1979年加入中国作家协会。参与译审有《蒙古民歌集》《东蒙民歌选》《红色的瀑布》，译著有蒙古族史诗集《勇士谷诺干》《江格尔》等。多次获全国和自治区文学奖。史诗《乌赫勒贵灭魔记》获首届全国优秀民间文学评奖翻译一等奖，《江格尔》获自治区"索龙嘎"文学奖翻译一等奖。2004年，被文化部授予特殊贡献奖及先进工作者称号。

刘锦山：各位朋友，大家好！今天是 2020 年 4 月 22 日，这里是呼和浩特市图书馆，我们在赤峰市图书馆"烽火草原鲁艺人"项目的拍摄现场。我们今天邀请到的嘉宾是鲁艺学员、内蒙古民间文艺家协会原主席胡尔查老师。胡尔查老师您好！

胡尔查：您好！

一、家世

刘锦山：胡尔查老师，非常高兴您能接受我们的采访，首先请您给大家谈谈您个人的情况。

胡尔查：我的祖籍是热河省喀喇沁右翼旗，新中国成立以后热河省就没有

图 1　胡尔查（左）接受"赤峰记忆"采访

了，它一部分归河北了，另一部分像赤峰归到内蒙古自治区了。妈妈怀抱着我的时候，我就离开了喀喇沁右翼旗。我的父亲过去当过兵，他也是一个农民，赶过车、种过地，文化程度不高。他领着我们几个创业，到了经棚镇，从那儿到林西县，后来到大板镇，在那儿扎了根。我父亲当时在部队当文牍，用现在的话讲就是文书。我们姓伊，人们管他叫伊文牍，他文化程度不高，挣的钱也不多，养家糊口很困难，有时候吃不上饭，也没处借米，就挨饿。最后我父亲投奔到现在的呼和浩特市，我大爷在这个地方当文化馆馆长，不是现在意义上的文化馆，类似于现在文化厅一样的单位。我父亲在他的帮助下，在社区里干点小差事，他自己能够生活了，但是对我们家来说一点帮助也没有。我父亲只能管他自己，家里的事儿就靠我妈妈一个人辛苦维持。她从垃圾堆里捡一些破衣服，包括穿的、戴的那些东西，那时候咱们老百姓吃不上白面大米，能吃上点荞面过年就算不错了。我妈妈把破衣服剪成一条一条的布，在擀面的案板上把它铺开，用荞面打成糨糊，把布条粘上，打成袼褙，做成鞋以后带到商店里，通过私人的关系给代卖一下。我妈妈手比较巧，能做衣服，那时候没有裁缝，她在大板镇东大庙给人家做衣服，勉强维持生活。

刘锦山：您当时姊妹几个？

胡尔查：有一个哥哥，没有姐姐妹妹。

二、参加革命

刘锦山：您是哪一年出生的？

胡尔查：1930年11月3日出生。我5岁的时候到的大板镇，到大板镇以后就进了伪满办的小学。四年级以前叫"国民"学校，再上两年"国民"优级学校，共六年。毕业以后，我就考了伪满开鲁第一国民高等学校。在学校待了一年半。

后来乌兰夫领导开展内蒙古自治运动联合会，在乌兰浩特召开代表大会，代表们选出来以后，把我们这群知识青年带到乌兰浩特。那时候首府叫王爷庙，内蒙古自治政府成立以后给它改了个名字叫乌兰浩特，意思是红色的城市。我们到那儿以后，我就进了兴安省立第一师范学校。我之前在伪满开鲁第一国民高等学校上到二年级，所以我进兴安省立第一师范学校的时候，直接进二年级学习，没学什么东西。东北军政大学来招生，我想去深造，就报考了那个地方。东北军政大学（前身是延安的中国人民抗日军事政治大学）是延安过来的原班人马，校长是林彪，政委是彭真，副校长叫何长工。何长工在红军时期曾任红八军军长、红军大学校长兼政委，解放后任地质部副部长、党组书记。还有一个叫吴溉之的副政委，这个人新中国成立以后是最高人民法院的副院长、党组书记。教育长是陈伯钧，这个人长得很帅。我到东北军政大学学习政治和社会发展史这些课程，学习了半年时间，6月份去的，12月份毕业。学校还发了胸章，有毛主席和朱德的像，底下几个字是为人民服务。我懂得为人民服务了，确立了自己的人生观，立志为革命奋斗。

刘锦山：这是1946年的事情吧？

胡尔查：对，1946年6月到12月。我们还学唱了很多歌。早晨一起来，唱"起来！不愿做奴隶的人们"。都是小伙子们，那时候挺活泼的。还学苏联的一些歌曲。

刘锦山：当时在东北军政大学的生活情况怎么样？

胡尔查：哎呀，那太好了。

刘锦山：是自费的还是学校管的？

胡尔查：学校管。我们在那儿毕业，毕业后我们蒙古族人又回到乌兰浩特了。

刘锦山：胡尔查老师，您在东北军政大学具体的生活情况怎样？这个给大家介绍一下。

胡尔查：净吃好的，包子、饺子、馒头和大米饭都吃，生活待遇好，我们生活上一点也不困难。那时候解放战争开始了，我们为什么在北安没在哈尔滨？因为怕国民党进攻大城市的时候还得搬家。学校有很多人，有好多大队，我们是第二大队第七支队。

我们毕业以后回了乌兰浩特，最初把我分到西科前旗，乌兰浩特属于西科前旗（现更名科尔沁右翼前旗），周围都属于西科前旗的土地。我被分到西科前旗政府的公安队，负责维持社会秩序。没待几天又把我调到内蒙古自治运动联合会。那时候政府还没成立，内蒙古自治运动联合会主席是乌兰夫，副主席有好几个。我在西科前旗支会当组织干事。我们下乡剿匪，都带着枪，搞互助运动（汉族地区叫减租减息）。减租减息是为了给老百姓减轻负担，这个运动搞了有几个月的时间。

1947年的春天又开代表大会，从各个盟、旗/县选代表到乌兰浩特开会，我家乡小时候的同学、党代表来了一看，"哎呀，胡尔查很有积极性！"还有一些年轻人也在东北军政大学学习过，那些学员都是86期的，要把这些人要回去。跟着这些代表开完会，我们又往林东镇来了，那时候没有汽车，坐着大轱辘车几天几夜往林东镇奔，白天晚上赶。鲁北镇那些地方被国民党军占领了，他们拿枪打我们，我们也打枪，使劲抽着马往前跑，就突围了。走了好几天到林东镇后，让我管图书馆的事儿。没待几天搞土地改革了，成立了土地改革工作团，我就到乡下去搞土改，给农民分土地，从1947年的冬天一直干到第二年的三四月份。土改搞完了以后，农民都有土地了，积极性就提高了。

三、进入草原鲁艺

刘锦山：胡尔查老师，您是怎么进到草原鲁艺的？

胡尔查：搞完土改以后正是1948年的春天，春天该搞大生产运动了，这时候鲁艺来招生了。

鲁艺就是冀察热辽联合大学鲁迅艺术文学院。冀是河北；察是察哈尔，察哈尔是省，后来撤了，张家口是察哈尔政府所在地；热是热河；辽是辽东，辽宁的东部；鲁艺是结合冀察热辽这四个地区起的名字。为什么是联合呢？因为是几个大学联合起来办的，即教育学院、行政学院、内蒙古自治学院、鲁迅艺术文学院，所以叫联合大学。校长是赵毅敏同志，这是老革命家了，他又兼我们鲁艺的院长，后来不兼了。那时候秘书长是安波同志，后来提拔他当院长了。安波同志是有名的音乐家，秧歌剧《兄妹开荒》的曲作者就是安波同志，那时候流行扭秧歌、秧歌戏。《兄妹开荒》主要讲两个人扛着锄头开荒，一男一女，男演员叫王大化，女演员叫李波。我们在林东镇搞土改的时候，演土台子戏就演的《兄妹开荒》，我还会唱那首歌。安波同志那时候的外号是"小调大王"，他创作了不少有名的歌曲。军区总文工团原先叫胜利剧社，之后变成了总文工团，后来又在总文工团的基础上成立了鲁艺。赵毅敏同志后来不兼任院长了，平常的工作是安波同志一个人做。这所学校是他白手起家做起来的，没有桌椅板凳，什么东西都没有，很穷。从延安来的那些老同志，他们都是延安鲁艺的老师，到这儿来成立草原鲁艺，给解放区培养文艺工作者、文艺干部，培养了上千名学员。

冀察热辽联合大学鲁迅艺术文学院设戏音系，它把戏剧和音乐两个合到一起了，还有美术系和文学系。另外还有少年儿童艺术班，招收小孩子的，再就是短训班。

刘锦山：您是在文学系吗？

胡尔查：对，我们蒙古族学员有十几个，主要都在戏音系里面，还有美术系有几个，文学系里的蒙古族学员就我一个人。我们系主任是骆文，他也是教务长，兼任文学系主任，特别好的一位老师。他面试我，可能是看蒙古族学员里面我在文字方面比他们高一点，所以就把我一个人弄到文学系了。

我们在那儿学的课程，我现在印象最深的是安波同志给我们讲的毛主席《在延安文艺座谈会上的讲话》。那时候没有课堂，都是住在老乡家里面，我们就在沟沿上面，底下是一条流着的小河，上边有一房子高的沟沿，在那底下挖了一个防空洞，老师和学生就在那土地上面坐着，安波老师给我们讲《在延安文艺座谈会上的讲话》。那时候国民党占领着承德——热河省的省会，那地方有飞机，经常飞来骚扰、扔炸弹，一来炸的时候我们就跑到防空洞里面，等飞走了我们再出来，就这么听课。从安波老师讲的课中，我懂得了文艺为人民服务，那时候写的为工农兵服务，如何服务？讲这些东西，怎么深入生活，跟农民怎么打成一片，把屁股从知识分子挪过来，挪到工农兵方面来，改变立场。另外，他还讲如何继承民族的优秀文化传统，对于过去的文化如何取其精华、去其糟粕。在学习过程当中，我们这些从巴林草原来的蒙古族小伙子从小都会唱民歌，安波老师一直非常重视民歌，所以他就组织我们把这些民歌记下来。

那天在电话里面，李宝祥跟我说许直去年过世了，我们俩关系非常好。四五年前，许直说想我了，让我上北京去。他的爱人是个钢琴家，是钢琴家郎朗的授业恩师，把他培养成了世界级的人物。许直的儿子也挺厉害，曾经担任新华社的副社长，叫周树春。虽然许直的名字叫"许直"，但是他姓周。安波同志也不姓安，他姓刘，安波是起的艺名，后来自己真的名字就不叫了。像玛拉沁夫，大作家，我们两个是中学同学，他叫色丹扎布，新中国成立以后到内蒙古文工团又改名荒友，之后写《科尔沁草原上的人们》这篇小说成名了，就叫玛拉沁夫了。那一年我在许直家住了二十多天，每天聊天、逛大街，现在他突然去世，我却不知道。许直经常来电话，有段时间没来电话，他夫人的名字我也没记住，我跟他夫人没什么来往，一直都是和许直通话，所以就不好意思问这件事了。

四、东进

刘锦山：胡尔查老师，您跟着安波整理蒙古族民歌，一共整理了多少首？

胡尔查：我们记了130多首民歌。我不是在文学系学习嘛，文字方面比他们好，安波老师就让我翻译成汉文。这时候解放战争节节胜利，我们从农村进入城市了，打下锦州。锦州这个地方属于咽喉地区，你喘不出气就死了，关外是沈阳、长春这些大城市，要解放这些地方必须先解放锦州。安波他们一部分人作为先头部队，先进入锦州接收俘虏，尽是国民党的嫡系部队。我们随后到了锦州，走了九天九夜，我过去没走过那么长的路，脚底下都起了血泡，晚上拿针挑开，把那个水都挤出来。130多首民歌，那么厚的一摞白纸，行军都得背着，一般不用的东西，你再舍不得也得扔掉，都得轻装，只能背条薄褥子、薄被子，枕头都没有，再背上稿子，我那时候一个十八岁的小伙子，背着这些进了锦州，可把我累苦了。

我们就驻扎在紫荆山底下，山底有一条小河，旁边是北大营。冀察热辽联合大学鲁迅艺术文学院在那招第三期学员，我们是第二期学员，只是已经毕业了。我们好多同志都随着第四野战军进关了，解放天津，然后跟着部队南下。当时进关这一部分人成立了鲁艺文工团，我已经被编到那里了。我们那时候哪有什么客车，就是闷罐车，拉牲口的，进了车厢把行李一打开，往那儿一躺就等着车启动了。这时候突然来了一个命令，说安波院长让我下去。安波同志挺留恋那些同志。于是学校决定由骆文同志带领着大部分人组成鲁艺文工团，另留下一小部分人到东北局报到，安波同志是到东北局报到。我都要走了，安波同志想起来民歌在我这儿，还得出版呢，便突然让我下去。好多蒙古族同学都进关了，大家一起抱着哭得很厉害。他们走了，我们又回到原来的宿舍里，后来待了几天就坐火车进沈阳，到东北局报到去了。

在我们去之前，沈阳就成立了东北文协文工团。像著名演员李默然，那时候在东北文协文工团演出科当科员，后来他演话剧《曙光照耀着莫斯科》，全国会演得了第一。我在东北文协文工团文学美术组，组长到党校短训去了，我就任代理组长。那时候我得了肺结核。热河那个地方80多年没有那么大旱过，我们每天喝稀粥，到野地里找苣荬菜、苦菜，跟小米拌在一起熬粥，喝稀米汤。一天供应的粮食也就是七八两，其中一半儿都救济给了灾民。我们就喝粥，安波同志当伙夫做饭，我们都一起喝粥，院长也喝。正在成长的时候光喝粥，你说身体能受得了吗？得肺结核后把我隔离起来，其间我继续整理民歌，翻译，屡次进行修改。那时候沈阳音乐学院的院长叫李劫夫，像《歌唱二小放牛郎》《革命人永远是年轻》《我们走在大路上》，这些歌都是李劫夫作的，很厉害。李劫夫是院长，他跟安波是老朋友，在延安的时候就是战友，都是鲁艺的。我那个稿子经过他和安波同志审，审完了以后说差不多了。

沈阳有个太原街，像北京的王府井似的商业街。有一天我在商业街上溜达，一下碰到同学阿民布和，他是戏音系的学员，也是招生人员之一。他是第一期学员，第二期又跟我们继续学。他后来是军区文工团团长，没转业就离休了。他当时是内蒙古骑兵第三师宣传队队长，因为演出需要化妆品，小地方买不到，他上沈阳去买化妆品，就碰上我了。他说："你怎么跑这儿来了？"我说："我毕业以后跟着安波同志到东北文协文工团来了。你来见见安波同志吧,咱们好长时间没见了。"他就来这见了见安波同志。阿民布和回去以后,把我这个情况跟他们师长汇报了。师长是孔飞,乌兰夫的妹夫,曾任内蒙古自治区人民政府主席,当时是骑兵三师的师长。阿民布和跟孔飞说有这么一个人才,现在在沈阳,把他要到咱们部队多好啊!孔飞跟安波同志都是老革命,在延安的时候就在一起。搞土改的时候,他们是一个工作团,又在一起。安波同志跟我讲:"你跟许直带着稿子到乌兰浩特去,想办法让内蒙古党委出版这个民歌集。你是民族干部,民族干部还要回到民族地区,为自己民族服务。你早就毕业了,把民歌出版以后,许直还回来,你就留在当地到骑兵部队去吧。"

五、回到内蒙古

刘锦山:胡尔查老师,您什么时候回到乌兰浩特的?

胡尔查:1949年9月,我们坐北上的火车到了乌兰浩特,找了内蒙古党委工委书记王铎。我们跟他见面说了这些情况,他很支持,让我们吃、住在内蒙古文工团,在内蒙古日报社印刷厂印刷这个稿子。我们每天跑印刷厂去排字,一个小个子的人很熟练,那些蒙古族小徒弟都是他培养的,他给排字、排曲子。曲子是很难排的,蒙古文、汉文加上曲子的线符,那本书的名字叫《蒙古民歌集》。1949年的10月1日新中国成立,11月这本书就出版了,这是新中国成立以后的第一部民间文学作品集,那时候汉族民歌也没出版的。抢救少数民族的文化遗产,我们走了第一步,起了一个抛砖引玉的作用,还有一个著名的诗人在《文艺报》上表彰了我们的民歌。许直带了20

图2 《蒙古民歌集》

多本回了沈阳。当时我在内蒙古文工团住了好长时间，从团长到团员都在一起生活。我住的大炕旁边是美丽其格——《草原上升起不落的太阳》的作者，这边是通福——《敖包相会》的作者，还有玛拉沁夫。后来内蒙古歌舞团团长让十几个人在一个大炕上，我们都在这儿，晚上唱民歌，有想念母亲的歌，唱得太好了。一次我在哈尔滨的霓虹桥上走着，有个报栏上展示《人民日报》，上面介绍《草原上升起不落的太阳》。美丽其格真厉害，歌词写得多妙，很多外国人现在都唱《草原上升起不落的太阳》。

刘锦山：您刚才讲了上课的时候安波院长讲毛主席《在延安文艺座谈会上的讲话》，除了这些还学一些什么课程呢？

胡尔查：好多解放区的短篇小说选，像周而复写的《白求恩大夫》。《白求恩大夫》写得多好，看着都掉眼泪。这些都在那本小册子上，现在这本书我没有了，不知道扔哪儿去了。还有康濯写的《我的两家房东》，这些小说我都看过，很受这些作品影响。骆文还有沙蕻老师，都讲过这些作品。

刘锦山：一期是几个月呢？

胡尔查：六个月，在这半年时间里还要帮助老乡干农活，参加好多劳动。部队上不是有骑兵吗，还有拉车的马、骡子。这里旱得地都裂缝了，不长东西。我们都是有任务的，每天都得漫山遍野去薅草，找这一棵、那一棵，要交够数的任务。还得学着弄羊毛，把羊毛撕开弄干净以后，还得捻线，跟女同志学着织毛衣，给解放军战士织毛衣、毛裤，算是勤工俭学，搞这些东西。

刘锦山：一边劳动，一边学习。

胡尔查：所以学习的课程并不是那么多。

刘锦山：学校什么时候结束了？

胡尔查：打下锦州以后，骆文老师领着鲁艺文工团进关了，一部分留下来办第三期，第三期学员都是国民党的那些知识分子。那时候把我留下来，和安波老师住在一间屋子。那时候我已经入党了，我给安波老师当秘书，培训那些学员。后来一部分学员跟着我们去了东北文协文工团，很多学员都留在那儿当了演员，还有在音乐队的。

刘锦山：办完第三期以后，鲁艺是不是就停了？

胡尔查：它结束了，军区这时候都解散了，跟着野战军进关，都打散了。大部分到了武汉，那些成立话剧团、歌舞剧院、文化厅、图书馆的，都是我们鲁艺的人。像《长江文艺》《长江丛刊》，骆文老师亲自任主编办刊物。

刘锦山：胡尔查老师，您刚才讲到出版民歌集之后，到了内蒙古文工团，请您接着再讲一下后面的情况。

胡尔查：内蒙古文工团要留我，骑兵三师说定了让我到那儿去，人家老催着让我去。当时我得了阑尾炎，在军队的后方医院做的手术，做完手术就发高烧，42度高烧，伤口往外流脓流血。给我做手术的大夫是军人，很暴躁，说我这个人很矫情，跟我发脾气。护士说这个人已经烧到42度了，还流血流脓，他一看真是，这是被感染了，给我敬个礼，道歉，我们后来成了好朋友。做完手术消炎以后，肚子里有球这么大的东西，不知道是什么，气也不敢使劲喘，说话也不敢大声说。部队的人每天早晨起来都骑马训练，我不能上马也不能骑马，疼得不行。部队上很照顾我，像组织科科长、孔飞师长的夫人云清，是乌兰夫的亲妹妹，对我可照顾了；还有直工科科长廖殿明，她的爱人叫刘昌。刘昌也是一名老红军，后来是内蒙古军区的副政委。我这么待下去，疼得不行又不能工作，在那让人家养活着我，时间长了我不好意思了，我就跟组织上提出来到地方去。

到了乌兰浩特以后，政治部副主任叫胡昭衡，我从军大毕业以后在乌兰浩特听过他的报告，那时候他是二师的政委，后来做内蒙古自治区党委宣传部部长、天津市市长，又到卫生部当副部长，挺厉害的。胡昭衡同志让我到内蒙古军区文工团，我说到军区文工团跟部队一样，也得经常下乡演出，肚子疼得大气都不敢喘，所以我又回到内蒙古文工团了。那时候内蒙古文工团还在乌兰浩特，我就回到乌兰浩特，跟那些认识的朋友们在一起。不久，内蒙古的一些机关从乌兰浩特往张家口迁移。东部区建立后，东部区党委、东部区行署要把内蒙古呼伦贝尔文工团与哲里木盟文工团调到乌兰浩特合并，成立东部区文工团。上级让我在招待所住着，等待这两个文工团合并后，让我到那儿工作。这个文工团有正副团长、协理员，有总务科、演出科、编译科，总务科管文工团的吃喝拉撒睡；演出科管乐队、戏剧队、舞蹈队，管演出的事；编译科管编写剧本、演唱材料，把蒙古文翻成汉文。上级任命我为编译科的副科长，不久又成了科长。我待了一段时间以后，东部区文联成立了，由东部区党委宣传部领导。东部区文联成立了音乐工作者协会和文学工作者协会，让我负责文学工作者协会，内部叫东部区党委宣传部的文艺处，对外就是文联。

我在那里从1952年7月一直工作到1953年8月，中共中央内蒙古分局来了个调令，让我到北京中央文学研究所深造，这个研究所后来改称中国作家协会文学讲习所。我们是第二期学员，内蒙古就玛拉沁夫、我还有安柯钦夫三位学员。安柯钦夫又叫漠南，他在内蒙古文联当过副主席，之后调到中央民族大学艺术研究所，也是中国作协的理事。我们三个在那学习，因为人多，分了三个组，我被分到了诗歌组。我们那个组组长叫张志民，是个有名的诗人，河北人，人非常好。组员有苗得雨，山东人，毕业以后任山东文联副主席，农民诗人，从小就写诗；还有一个叫孙敬轩，毕业以后到四川去了，曾任四川作协的副主席；和谷岩，《枫》的作者，《解放军报》副社长，军级干部；还有刘超，之后当了《民间文学》的主编，又到中国摄影家协会当领导。刘超现在还在北京。张志民、孙敬轩、苗得雨、和谷岩都过世了。我们在这儿深造了一番，那可真厉害，中国的大文人都给我们讲过课，郭沫若、茅盾、老舍……我们这一年零十个月真学了不少东西，古今中外的名著都看，开讨论会、写论文。其中，苏联文学、法国文学对我们的影响太深了，像普希金、托尔斯泰、高尔基以及巴尔扎克，巴尔扎克的《人间喜剧》傅雷译得真好。我们受到了很大的影响，在这儿深造以后我们的文学功底深了，写作能力也提高了。政治学方面，中央高级党校副校长杨献珍亲自来给我们上课，知识面太广了。那时候，田汉、曹禺都给我们讲课，还有天津市文化局的局长方纪，这个人讲课很棒。鲁艺把我领进门，在中央文学研究所我真正得以深造。

我是东部区调来学习的，正好这时候东部区要撤销，内蒙古文联的领导、大画家尹瘦石知道我在那儿学习，特意从呼和浩特到北京动员我。抗战时，尹瘦石在重庆搞书画，尹瘦石的画与柳亚子的诗齐名。前几年尹瘦石的儿子又给他父亲办了一个展览。我们民歌集的封面上是一个艺人在拉胡琴，那个艺人就是尹瘦石给我们画的。那时候，内蒙古画报社属于内蒙古日报领导，《内蒙古画报》第一任社长就是尹瘦石。当时尹瘦石到北京劝我说："老胡，我们听说东部区快撤了，你回去也没地方待了，你干脆到内蒙古文联来工作吧。"我说："那好啊，我毕业以后就到你们那儿去。"毕业以后先回去搬家，我家人还在东部区，我爱人在中苏友协工作，那时候她们从乌兰浩特搬到海拉尔去了。我回去后领导不让我走，我说："内蒙古党委宣传部、组织部有调令的。"这才放我。

内蒙古文联有创作组，组长是玛拉沁夫，我们学完都回来了。我去了以后，文联专门给我成立了一个民间文学研究组，我是组长。在那儿待了一段时间，我到下边去搜集民歌，到伊克昭盟采风。这时候文化部下来一个文件要求紧缩编制，像创作组、民间文学组都得取消。内蒙古有个文学刊物《草原》，于是让我到那儿去工作，可我不愿意做编辑工作。当时有个内蒙古历史语文研究所，所长叫额尔敦陶克陶，是我中学时候的蒙古文教员。我就跟他联系，他欢迎我，我那时候也算有点小名气了，他需要我这样的人到那儿工作。

后来又把我从内蒙古历史语文研究所调到内蒙古师范学院，当了16年的老师。

刘锦山：您是哪一年去内蒙古师范学院的？

胡尔查：我是1963年去的，在中文系蒙古语专业。中文系分汉语和蒙古语两个专业，实际上是两个系，现在内蒙古师范大学蒙古语专业成了蒙古语学院。我刚去的时候教翻译课，后来系里认为我汉语比那些蒙古族老师好，就让我教中国古典文学，教了16年。

鲁艺短训班的大作家敖德斯尔同志是内蒙古文联的常务副主席，我有事儿到内蒙古文联，一下在门口碰到了他。我在骑兵师的时候，三师曾到突泉县作战，他那时候从部队去的短训班，之后又回到部队，我们在一个支部，他是我们政治部宣教科的副科长，团级干部。我们在鲁艺短训班是同学，出来在部队又是战友。后来到呼和浩特市工作的时候我们也经常联系，他用蒙古文写的东西，我来翻译。见了我以后他跟我说："老胡，你还是回文联，咱们再一起共事。"就这样我又回了文联，我当了中国民间文艺研究会内蒙古分会的常务副主席兼秘书长，兼管内蒙古曲协的工作。后来，我又担任内蒙古民间文艺家协会主席。1989年离休，但是没让我回家，又返聘了，直到2008年我才退下来。

六、创作生涯

刘锦山：胡尔查老师，您刚才给大家介绍了您的工作经历，下面请您介绍一下您这么多年来创作的一些代表性的作品，还有您获得的一些荣誉和奖项。

胡尔查：内蒙古第一次评奖的时候，都是搞说唱文学，所以叫群众文艺评奖，用现在的话来说就是通俗文艺。那时候领导不让你写小说，说唱的东西比较现实，能很快地反映当前的生活。我写了一篇鼓词叫《昂嘎呼护路》，昂嘎呼是一个妇女的名字，作品讲她保护公路的故事。我在乌兰浩特下乡以后第一篇作品就写的这个。在白阿铁路线上，乌兰浩特的前一站，旁边有一座山叫翁根山，是很高的一座大山。有一天发大水了，把铁路的路基冲了一个大洞，这个村里有一个蒙古族妇女，当时还怀着孕呢，她一看大事不妙，淋着雨把有洞的地方堆起来，列车过去才没有发生危险，要不然压断路基以后车就危险了。从白城子到阿尔山有十几辆车，起码有几百上千人，要不然得造成很大损失，这是一个大事件。这个妇女不顾自己的生命危险，拼出命来保护路基，我就把她的事迹写成鼓词，给《内蒙古日报》投稿。1952年，《内蒙古日报》副刊上登了这篇稿子，之后获得群众文艺评奖一等奖。那时候我正好在北京学习，他们便把奖状给我寄去了，还给我寄了300块钱的奖金。那时候300块钱可不得了，小米才三分钱一斤，一毛钱能买一大堆西红柿。

刘锦山：这是您第一部获奖的作品，是一篇鼓词。

胡尔查：从翻译《蒙古民歌集》那时候开始，我就做诗歌的蒙译汉工作，散文很少翻过，还翻译了几十篇民间故事。诗歌我翻译得最多，如参与了我国三大史诗之一《江格尔》的翻译，七八个国家的翻译专家都翻译这个作品，我翻译了19000多行，按照10行算1000字，共190多万字。新疆维吾尔自治区的蒙古族人使用托忒文。新疆维吾尔自治区有两个蒙古族自治州，一个是巴音郭楞蒙古自治州，一个是博尔塔拉蒙古自治州，他们有报纸，专门讲《江格尔》的艺人叫江格尔沁，内蒙古人民出版社把托忒文变成蒙古文，出了两本上下册的书。他们没有把蒙古文翻译成汉文的人才，所以新疆人民出版社的王黎明编辑请我来翻译，我用四年多的时间翻译这部作品，我儿子出了车祸以后我什么也干不下去了，停了四年，后来我又继续翻译，到底给翻译出来了，获得了内蒙古"索龙嘎"文学奖翻译一等奖。

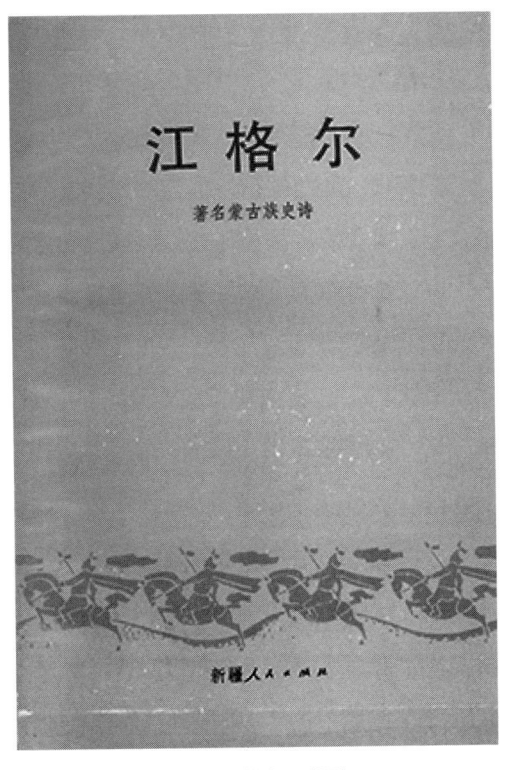

图3　胡尔查翻译的《江格尔》书影

刘锦山：这是哪一年得的奖？

胡尔查：1990年。还有中篇史诗《乌赫勒贵灭魔记》，有3000多行，还获得了全国优秀民间文学的翻译奖。

刘锦山：除了刚才讲的作品还有哪些？

胡尔查：后来我没有搞创作，专门从事文学翻译。我们蒙古族的作家很少，有尹湛纳希，他写有《青史演义》《一层楼》《泣红亭》；有戈瓦，做过内蒙古教育厅副厅长，他翻译过《一层楼》；鄂尔多斯有一个叫贺什格巴图的古代诗人，我的老师额尔敦陶克陶搜集到两三首他的诗，我都给翻译过来；后来有一个叫哈斯比力格图的文人，把一摞子作品都翻译成汉文送给我，我都保存着。一个小说家、一个诗人，古代文人就这么两个。其他的都是民间文学，像蒙古族的史诗、民歌、民间故事、谚语、祝赞词，这些东西我几乎都给翻译了，远方出版社出版了三卷本《胡尔查译文集》，第一卷是蒙古族英雄史诗，第二卷是蒙古族谚语，

第三卷是蒙古族民歌、民间故事。我不是说民间故事译得少吗？我也在中国民间文艺出版社出版过一本《蒙古族动物故事》，介绍民间故事里动物的故事，像猫、狗、兔子、狼、狐狸，我喜欢那种故事，翻译了几十篇。

刘锦山：您把蒙古族优秀的民间文学作品翻译成汉语，对于蒙古族优秀的民间文学、文化的传承和保存，可以说功德无量。

胡尔查：除了民间文学以外，我还翻译了蒙古族现代著名诗人的诗歌，这些人有的是我的学生，有的是我的同行、同事，我就长期地、系统地翻译这些作品。蒙古语作品必须翻译成汉文才能出名，很多人都不懂蒙古语，读者范围也小，所以翻译工作很有意义。历史上根本没有人把蒙古族的文学作品翻译成汉文。蒙古民族的文化特别发达，取之不尽，挖之不绝。所以我就想，我不写东西，专搞翻译，把我们的东西翻译成汉文，让它走向全国，这意义很大。《内蒙古日报》首席记者刘少华，从内蒙古大学毕业之后，写的第一篇报道就出名了。我跟他父亲都是好朋友，他在很多报纸上介绍我，给中国国际广播电台写稿子，介绍我的业绩，中国国际广播电台用七种语言向世界介绍过我。

刘锦山：胡尔查老师，最后请您简短地总结一下您在鲁艺学习的这几个月对您的影响。

胡尔查：它决定了我这一辈子干这个工作。鲁艺造就了我，从在安波老师领导下搞民歌开始，我这一辈子就跟民间文学打交道了，翻译作品，把民族的东西往外介绍。鲁艺对我的影响特别大。

刘锦山：胡尔查老师，您刚才把鲁艺对您的影响进行了概括。今天您谈得非常好，感谢您接受我们的采访！

鲁艺杰出学员之五

采访时间：2020 年 4 月 25 日
初稿时间：2021 年 6 月 20 日
定稿时间：2022 年 8 月 10 日
采访地点：赤峰市图书馆"赤峰记忆"拍摄现场
版　　本：文字版

李宝祥速写

乌云高娃：各位朋友，大家好！今天是 2020 年 4 月 25 日，这里是赤峰市图书馆"烽火草原鲁艺人"拍摄现场。今天采访的嘉宾是李宝祥老师，您好李老师。

李宝祥：您好。

一、鲁艺文学系的故事

乌云高娃：草原鲁艺学员分配到各个地方，他们成为新中国文化战线的骨干，这方面情况您给介绍一下。

李宝祥：草原鲁艺解散以后，这些人分六路大军到全国各地，有的到了东北，有的到了北京，有的到了南方的武汉，有的留在了内蒙古草原。我觉得衡量一个学校教学成果究竟怎么样，主要看这些学员走出学校以后，在社会主义革命建设当中的作用是什么样，这是很重要的。

草原鲁艺的历史功绩，赵毅敏先生也曾经讲过，鲁艺培养的人都成为新中国成立以后文化战线的脊梁和骨干，有的成了音乐家，有的成了剧作家，有的成了知名的歌唱家，在基层文化战线中得到领导职务的也很多。我觉得草原鲁艺虽然办学时间很短，但是培养的人才还是很多的，下面我会列举一下从当时鲁艺所设的各系、短训班、少艺班走出去的这些人。

我觉得它所设的系，文学系方面的成果最大，前面我讲了骆文亲自教学，各方面做了很多，学员读了中外的名著，收获是很多的，这些人出去以后不少都成为各个省（自治区）、市文艺期刊的主编。作为文艺期刊主编，在培养文化新人、培育作者这方面做出了贡献。

我举一个例子，刘哲。刘哲先生是草原鲁艺文学系的二期学员，后来担任河北省出版局领导和花山文艺出版社的社长、总编辑、党委书记。我在编辑《烽火草原鲁艺人》的时候，好多人都劝我，你应该让他看一看，让他提提意见，他毕竟是当时的见证人。另外，他文笔是很好的，人也很热心，我通过褚广森先生的介绍认识他，我把第一遍稿给他送去了，我的意思是请刘老对稿子大的方针政策、时代背景这方面多提出一些意见，另外文字上给予修正。他读了书稿以后，不但对整个书稿提出了一些意见，对文字进行了校对，而且还写出了一篇《读〈烽火草原鲁艺人〉的感言》。他比我强，人家会上网，电脑使用得不错，他在网上还发了《读〈烽火草原鲁艺人〉的感言》，引起很大的轰动。

人家为我们基层的作者写出一篇感言来，我受宠若惊，最后我在《烽火草原鲁艺人》中把它作为序言。那个序写得是很有水平的，对当年鲁艺的情况也表述得很谦虚、谨慎。他在离休之后还为河北以及全国各地的出版社编了400部书稿。他是一级编审，被河北省评为优秀共产党员、突出贡献者。他还给我邮了一些书，有他的一些回忆录。我们俩到现在也没见面，但是有通话，在微信上聊天。他身体还是可以的，现在移居到天津去了。

范程是辽宁《鸭绿江》期刊的主编，培养了很多的业余作者，像浩然的作品都发表在他的《文学青年》上。辽宁的作家金河、迟松年，还有儿童文学作家胡景芳，都是在他的扶持下崭露头角的，他甚至对每一个作者的来信都热情地回复，提出一些修改意见、鼓励等，甚至有的时候他的修改意见长度不亚于原作。所以在东北地区范程是很有名气的，我们赤峰有好多的作者包括我，也见过这个人，像李凤阁、王栋、张向午、丛培德他们都很熟，范程对基层作者的培育做出了很大的贡献。

乌云高娃：鲁艺文学系还有哪些故事呢？

李宝祥：文学系的我再讲一下苏中。苏中在鲁艺文学系的时候曾经在《群众文艺》期刊上发表了一篇小说《童养媳》，引起很大的反响。两年前他带着他老伴儿来赤峰，他老伴儿黄珉也是当年鲁艺的，他们到了赤峰市群众艺术馆，又到文化局打听我电话，想告诉我送他的书他收到了并表示感谢。他是个文艺评论家，曾经调到中国作家协会主办的《人民文学》当评论组组长，发表了很多评论文章。这个人很谦虚，身体还不错，骆文也是他老师，他每年都带上老伴去看骆文。他们到赤峰后，我去见了他和他老伴儿。他是跟着女儿和女婿出来的，可能在朝阳那块有些亲戚，顺便到赤峰来看看我，我们也拍了一些照。我说这么远来了，到一个奶茶馆吧，用民族的礼节招待招待他，他挺高兴。

冯放成名在湖南，是我们国家著名的国学家、文艺评论家。他是鲁艺文学系的学员。这个人是搞创作的，到了草原鲁艺以后他不想在鲁艺待，他想到东北投入战争当中，他要写中国的"战争与和平"。他跟安波关系是很好的，后来安波反复做他工作："你就留在这，现在需要你在这块。"他说："我不想在后方，要到前方打仗。我不想在鲁艺待了，我想到前线去。"他跟安波天天磨，最后安波说："既然你有时间，文艺学习这个课你去讲吧。"有些文学系的老师调走了，去了锦州，冯放原本是学员，后来他就成了老师，讲起课来了。当时他写了一些文章，还是不错的。

冯放在家乡原是党员，由于没有入党介绍人证明，到鲁艺就没有被承认，这一直是他在心里惦记的事。安波最后跟他说："你这个党员没定下来是因为没有证明人，但是你要相信党，将来会给你证明的。"安波这时候举了一个例子，他说在延安他也受过处分，在延安的时候他创作了《兄妹开荒》，抢救陕北民歌正在兴头的时候，组织让他到东北来，他不想来，领导对他不满意，就被处分了。安波说："有些事早晚你就会理解的。现在我也想搞创作，我也不想当领导。"安波两次给他写信："我也不想当领导，现在组织上希望你做，你作为党员就得服从组织，你得听啊。"另外给他回信说："你解决婚姻问题吧，可能对你将来也有好处。"他太直性子，敢言敢怒，又是地主家庭出身，所以每次运动都离不开他，都挨整。他在湘桂交界的大瑶山一带，大概度过了15年。

后来我跟他通了信，把书给他，他给我写了将近一万字的草原鲁艺回忆录，让他姑娘打出来给我。当年鲁艺怎么样、他的人生历程、学术界的观点，谈了很多很多，并且谈到对《烽火草原鲁艺人》还是比较赞赏的，这些资料我都留着。我觉得《烽火草原鲁艺人》能够得到这些专家的认可，那是很不容易的事。

除了前面谈的以外，我想重点谈一下胡尔查先生。胡尔查先生在鲁艺的时候是文学系的学员，安波在整理、记录民歌的时候需要翻译，就把他调来做翻译工作。他和许直一个是记录音乐的，一个是记录歌词的。因为他是巴林右旗人，会唱很多民歌，这一次记录是以巴林右旗、巴林左旗的民歌为基础的。他很熟悉民歌的背景，也知道民间流传的故事，他下了好几年的功夫。在那拉碧流初步整理完民歌以后，又背着初稿到了锦州。在锦州北大营没有电和暖气，甚至连桌子也没有的情况下，他和许直战胜了很多困难，继续搞搜集整理。后来鲁艺解散以后，他跟着安波到了东北，因为内蒙古地区缺人，通过组织部门、政府之间的协调，他就被调回到内蒙古。他不愿意回来，后来安波说既然内蒙古地区需要你，你就赶紧回去吧。他回去以后，安波还让他和许直带着《蒙古民歌集》到了乌兰浩特，在那儿出版。1949年11月，在乌兰浩特内蒙古日报社出了第一个版本，他立下很大的功劳。

他回到内蒙古以后，任内蒙古民间文艺家协会主席，在民间文化搜集、整理、翻译这方面做出了很大贡献，特别是翻译了蒙古族英雄史诗《江格尔》。1958年，他出版了《昭乌达民歌集》。后来，他又出了三卷本的《胡尔查译文集》，也送给我了。他主编了几个全国文化集成的内蒙古卷本，所以在内蒙古地区来讲也是突出贡献者，得到了内蒙古自治区党委和人民政府的表彰。

文学系的还有刘岱，做过湖北省作家协会副主席。莎蕻，边区诗人，写了很多的诗，创作了诗歌《人民英雄董存瑞》《红旗，红马，红缨枪》，这些都是很珍贵的作品。

二、鲁艺戏音系的故事

乌云高娃：李老师，接下来请您说一说戏音系的学员。

李宝祥：戏音系学员我想说徐自刚和陈文庭，他俩是承德话剧团的导演，是在鲁艺的直接培养下成为导演的。因为原来他们不懂什么叫导演，戏怎么导。《青松岭》是徐自刚导演的，《懿贵妃》《班禅东行》是陈文庭导演的，这些影片在全国影响很大。如《青松岭》是在1965年华北区话剧歌剧观摩演出会开幕式上演出的。主演李仁堂就是承德话剧团的，演大凤的杨卉村也是那的，承德话剧团是草原鲁艺直接抚育成长起来的艺术团体。

徐自刚、陈文庭导演的《班禅东行》在全国演出，引起很大反响，为承德话剧团立了功。承德话剧团在全国话剧界是有一定影响的，徐自刚和陈文庭是咱们赤峰人民的骄傲。

马龙文，也是戏音系的，也是咱们赤峰人。他们一家三人（马龙霞、马龙文还有他弟弟马龙武）都在少艺班学习。《热土》里有一个小孩要参军，说的就是这个事。他弟弟在鲁艺的时候被别人误伤了，死在了这里。马龙霞是辽宁歌舞团芭蕾舞的导演、编剧。马龙文是研究河北梆子的，出了一本专著，是河北梆子研究的第一部专著，也受到戏剧家赏识。另外还有一件事，当年他们家三人都到鲁艺学习，只留一个老母亲在家。后来，他老母亲也到鲁艺了，部队的编制不可能随便都进，所以让他母亲搞后勤。

任景平也是戏音系的，他原是敖汉旗一个小学教师，后来成为湖北省音乐家协会副主席、湖北人民广播电台副台长。他怎么样到鲁艺的呢？他原来是敖汉旗一个小学的教导主任,后来听说办了草原鲁艺,他就跟领导说想去,领导同意了。于是他就跟另外一个人背着行李,走了一天,到了宁城的那拉碧流,经过测试被录取为鲁艺的学员。测试是怎么测的?其实就唱一段简谱。

走出鲁艺以后,他作为湖北省音乐家协会副主席、湖北人民广播电台副台长,办了很多群众喜欢的活动,也培育了很多业余作者。我和老伴到湖北见过他,走到他所在的家属院的时候,看见一个老头拄着拐杖接我们,陪我们去的是黄毅与张雁。任景平见了我们就说:"见到故乡的人我太高兴了,我要见不到你们,是我这一生的遗憾,这就是对家乡的一种感情。"

我们在他的家中还采访了他的老伴儿陈矿。陈矿原来是草原鲁艺文学系的,她的扮相俊美,艺术表演才能高,是湖北省话剧界四大名旦之一。我和老伴儿到了湖北之后,好多湖北人都说,你们应该写陈矿,她不仅在武汉话剧界是一个精英,还是你们赤峰人的媳妇儿。原来我并没有收录她,因为她在锦州的时候参加的鲁艺,但是后来我把她加上去了。她曾经演出了《南海长城》等30多个剧目,扮演了中外不同类型的人物。她那些剧照我们都看了,很漂亮。

陈矿不是赤峰人,是北京人。她在北平的时候参加民主青年联盟,在北大的民主广场参加革命宣传,印发革命传单,传唱革命歌曲,引起国民党的注意,所以党的地下组织要把这些热血的青年秘密地送到解放区来。那个时候到解放区可不是那么容易的事儿,路过敌人的封锁线时,上面有飞机轰炸,地上还有残余势力阻挠,还有无人区,转移是很难的。党的地下组织一个接一个地往外送,把她送到鲁艺,于是她才成为鲁艺文学系的学员。但是回到武汉以后,她就成了话剧演员,走向艺术这条路。

三、鲁艺美术系与短训班的故事

乌云高娃:李老师,听您这番介绍,感到草原鲁艺真的是人才辈出。请您再说一说美术系的学员。

李宝祥:美术系里有个李元,又名李墨祖,今年可能九十五六了,他当时是学员，后来做了老师，在短训班教美术课。他同时也是抗日干部，当时华夏还有高庄都是他的老师。他画过《兄妹开荒》的连环画，也搞过一些创作，后来因为年龄比较大了，又有一定基础，就让他到短训班当老师去了。

这个人我采访过，他原来是周扬的秘书，"文革"时期受到迫害，后来有点木讷了，根本画不了画。后来经过一些年的康复，逐步地恢复语言能力、绘画能力，画也在全国获了奖。他在85岁开始画长城，长200米，宽十几米，为此他走遍了长城的各个隘口。我问他为什么画长城，他说长城是中华民族的象征，在抗日战争时期长城也保护了他的生命。以85岁高龄开始画长城，在世界美术史上可能也是唯一的了。

他的《长城万里图》在北京、济南等地展出，他还跟我说能不能到赤峰展出，也是一种回报。回来以后我跟领导说了，领导说也没有这么大的地方供展出，这个事儿也没成。

还有美术系的杨兆三，他会雕刻，用梨木刻了一个鲁艺公章，安波看见以后，说这个挺好，到美术系吧。他原来是回民支队的，回民支队说他个子小，不太合适，就把他介绍到鲁艺去了。杨兆三后来到了北京，在《中国青年报》任职期间办了很多书画方面的活动，特别是受联合国环境规划署委托，带着考察团到丝绸之路考察，沿途写了很多文章，在《中国环境报》上发表还获奖了。他在生态文化这方面也做出不少贡献。

还有一个舞蹈家是可平，辽宁省舞蹈家协会名誉主席，他也是美术系的。可平在鲁艺搞一些舞美和灯光设计，像《秋收歌舞》他都参加设计了。

还有一个小提琴演奏家，北京的韩梦民，也是美术系的。最初朝鲁也是在美术系，后来到戏音系去了。诗人巴·布林贝赫也是美术系学员，他曾经说："鲁艺是我人生的转折点和创作的起点。"

短训班的有敖德斯尔，他从林东带了十几个人，从昭乌达盟蒙汉联军政治部到这儿来进行培训。这个人是内蒙古作家协会副主席、内蒙古文联副主席，知名的作家，写了很多作品，出版了个人的文集，也获得了内蒙古自治区党委、政府颁发的杰出贡献奖。

还有道荣嘎，他是民间文学家，现在还在，但是住院了。他的外孙女在赤峰学院教书，是博士。道荣嘎作为民间文学家，抢救蒙古族英雄史诗《格斯尔》，出了很多书，做出了很大的贡献。

短训班里还有达林太，他是影视表演艺术家，在影视剧中扮演过很多领导形象。

我再给你说一个少艺班的赵美玉。赵美玉是地地道道的赤峰人，来鲁艺时才14岁，因为扮相美、形象好、嗓音亮，被选入少艺班。她是少艺班最大的，饰演过《白毛女》的主角喜儿。到了湖北以后，她是武汉歌舞剧院的知名演员，演出了很多剧目，也参加了中国青年艺术团，到国外进行文化交流演出。她演出过《采莲船》，是一个很有艺术天分的演员。

很多人说你应该写写赵美玉，包括褚广森也建议我写。赵美玉当时是明星，我说没掌握材料怎么写。我到湖北以后，扮演大春的黄毅给我介绍了很多赵美玉的情况，但是没有她的照片。后来我又在赤峰找到她的家。咋找到的？鲍喜章是原来报社的副主编，看到这本书以后，说赵美玉就是他姐姐的小姑子。通过各种介绍我终于找到了，弄了几张照片。赵美玉的丈夫是著名的话剧演员马奕，马奕在话剧中扮演过列宁，也是很出名的演员。

四、内蒙古地区的草原鲁艺人

乌云高娃：李老师，我再问一下，在文化战线的骨干中，内蒙古地区的草原鲁艺人有哪些？

李宝祥：胡尔查先生说，草原鲁艺培养出的这些人，占内蒙古地区文化战线的半壁江山。这些人出来以后，有的是文化单位的领导，有的是专业艺术团的团长，有的是文联副主席、作家协会主席。敖德斯尔是内蒙古军区文工团团长，他当过内蒙古文联副主席、内蒙古作家协会副主席；胡尔查当过内蒙古民间文艺家协会主席；阿日鯀在内蒙古艺术学院当过领导；达林太也当过领导；岳洪起是内蒙古话剧团团长；褚广森是热河省京剧团的团长、赤峰市歌舞团团长；还有宁城县政协主席、组织部部长查干高劳。

巴林右旗的叶贺吉如木是鲁艺《牧歌》的首唱者，原来是内蒙古民族歌剧团的导演，做过巴林右旗文化局局长。

很多鲁艺学员都在内蒙古地区各级文化单位做主要领导，所以我说鲁艺学员在新中国成立后成为内蒙古地区文化战线的脊梁还是有依据的。

美术系的旺亲拉西、布和朝鲁，新中国成立以后也是内蒙古自治区美术界的佼佼者。清格勒图在《内蒙古日报》做了美编，也发表了很多作品，并在国内外获奖。另外，当时旺亲拉西为海默的《十五的月亮》配插图，得到海默的赞扬，那个插图还是不错的。他创作出了很多表现蒙古族现代生活的作品，像《奔马》《百母百子》。还有一个美术系的学员清白音，他做过天津人民美术出版社总编辑。这个人我联系过，但身体各方面条件不太好，本应该写他，也没写进去。

唱东北大鼓的哈珊格日勒，她到了中南人民艺术剧院，内蒙古一共去了大概十多人。其他人因为内蒙古缺人都叫回来了，只有她没回来，因为她爱人在湖北，当时她是武汉话剧界的四大名旦之一。

奇哈拉哥是内蒙古自治区文化局副局长、党组副书记，他在草原鲁艺组织学员培训、招生，和张有明赶着大车到草原地区去招生，做了很多的工作，在离休之后为《草原鲁艺文艺志》的编写下了很大的功夫，在呼和浩特市骑着自行车到处采访。他也到过赤峰，我见过他，那时候他就搞《草原鲁艺文艺志》，到过宁城，是个非常热心的人，留了很多的资料。在1958年国庆的时候，他在部队作为五好军官参加了国庆观礼代表团。

阿民布和是内蒙古军区文工团团长，作曲家，在沈阳东北音乐专科学校学习过。他也写了很多作品，其中有《美丽的草原我的家》《一轮红日照草原》，有的在电台播放了，有的被编入歌集出版了，有的在内蒙古或全国军区会演中获了奖。

还有一个是阿日鲧，后来成为一名副厅级干部。他曾经在内蒙古艺术学校（今内蒙古大学艺术学院）当过主要领导，他对鲁艺这段生活非常感慨，他说："我在鲁艺待了三个月的时间，我到中南文工团待了三年时间，但是这段时间对我的人生起了很大的作用。"

朝鲁是表演艺术家，在影片《牧人之子》中扮演的阿木嘎，给人留下深刻的印象。他还参演了《包钢人》《成吉思汗》，是汪洗一把手教出来的。

褚广森也是鲁艺学员，现在93岁了。他到了热河省京剧团，在戏剧改革方面做了很多的工作。他策划排演过现代戏《白毛女》，在旧剧团怎么改造、改造旧艺人、招聘人才、提高剧目质量、创作人员这方面探索很多，在热河省京剧团做了很多工作。在赤峰市歌舞团的时候，他在编纂中国民族民间文艺集成志书，也请了蒙古音乐研究理论家乌兰杰来讲授蒙古族民歌，后来到赤峰市文化局做督导员，副厅级干部。他主持全市的艺术集成编撰工作，是我的前任。他退休之后，我主要负责非物质文化遗产的抢救工作，他在这方面也很用心。他也是受到安波的影响，安波对民间文化艺术方面贡献是很大的。褚广森退休以后写了两本书，一本叫《塞外梨园谱》，就是京剧团老艺人的传记，这个是他和老伴一起搞的；后来他觉得还有一些人没写，又出了一本续集。有时老伴会反对他，不是那么支持，所以他就找我策划，找我去帮他想一想。即使冬天我们俩也只能在外面讨论，特别是写京剧团的那部分他写不了，我就帮助他弄一弄。

《塞外梨园谱》是为梨园界的人树碑立传，这也是了不起的。他今年93岁了，可能是咱们赤峰文化界最老的同志了，去年编了一本家谱。他要写一个自传，写了30多万字又给我，让我帮他改。我说："你现在休息吧，不要再搞了，岁数大了，思维也要断线了。"

查干高劳也是鲁艺戏音系的学员，他原来是军队的，后来到宁城县任组织部部长。他在组织部这个岗位上为提高干部素质，该进院校学习的学习，该提拔的提拔，这方面做了很多工作。年轻的干部少，进党校学习很受欢迎，所以他的工作做得是不错的。他后来当宁城县政协主席，组织讨论人民政协如何围绕经济建设，为党委的工作中心服务，很有成效，在内蒙古自治区很有名气。

还有很多人，因为我的资料有限，很多都没收录。像这次我才知道敖德斯尔的老伴斯琴高娃也是鲁艺短训班学员，还为安波搜集过民歌，她负责记录和记谱。我的文章写了搜集民歌这件事，但是我不知道是她参与的，让我觉得很有遗憾。因为不仅是内蒙古有鲁艺学员，其他地方也有，一共1000多人。现在已经过去七十多年了，没有办法，也就到此为止吧。

乌云高娃：感谢李老师的介绍。

鲁艺历史贡献

采访时间：2020 年 4 月 25 日
初稿时间：2021 年 6 月 20 日
定稿时间：2022 年 8 月 10 日
采访地点：赤峰市图书馆"赤峰记忆"拍摄现场
版　　本：文字版

李宝祥速写

刘淑华：观众朋友们，大家好！今天是 2020 年 4 月 25 日，这里是赤峰市图书馆《烽火草原鲁艺人》拍摄现场。今天我们请到的嘉宾是一对夫妇——李宝祥老师和丛立贤老师。李老师、丛老师，欢迎你们！

李宝祥：刘馆长好。

一、多年寻觅，终成篇章

刘淑华：李老师 50 多年来坚持不懈地挖掘、整理赤峰草原鲁艺的资料，并且出版了纪实文学《烽火草原鲁艺人》。请您跟大家谈一谈您的创作经历。

李宝祥：2010 年，我出版了我的第一个文集，名叫《寻觅·守望·放歌——

图1 李宝祥（左二）、丛立贤（左一）夫妇接受"赤峰记忆"采访

李宝祥草原艺术研究与创作文集》。原本我打算再写一部回忆录便罢笔，在家颐养天年了，可是当我拿起鲁艺相关的资料时，心里头沉甸甸的，它不仅是一纸文字，也牵动着我40来年的追寻。

实际上早在"文化大革命"时期我便有写《烽火草原鲁艺人》的想法了。那时，我从即将焚烧的废纸堆中得了一本《东蒙民歌选》，主编为安波。我从《东蒙民歌选》中知晓昭乌达盟草原建立了一个冀察热辽联合大学鲁迅艺术文学院，也就是通常所说的草原鲁艺。那算昭乌达盟最高级的艺术学府了。作为基层的人，我心向往之。

其实安波也给了我不少动力，他在《东蒙民歌选》里记录的很多民歌都源于巴林草原，起初我便生活在巴林草原，在乌兰牧骑搞音乐创作。我都不知道那么多民歌，人家安波从外乡来的都能够收集那么多。他这种精神给了我很大的鼓舞，我也想做一个有心人，慢慢地去调查鲁艺，了解鲁艺。

奈何种种想法终归是停于表面，待有进一步的想法时，已是20世纪70年代。当时昭乌达盟归辽宁省管辖，我作为巴林左旗代表参加文代会。途中偶遇巴林右旗文化局的叶贺吉日木，他是《牧歌》的首唱者。我是从《东蒙民歌选》里知道他的，我问他是不是唱东蒙民歌的，他答是。我又问叶贺是不是你，他又答是。我听了很是激动，就赶紧下车买了几个小咸菜，弄了点酒，请他吃饭。我们边吃边聊，谈论了一些当年鲁艺搜集东蒙民歌的情况，他还告诉我《牧歌》是如何唱的，安波是怎么记录的。通过他的描述，我对鲁艺有了一个初步的了解。

20世纪80年代，我在《人民日报》看了一篇文章，名叫《那拉碧流——我的文学摇篮》，作者为敖德斯尔。那拉碧流就在宁城县二龙镇，鲁艺的第三个办学地。他的文章写得很深沉，富有感情。我想一个小山村却令这位大作家如此怀念，定是有它的独特之处。正因如此，我对鲁艺的印象又加深了一点。

同年，我借调到巴林左旗党史资料征集办公室，调查内蒙古骑兵师改编的情况。当时在内蒙古地区参加会议，遇到了巴林左旗分团的政治处主任敖德斯尔，我借着这个机会采访了他，询问了鲁艺的情况。我们俩还在军区外合了一张影。

1988年，赤峰市政府在赤峰宾馆组织了草原鲁艺成立40周年的庆典，我下定决心将《烽火草原鲁艺人》写出来。我很想见见一直以来仰慕的文化界名人。

鲁艺校友会上来了100多人，我挨个去采访，搜集到了鲁艺院刊《群众文艺》、录音资料以及和鲁艺相关的资料，也保留了他们的通信地址、签到簿、火车订票信息等个人资料。我想尽量和他们多要一些资料，对鲁艺有更全面的了解。

2012年，正值毛主席《在延安文艺座谈会上的讲话》发表70周年，我开始撰写《烽火草原鲁艺人》。其一，我不是用第三人称来写书，而是用第一人称与第三者角度相互交叉来记述、采访。其二，我的描写采用散文手法，将我的感情都输入进去，做到尽量亲切、真实。其三，所记述的人要自己感动，若是连自己都感动不了，更没法感动别人。

刘淑华：写了几稿？内容都是鲁艺的学员吗？

李宝祥：当时只写了一稿，有七十来人，老师、学员都有，只是雏形，十分稚嫩，不太成熟。但我还是第一时间邮寄分送到当年鲁艺人的居住地。他们读后第一个感想是草原鲁艺的故乡人没有忘记他们，还为他们树碑立传，非常感谢。

兴奋之余，也有不少人通过网络给我传照片；有的人不会打字，写出稿子来，让儿女录入后发给我；有的人电传，种种情况都有。

刘淑华：您能详细给我们介绍几位有代表性的鲁艺学员吗？

李宝祥：汪洗，他是一名优秀的共产党员。当年他们从热河撤退到林西的途中，为了躲避国民党兵追赶和敌机轰炸，为了不让孩子哭出声而暴露目标，把孩子包裹得严严实实，到了热北凌源水泉。国民党追兵退了，一看孩子都闷死了，为保存全队人做出了巨大牺牲。

胡尔查，他很重视鲁艺精神的传承，总说："鲁艺人这一段历史是我们人生最宝贵的一段经历，那是人生最幸福的时光，也是最愉快的时光。但是我们这些人老了，有的病残了、有的走不了、有的耳聋了、有的眼瞎了，我们干不了了，就得你们这一代人干这个事。"

秦咏诚，《我和我的祖国》曲作者，他常说："我是东北鲁艺的学员，没有鲁艺，就没有我。我为鲁艺精神已经喊破喉咙了！"他曾到过赤峰，他说宝祥同志了不起，出版这么一本弘扬鲁艺精神的著作，这是赤峰人值得骄傲的地方。

华夏，他是《美术》杂志主编，王朝闻的部下。早些年我到北京采访他的时候，他已然糊涂了，一问三不知，可是这本书摆在面前时他神智就清楚了。足见鲁艺的那一段历史在他的头脑里记忆深刻。他与老伴徐青（画家）合作给我写了一副对联和一封信。联曰："宝重什么表明内心深处之遐想，祥意所在即是各方人才的显现"，横批是"鲁艺之家"。这封信我仍留存着。

刘淑华：听您的描述，可以说您为了这本著作经历了重重困难。您有没有跟当地文化局或有关部门沟通过您的想法？

李宝祥：有沟通过，但我不想让领导为难，每回都是自己先干。我觉得倘若我的文章有价值，领导自然而然便会支持我。为增加资料，我曾自费走访到新邱、那拉碧流等地。

有一回，我找京剧团遗址。鲁艺原先办学的地址没有了，新邱陈氏的地主庄园也没有了，那拉碧流天主教堂更是不见踪影。我只得去采访村民，几乎没有人知道，后人也记不得。我为了调取他们的记忆，便和当地老百姓说，在70多年以前，我国知名艺术家在此处生活过。可对于贫瘠山村里的人民来讲，那都是大人物，他们不懂，一段历史仿佛就这样烟消云散。

《烽火草原鲁艺人》完稿后，我总想再写一些，但是家里条件不好，孩子们自身都不容易，同时也考虑我的身体，常常说"不要再干了""在工作岗位上那么拼！你退休了还干什么？"诸如此类的话。我老伴一方面因年龄大了而担心我的身体，一方面心中也有疑虑："出书？会有人给你出吗？"但是她还是选择支持我。我这一辈子所有事都未管过，包括什么电灯坏了、水管坏了，我都不会弄，全是她来管。今天让我老伴来的缘故就在此处。

后来市文化局于凤先局长了解到这个情况，认可了我的题材。他找到我，在酒席宴上给我鞠了一个躬，敬了酒。他说："李老师你不容易，我们也很受感动，我敬你一杯酒，你遇到困难，也别自费了，咱们文化局给你出。"我告知于凤先局长下一步想去武汉采访，他表示支持，并说："既然要去，便带上夫人一块儿去吧。"就这样我和夫人带着资料去武汉了。

刘淑华：这趟武汉之旅有什么感受或收获？

丛立贤：我这次去十分激动。鲁艺这两个字对一般人来说是很陌生的，但它是潜移默化中影响着我们的。像《纺棉花》《军民大生产》几乎所有人都会唱，但鲜有人知道这是鲁艺人创作的。这回去武汉，鲁艺人的精神面貌以及对文化事业的认真程度也令我十分动容。

李宝祥：我们去的时候飞机晚点，三个80岁的老人在武汉文联等了我们三个小时。到了就听他们念叨赤峰的那拉碧流和林西，还说要去莎莱家。当年有70个人南下去武汉，到达目的地时仅剩20人，如今只有10人左右。

武汉这一段历史对我来讲是资料进一步的积累。收集好武汉的资料，我又将《烽火草原鲁艺人》进行了补充整理，准备出版的相关事宜。这时于凤先局长有了想法，共三个：第一步是出版图书，第二步是策划编演话剧《热土》，第三步是举办鲁艺专题展览馆。于是书正式出版以前，我们一块儿讨论了剧本的创作，又将演员找来，同他们说了些鲁艺的生活故事。

《热土》排出来的时候正巧赶上2014年习近平总书记在文艺工作座谈会上

讲话，在赤峰引起了很大的反响，后来又在第十三届内蒙古草原文化节上获了表演、导演、优秀剧目、萨日纳四项大奖，最后又成为国家艺术基金资助的项目，参加了中国艺术节，到西部各地演出。

二、艰难困苦，玉汝于成

刘淑华：李老师，请您给我们讲一下这本著作出版后的影响和价值。

李宝祥：那我先来谈谈《烽火草原鲁艺人》出版后的社会影响。最初引起重视的是赤峰市文化局于凤先局长，其次是中国音乐学院的赵塔里木院长。我与赵塔里木院长相识于新疆，他听说我写安波，就让我将书寄过去，并在中国音乐学院建院50周年时作为庆典项目之一约我讲一讲安波在烽火草原的岁月。该书问世后让我三次走进中国音乐学院，第一次是鲁艺建院50周年，第二次是2017年安波100周年诞辰学术研讨会，第三次是2019年带着巴林草原的蒙古民歌队去的。

紧接着该书被评选为赤峰市委宣传部"五个一工程"文艺精品奖，但是没有参与自治区的"五个一工程"评选。他们认为它不是报告文学，市文联让我将该书改成报告文学，我就去询问原因，文联说前些年内蒙古自治区在全国都没有"五个一工程"奖，现在自治区抓重点题材，我们就想你把这本书改成报告文学参加评奖。我原本不想改，但《烽火草原鲁艺人》出版后，很

图2 《烽火草原鲁艺人》书影

多鲁艺人跟我介绍了新的情况，给我了一些新的资料。譬如：骆文家人寄来《延河伴侣》，许多人寄来了他们出版的专著，他们对我寄予了很大的希望，所以我还是将报告文学呈现了出来。

那么，再来谈谈鲁艺本身的价值。第一个价值，它是内蒙古自治政府于1947年在乌兰浩特成立以后，在党的领导下建立的第一所艺术院校。第二个价值，草原鲁艺开拓了蒙古族艺术体系现代化的先河。原来蒙古族传统民歌就是好来宝，表现现代生活的作品一个都没有，是鲁艺人将这扇大门打开，创造了新格局。乌兰杰曾说过："鲁艺的成立标志着新的音乐史在赤峰诞生。"

安波作为新中国文化战线的脊梁和骨干之一，他对草原鲁艺贡献很大。20世纪40年代他从延安来赤峰，是第一个搜集整理少数民族歌曲的人。他不仅自己爱好民歌，而且致力培养一批为内蒙古"新文化运动"摇旗呐喊的创作队伍。著名民族音乐学家乔建中先生曾评价安波出版的民歌集为"党的文艺工作者抢救全国各民族文艺的先河作品"。

安波记录民歌有两种方法：第一种是原生态记录，即把歌手唱的原封不动地记录下来；第二种是翻译记录，即先翻译，再配曲，最后唱出来，使蒙古族民歌能获得更大范围的传唱，不是一朝一夕能完成的。

他的贡献不仅在于挽救传统民歌，还在于对传统民歌的传承、弘扬、发展、创新。譬如《牧歌》，这是一首赞美草原辽阔的抒情曲，但这不是原生态民歌。它原名叫《乌日尔图辉腾》，是从呼伦贝尔、新巴尔虎旗一带传来的，描述的是一场大火过后，草原失去了一切，是对天灾无情的悲伤咏叹。安波将曲子保留，改编了词："蓝蓝的天空上飘着那白云，白云的下面盖着雪白的羊群，羊群好像是斑斑的白银，撒在草原上多么爱煞人。"美丽的草原呈现在大家眼前，让这首歌成为经典。

赤峰草原文化节以"永远的牧歌"为主题，有人提出《牧歌》是呼伦贝尔的，你们赤峰本土的歌曲在哪里？我琢磨着，提出三点：第一，一首民歌很难确定地域，在什么地方采录就属于哪个地方，采录地区即发源地区。第二，一首民歌传入各地发生本土化融合，出现不同版本也是常事。第三，这首歌的演唱者是赤峰人，整理与采录都在赤峰。虽然和呼伦贝尔民歌《乌日尔图辉腾》曲调基本一致，但所表现的内容、情感都已大相径庭了。它们是两个概念，《乌日尔图辉腾》属于民歌的范畴，而《牧歌》属于在民歌的基础上创新发展的一首艺术歌曲。

刘淑华：丛老师会唱《牧歌》吗？或者是鲁艺人创作的其他歌曲，您挑拿手的给我们唱两首。

丛立贤：其实《东蒙民歌选》中好多民歌我们都会唱，像《牧歌》，安波写出来之后，我们到现在还是唱他这一版的歌词。另外《牧歌》在电影《牧人之子》中又有所变化了。我给你们唱几句：

蓝蓝的天空上飘着那白云
白云的下面盖着雪白的羊群
羊群好像是斑斑的白银
撒在草原上多么爱煞人

安波曾总结说，我们赤峰是农民和牧民杂居的地区，有一些民歌又像蒙古族民歌又像汉族民歌。其中有一个《绣枕头》，也有书中称《亲爱的情人》，蒙古族版本采用四胡伴奏，节拍较快，汉族版本节拍较慢。我给大家来一段：

冀州城里买来了花锦缎
坐在窗前我把枕头绣
看我飞针走线来绣花哟
绣出那楼台亭阁巧玲珑

最后，我再给你们唱一首《见了你们格外亲》：

小河的水清悠悠
庄稼盖满了沟

解放军进山来

帮助咱们闹秋收

拉起了家常话

多少往事涌上心头

看见了解放军

想起了老八路

那一年枪声响

同志们进了沟

刀劈狗汉奸

枪杀鬼子头

虎口里救出了众乡亲

狼群中夺回来羊和牛

一同打敌人

一同端炮楼

一同闹减租

一同护秋收

吃的是一锅饭

点的是一灯油

……

每逢我遇到那高兴的事

就想起当年的八路军

想亲人盼亲人

山想人来水盼人

盼来了老八路的接班人

你们是咱们的亲骨肉

你们是咱们的贴心人

党的恩情说不尽

见了你们总觉得格外亲

格外亲

三、民族瑰宝，精神传承

刘淑华：谢谢丛老师的演唱！接下来请李老师给我们谈一谈到底什么是鲁艺精神，鲁艺精神的时代价值和历史贡献又体现在何处。

李宝祥：鲁艺的贡献分为两个方面，第一个方面是对内蒙古的贡献。2018年我参加鲁艺成立80周年活动，秦咏诚和我讲了鲁艺为内蒙古草原培养了那么多的人才，特别是少数民族的干部和艺术人才；抢救了蒙古族民歌，开创了内蒙古地区艺术创作反映新生活的先河，成为当地打造文化大市的一个文化品牌。中国延安鲁艺校友会副会长秦咏诚、韩梦民也受邀莅临赤峰。赤峰市老干部团还有红山区老干部团特意赶排了《纺棉花》《鲁艺院歌》《三套黄牛一套马》等十几首歌曲，全都是鲁艺师生创作的歌曲。喀喇沁旗乌兰牧骑复排了《纺棉花》歌舞。活动结束后，我写了一篇关于鲁艺精神在内蒙古草原弘扬和发展的文章。

第二个方面是对全国的贡献。在《烽火草原鲁艺人》的首发式上，我也对有关草原鲁艺在中华民族艺术史上的地位问题进行了发言。我这一次到延安鲁艺参加80周年庆典的时候，讲了鲁艺在培养干部及艺术人才上的突出贡献。在我讲完之后，主持人说他都不知道在东北鲁艺之前还有草原鲁艺。

最后，我谈一个关键性问题，即鲁艺的精神。为这本书写序的刘哲先生说，鲁艺精神是：

艰苦创业的奋斗精神

因陋就简的办学精神

吃苦耐劳的革命精神

朴素廉洁的公仆精神

平等友爱的人际精神

民族团结的和谐精神

他总结得很到位，鲁艺精神是我们民族的瑰宝，它贯彻了毛主席《在延安文艺座谈会上的讲话》精神，在今天仍然具有现实意义。

刘淑华：好的，谢谢李老师今天接受我们的采访！

清格尔泰

清格尔泰

最是说文能致远之一

采访时间：2020年4月27日
初稿时间：2022年10月10日
定稿时间：2022年10月26日
采访地点：赤峰市宁城县小城子镇
版　　本：文字版

赵云速写

赵云　蒙古族，清格尔泰先生的侄子。1952年12月19日出生，1983年10月参加工作，是宁城县糖厂的一名工人。2008年退休。

2009年9月，到清格尔泰蒙古语言文化基金会工作，从事清格尔泰先生著述手稿和书籍的保护工作。2006年7月，到宁城县小城子镇柳树营子村清格尔泰文化纪念馆工作。

十五年来，作为基金会的成员和清格尔泰先生的家人，对清格尔泰先生交给的任务认真负责。爱护书籍，细心保护，对保存的资料如图书等，做到防虫、防潮，定期通风。到清格尔泰文化纪念馆工作后，更是坚持保护理念，兢兢业业，将院落清扫得干干净净，布展的书籍整齐有序。十五年如一日，守护着清格尔泰文化纪念馆，给参观的人们及研究人员提供方便。

清格尔泰（1924—2013） 中国当代著名的民族语言学家、教育家，我国高等院校蒙古语文教学科研工作的奠基人和蒙古语言学的一代宗师。曾任内蒙古大学教授、副校长。在其一生中，对当代蒙古、汉、满、阿尔泰等语系文化交流，对蒙古语文、契丹文字的研究和发展以及现代蒙古语的进步有着卓越的贡献。其著作传播海内外，产生了广泛而深远的影响。

1924年6月出生于内蒙古卓索图盟喀喇沁中旗布日嘎苏台艾里（今赤峰市宁城县小城子镇柳树营子村）。1938年毕业于伪满喀喇沁中旗大城子旗立高小。1940年毕业于呼和浩特蒙古学院师范班。1941年至1945年留学于日本，分别在善邻高等商业预科学校、东京工业大学、仙台东北帝国大学理学部学习进修。1946年参加革命，先后在内蒙古自治学院、齐齐哈尔内蒙古军政大学任教。1949年后，历任中共内蒙古分局秘书、科长、处长，内蒙古蒙文研究会副主任，中国蒙古族语言调查队队长，中国科学院少数民族语言研究所研究员，内蒙古大学蒙古语言文学系主任、蒙古语文研究所所长、博士生导师。1956年12月，任内蒙古自治区文字改革委员会副主任。还曾兼任国际蒙古学协会（乌兰巴托）副主席，匈牙利东方学会名誉会员，中国民族语言学会副会长，内蒙古自治区语言学会名誉会长，内蒙古海外联谊会副会长，内蒙古国际文化交流中心副理事长。

一生辛勤耕耘，著作等身。学术研究生涯长达67年之久。迄今为止，共出版学术专著《蒙文文法（蒙古文）》《蒙古语语法》等20多部，组织编写了《蒙汉词典》《蒙古语族语言方言研究丛书》《契丹小字研究》和《蒙古学百科全书·语言文字卷》等大部头工具书，发表学术论文150余篇。主持完成多项国家级和省部级科研项目。

先后获得内蒙古自治区学习使用蒙古语文先进个人、自治区"光荣人民教师"、全国先进工作者、乌兰夫奖金社会科学金奖、内蒙古自治区杰出人才奖、乌兰夫蒙古语言文字奖、中国蒙古学奖和蒙古国总统颁发的"和平奖"等荣誉和奖项。研究成果获得全国高等学校人文社会科学研究优秀成果奖一等奖、中国社会科学院优秀成果一等奖、内蒙古自治区人文社科优秀成果一等奖、国家优秀图书荣誉奖等。1994年获乌兰夫哲学社会科学金奖。1995年获国家教委人文社会科学研究优秀成果一等奖。

先后被评为内蒙古自治区和全国劳动模范，担任过第三、四届自治区人大代表，第四、五、六、七届全国人大代表，第六、七届全国人大常委会委员。组织开展了中世纪蒙古语研究、蒙古语言方言研究、通古斯语研究，并与日本北海道大学合作调查鄂温克语。曾先后21次应邀赴蒙古国、日本、美国、匈牙利、俄罗斯、韩国等国出席国际学术会议，并主持召开了3次内蒙古大学蒙古学国际学术研讨会，增进了我国与这些国家学术界之间的了解和友谊。

2008年10月，为进一步传承和弘扬蒙古族语言与文化，倡导在宁城县成立内蒙古清格尔泰蒙古语言文化基金会，先后把自己的60万元人民币和3000余册珍贵图书无偿地捐献给了基金会。这是自治区唯一的蒙古语言文化基金会，填补了我国在蒙古语言文化方面没有基金会的空白。

宁城县为了传承清格尔泰教授积极向上的精神，开发建设了清格尔泰文化纪念馆。清格尔泰文化纪念馆是宁城县文化旅游主线的重要组成部分，对于教育好下一代，进一步保护、开发和利用好蒙古族文化，推进地域文化建设，了解文化名人，弘扬清先生创建的厚重民族文化，打造宁城县优秀民族文化和旅游品牌，营造蒙古语言文化氛围，为学校、院所、社会输送更多的专业人才，具有十分重要的现实意义和历史意义。

刘锦山：各位朋友，大家好！今天是2020年4月27日，这里是赤峰市宁城县小城子镇。我们今天采访的嘉宾是我国著名民族语言学家、教育家清格尔泰先生的侄子赵云先生。这是他的汉族名字，他的蒙古族名字叫巴特尔。赵老师，您好！非常高兴您能接受我们的采访。

赵云：刘总，您好。很高兴接受您的采访。

图1 赵云（左）接受"赤峰记忆"采访

一、生平事迹

刘锦山：赵老师，首先请您向大家介绍一下清格尔泰先生小时候的事情。

赵云：清先生的家庭条件优裕，对教育相当重视。他爷爷是小城子镇的地主，我们目前所在的院子就是按照当年他爷爷院子的布局建造的。土地改革时期，清先生父辈的兄弟便分家各过各的。他的父亲乌力吉带着老婆和孩子去了离这三里地的一个农村，买了个院子，自己种地。

清先生这一辈共有兄弟三个，老大蒙古语名叫清格勒其，汉名赵国良；老二蒙古语名叫清格尔泰，汉名赵国藩；老三蒙古语名叫清克图，汉名赵国栋。他们都毕业于内蒙古自治学院，也就是现在赤峰市一中的前身。

清先生1941年到张家口留日预备学校，此后去了日本留学。1945年日本投降时他归国。1946年从业于齐齐哈尔内蒙古军政大学蒙古语研究。1949年创建中国第一个蒙古学研究所。他常说个人研究有限，大家共同研究才丰富。同年，他出版蒙古语的语法著作《蒙文文法》第一版，轰动了世界。1955 年，国家成立了语言调查队，清先生是调查队的队长，苏联专家托达耶娃亦参与其中，共 60 人，四五个人一组。他们经调查，初步把蒙古语分为三大部：中部、东部、西部，以中部正蓝旗蒙古语为标准语。

二、一诺千金

刘锦山：赵老师，很感谢您刚刚给我们分享清格尔泰先生的情况。据我所知，清格尔泰先生的许多遗物都是您在保管，您能给我们介绍一下吗？

赵云：清先生有 2 个女儿和 2 个儿子。按理说该是他最亲密的人保管他的物品，但最后给了我保管，有几个方面的原因。

一是对他的物品的保管形式，我比旁人了解不少。2004 年搬家的时候，我帮他搬了一个月的书，后期码放也是我来做的。2010 年 9 月 10 日教师节的时候，上午胡春华书记到他们家慰问，下午他整理了 3500 多本书，都堆在清先生

图 2　伏案工作的清格尔泰

家门口，他准备把这些书都捐给老家清格尔泰蒙古语言文化基金会了。捐书期间，他心脏病犯了，嘴唇发紫，说话困难，就教给我该如何登记、保管、分类等，讲得非常细致，他将构想中的方法也告诉了我，我就在跟前做笔录。他还给我提了几点要求，比如书不能外借，查资料行，但得在管理人员监督之下。

二是由于清先生病重的时候，孩子们都忙着上班没有时间，是我一直陪在他身旁照顾他，直到去世。他给我留了个口头遗嘱："我死了以后，我一生积攒的东西扔了、烧了都很可惜，希望你能帮我好好保存下来，不要失散了。"

我的亲大爷快去世了，给我个嘱托，我若是不答应，太让大爷心寒了。我就承诺下来："大爷你放心吧，只要我赵云有一口气在，你的一片纸我都不会给你丢的。你的东西我依旧放在原处，都给你好好保管。"这样他也就放心了。我们俩交谈时间很长，久而久之，清先生的思想我也略有了解。

清先生说话和气，办事从来不会强迫你。我的职位是最低的，但他也会问问我的见解。他听完之后，觉得你说得不对也不会直接反驳你，而是说你是这样认为的，但我是这样想的。他太值得尊重了。

后来我整理他遗物时发现，他的资料保存得相当齐全，一趟会议，来回的机票以及开会的记录影像他都会保存起来。他的包裹里有几沓照片，分年段整理，20世纪70年代、80年代、90年代各分一沓。因此，我就下决心一定要在条件允许了以后，给它分类管理，好好地完成对他的承诺。另外，他的子女对我也挺放心，什么都给我保管，需要什么书的时候他们也会给我打个电话。

三、代代流传

刘锦山：赵老师，现在清先生交给您保存的这些资料大概有多少？还有多少册没统计？

赵云：我们没登记造册，具体数量说出不来，最后一次清单是107包物品和书。因为清先生的书籍很多，还有手稿、书画等，假如没有地方整理，把它都拆开就乱套了，因此暂时不整理。清先生的太太在世的时候我们又拿了一批，有三

图3　赵云（右三）向来宾介绍清格尔泰文化纪念馆展品

四十包。他的书柜、书架、衣柜、床都拿来了。当年胡春华书记考察的时候带着一盆花来的，后来花凋零了，便留下盆做个纪念。

别的图书馆、档案馆要他的资料，多的就给他们一部分，单本的不给。像《契丹小字研究》他们五人组就一本，属于镇馆之宝，就不能送出去。还有很多光盘、磁带，将来争取整理成电子版，永久性地保存，达成清先生的心愿，我也算尽到我的责任。

刘锦山：会在馆里陈列出来吗？

赵云：对，一部分一部分轮流展出。现在县政府也挺重视的。

刘锦山：那您现在相当于志愿者？

赵云：我是基金会的成员，又是清格尔泰的家人。

刘锦山：好，赵老师，非常感谢您能接受我们的采访！

清格尔泰

最是说文能致远之二

采访时间：2020 年 4 月 27 日
初稿时间：2020 年 10 月 10 日
定稿时间：2020 年 10 月 27 日
采访地点：赤峰市宁城县小城子镇
版　　本：文字版

赛西雅拉图速写

赛西雅拉图　蒙古族，1979 年 8 月出生。毕业于赤峰学院思想政治教育系专科，后取得内蒙古大学行政管理专业本科学历。自 2002 年 9 月参加工作以来，一直在宁城县汐子镇总校教授蒙古语、初中政治、历史、汉语及小学蒙古语，并任教导主任、德育主任、副校长、校长。2012 年至 2019 年，担任汐子镇柏林蒙古族小学校长。其间，2015 年至 2019 年担任宁城县汐子镇总校副校长。2019 年 11 月 20 日至今，担任内蒙古清格尔泰蒙古语言文化基金会秘书长、宁城县清格尔泰蒙古语言文化研究中心主任。

自担任内蒙古清格尔泰蒙古语言文化基金会秘书长以来，动脑筋、想办法，以高度的政治责任感宣传民族语言文化政策。根据基金会章程规定，把工作的着重点放在了强化内部常规管理上，为志愿者开展工作创造良好的氛围，点燃了更多人学习蒙古族语言的热情，促进了民族语言文化的发展。

多年来，始终在用自己的笔，记录着基金会为民族语言文化事业做出的努力，记录着清格尔泰蒙古语言文化研究中心焕发新颜的足迹，为民族语言文化教育工作添砖加瓦。

刘锦山：各位朋友，大家好！今天是2020年4月27日，我们在赤峰市宁城县小城子镇，这里是清格尔泰先生的故乡。清格尔泰先生在蒙古语、阿尔泰语、契丹小字研究方面做出了卓越贡献，在世界上也具有重要影响力。今天我们邀请到的嘉宾是内蒙古清格尔泰蒙古语言文化基金会秘书长、宁城县清格尔泰蒙古语言文化研究中心主任赛西雅拉图。赛主任您好！

赛西雅拉图：您好！

图1　赛西雅拉图（左）接受"赤峰记忆"采访

一、奉献一生

刘锦山：首先，赛主任，请您向大家介绍一下清格尔泰先生的情况。

赛西雅拉图：清格尔泰教授是从我们宁城县走出去的一个文化名人。他生于1924年小城子镇柳树营村，原先是喀喇沁中旗布日嘎苏台艾里。小学阶段在伪满喀喇沁中旗大城子镇读书，后来到呼和浩特蒙古学院师范班读书；1941年考到日本读大学，学的理工科；1946年学成归国，在齐齐哈尔内蒙古军政大学从事民族语言文字研究工作，并担任语言文字研究室主任。后来又到了内蒙古大学，创立了蒙古语言文学系（也就是现在的蒙古学学院），在此设立了第一个硕士点和博士点。2002年，他出版了《契丹小字释读问题》，这是专业上具有里程碑意义的著作。2006年，清先生获得内蒙古自治区政府杰出人才奖，将所获得的20万元奖金作为对家乡的回报，交给宁城县。2008年10月8日，成立了内蒙古清格尔泰蒙古语言文化基金会。2013年7月19日，清先生又将自己的40万元积蓄注入这个基金里。2013年，清先生因病去世，享年90岁。2017年5月10日，清先生的故居作为清格尔泰文化纪念馆，正式开始布展开放。

清先生的一生非常伟大，为学术、为蒙古语言文化奔波一生，也为我们家乡人民留下了丰厚的精神财富和文化遗产。他的学术成就硕果累累，契丹文、蒙古语、满文等语言均有研究，其侧重点是契丹小字的解读和蒙古语言文字方面。从事学术研究60余年来，他发表150多篇论文，出版20多部著作。其中具有代表性的是《蒙文文法（蒙古文）》《蒙汉词典》《契丹小字研究》《契丹小字释读问题》《清格尔泰文集》。他先后20余次赴日本、匈牙利、美国、俄罗斯、韩国等国参与学术方面的研讨和研究工作，可以说是中国民族语言学领域的泰斗。

刘锦山：请您跟我们介绍一下清格尔泰先生对于契丹小字的研究。

赛西雅拉图：契丹有两种文字，分别是小字与大字。我了解到的情况是，契丹文字的识读是一个非常大的难题，因为时间比较久远，没人认识这些文字，所以清格尔泰先生在契丹小字识别方面下了很大功夫。最终通过他和团队的研究，认出了300多字，是世界上识别契丹小字最多的专家团队。

刘锦山：那他对蒙古语言研究方面做了哪些工作？

赛西雅拉图：过去没有专门研究蒙古文文法的团队，清先生算是开创了蒙古文文法现代研究和当代研究的先河。因为他本身就从事语言文字调查，所以拥有很大的发言权。

刘锦山：清先生一方面研究，一方面教书育人，他总共带出多少学生，您清楚吗？

赛西雅拉图：他的学生应该是非常多的，而且其中不乏现在很有名气的人物。他有一个关门弟子叫吴英喆，如今是内蒙古大学蒙古学学院的院长。他现在接着清先生的步伐继续进行契丹小字的研究，也有所成就。

二、文化延伸

刘锦山：赛主任，请您介绍一下内蒙古清格尔泰蒙古语言文化基金会的情况。

赛西雅拉图：内蒙古清格尔泰蒙古语言文化基金会是2008年10月在呼和浩特揭的牌，2009年在宁城县正式成立的。基金会到目前为止有11个年头，按照清先生的初衷及遗愿，做了大量的工作，主要分为以下四个方面。

第一个是助力民族教育。在我们基金会的老理事长李显良同志带领下，先后捐助了民族教育师生1326人次。为了扩大影响力，先后发展了108名蒙古语文志愿者，他们大部分是各个基层民族学校的老师或管理者，小部分是热衷于蒙古语言文化方面的学者或企业家。这些人共同努力，对民族教育帮助很大。

第二个是编写了四本书。其中参考价值最高的是《宁城县蒙古地名》，它经过将近五六年的时间组织编写而成，基本上把宁城县各个地方的旧名称都涵盖进去了，另外还有《喀喇沁文化》《蒙古语会话手册》和《喀喇沁蒙古族婚礼风俗》。

第三个是与内蒙古电视台合作编制了三部专题片，分别是《一代宗师清格尔泰》《问道》《蔚蓝的故乡》，它们集中反映了清先生的一生。

第四个是打造了四个基地。一是清格尔泰文化纪念馆，也就是我们所在的地方。起初是按照清先生儿时的院落格局，建造了一个故居，后来改造成纪念馆。2017年纪念馆重新做了布展，将清先生的著作、遗物、手稿、珍藏品都收集到这里了，目前展出的就有500多件，还有许多因为场地有限没有展出。现在纪念馆已是展示清格尔泰学术精神、传承清格尔泰文化的一个重要窗口，被列为全市的民族团结进步教育基地，也是宁城县红色旅游线上的第一站。二是宁城县额尔敦蒙古族文化活动中心，这是一些受历史条件制约没学成蒙古语的爱好者来学习的地方，同时挖掘当地文化或风俗。三是小城子宁北村的东营子文化广场，用于举办蒙古族文化方面的活动，每天大喇叭里面播放蒙古语歌曲，学一些简单的日常用语。另外，还有一些祭敖包、文化节活动。四是天义镇岗岗营子村的民族文化基地，我们计划将它打造成一个民族书法方面的基地。

另外，基金会对地域文化和民风民俗这一块，也做了一些应尽的努力。比如说在一些蒙古族聚居的自然村，我们积极帮忙协调、组织活动。总之十几年来，

图2　赛西雅拉图（前排左一）陪同来宾参观清格尔泰文化纪念馆

基金会从这四个方面入手,做了很多工作,对全县的民族团结、社会进步起到了一定的作用。

刘锦山:我注意到这里还有一个机构叫宁城县清格尔泰蒙古语言文化研究中心,它是一个什么样的机构,请您给我们介绍一下具体情况。

赛西雅拉图:基金会成立 11 年来,做了很多工作,在这个过程当中也得到了当地政府和市区领导的关注和关怀。2019 年 11 月,县委县政府有计划进一步推动并发展蒙古语言文化工作,在基金会的基础上,成立了宁城县清格尔泰蒙古语言文化研究中心,正式将清格尔泰文化事业从社会团体纳入了政府事业编管理中来,属文化旅游体育局管理。

三、展望未来

刘锦山:赛主任,最后您再给我们介绍一下清先生的精神及基金会和文化研究中心下一步的目标。

赛西雅拉图:清先生虚怀若谷的学习态度、艰苦朴素的生活作风、高瞻远瞩的教育理念以及精益求精的学术精神是我们学习的榜样与动力。我们下一步的工作方向,分为几个步骤:首先是将清格尔泰文化进一步做大做强,讲好清格尔泰故事、弘扬清格尔泰文化、传承清格尔泰精神。其次是维持与内蒙古大学密切的合作关系,因为清先生的学术成果是非常丰厚的,所以我们需要高校的智力支持。再次是继续打造文化纪念馆,现在有很多民族学校组织小记者团或者是在节庆假期带领学生来参观学习。通过文旅融合的方式,发扬清先生的精神和文化,同时,我们争取让它成为爱国主义教育基地。最后是发展民族团结进步教育基地。2018 年,清格尔泰文化纪念馆被赤峰市列为民族团结进步教育基地,我们的计划是将其打造成全国民族团结进步教育点。我们现在正在向自治区申请升级。

刘锦山:赛主任,谢谢您接受我们采访。

清格尔泰

最是说文能致远之三

采访时间：2020 年 4 月 27 日
初稿时间：2022 年 10 月 10 日
定稿时间：2022 年 10 月 28 日
采访地点：赤峰市宁城县小城子镇
版　　本：文字版

李显良速写

    李显良　蒙古族，1954 年 2 月出生，内蒙古宁城县小城子镇人，本科学历。1976 年 1 月加入中国共产党，1971 年 10 月参加工作，曾任宁城县人大常委会主任、党组书记。2014 年退休。2008 年 10 月—2018 年 10 月，担任内蒙古清格尔泰蒙古语言文化基金会两届理事长。

    十年间，领导基金会建立了蒙古语文志愿者团队，编制了蒙古语对话手册，开展了"点、片、面"和送蒙古文对联下乡活动，编纂了《宁城县蒙古地名》等书；筹建清格尔泰文化纪念馆，支持民族教育，奖励和资助了"三语"演讲等素质教育成果展示活动、蒙古文书信比赛活动、"清格尔泰杯"学生蒙古语会话和青年教师课堂教学基本功竞赛及培训活动、民族学校体育艺术活动、蒙古语文（乙）默写比赛活动等；协调北京、赤峰等地有关单位和慈善组织，多次为民族学校开展捐赠活动，并在小城子镇东营子村举办了蒙医药培训班等，做了很多工作。通过各种场合和平台，宣扬清格尔泰先生的贡献，宣传清格尔泰蒙古语言文化基金会所开展的传承弘扬蒙古语言文化方面的工作成效，提高了基金会的社会影响力。

刘锦山：各位朋友，大家好！今天是 2020 年 4 月 27 日，这里是赤峰市宁城县小城子镇。我们今天邀请到的嘉宾是宁城县人大常委会原主任李显良先生。

李先生您好！

李显良：你好。

一、一生旅途

刘锦山：您先给大家介绍一下清先生的个人经历。

李显良：清老先生于 1924 年 6 月出生在宁城县小城子镇柳树营子村。7 岁的时候他就读于当地私塾，学习蒙古语、汉语、藏语。三年后，他考到了伪满喀喇沁中旗大城子镇的学校，后又考取了蒙古学院师范班。由于他知识逐步丰富，按照自己的学习意愿去日本留学。他先后在东京善邻高等商业预科学校、东京工业大学、仙台东北帝国大学学习。归国后，他跟随乌兰夫在内蒙古搞民族自治运动。他在内蒙古自治学院任教期间，讲课风趣、幽默，知识又渊博，培养了很多的干部，为自治解放运动打下了基础。1956 年，他又成为内蒙古自治区文字改革委员会的副主任。

他的成就颇多，其中四本书最为经典，分别为《蒙文文法（蒙古文）》《蒙汉词典》《契丹小字研究》《蒙古语语法》。这几本书先后在美国、匈牙利等国家出版，使国际上对蒙古语言文化有了初步的认知。他当时担任中国蒙古族语言调查队队长，带着 50 多人到全国各地对民族语言进行了两年多的研究，先后被评为内蒙古自治区和全国劳动模范，担任过第三、四届自治区人大代表，第四、五、

图1 李显良（左）接受"赤峰记忆"采访

六、七届全国人大代表，第六、七届全国人大常委会委员，第五、七届全国人大民族委员会委员。

刘锦山：您和清格尔泰先生认识多少年了？

李显良：早期和他接触是他从事契丹小字研究的时候，我们辽中京、辽塔这块有些墓志，他让我做过一些拓片。2008年，我担任内蒙古清格尔泰蒙古语言文化基金会理事长以后，我们就接触比较多，每年都要去交流一下情况，召开一些相关的会议，征求老先生对我们工作的意见和要求，也聆听了老先生对我们的教导、教诲。我们谈话时，他的态度非常和蔼，谈问题非常认真，交代任务都用一种商量的口吻，给我留下了深刻的印象。

刘锦山：您刚才提到您帮清先生去做一些碑上的契丹文字的拓片，那您是否了解清先生研究契丹小字、大字的原因？

李显良：我们知道，随着契丹民族的消失，其文字现在很少有人能认得出来，而且留下的典籍也比较少，所以契丹文字的辨识、认读是世界性的难题，清先生在这方面做出了突破性的贡献。他知道我们辽中京的辽塔当中有一些墓志是用契丹字写的，想要一些拓片资料。我找到了当时的文管所所长李毅，他给我提供了几块板，但我也不会做拓片，清先生给予了我一些技术指导，就把这件事做了，做好以后我就送到了他的家里。据说，契丹语言文化和蒙古民族语言文化的根源有一定的联系，如果契丹语言文字得到了破解的话，这将会对蒙古语言文化的深入发掘起到重要作用。

图2　清格尔泰夫妇（前排）与李显良（后排左三）、赵云（后排左一）等人合影

当时，清先生和刘凤翥、陈乃雄等人成立了五人课题研究小组，我也跟着，他们让我做什么我就做什么。现在看来五人小组的研究意义重大，使学界较早地进入了契丹文化的探讨，而且破解出300多字。

刘锦山：李先生，我想请您谈一谈清先生在蒙古语研究方面的一些工作成果和成就。

李显良：第一，清老先生研究蒙古语言文化最大的贡献在于统一了语言的写法与读法，使我们在学习蒙古语言的过程中，能够有一个规范，不至于出现叫法不一或其他乱象。第二，蒙古语中有很多文字、语句没有和汉语一一对应，他就创造了一些词语解决这个问题。比如蒙古语中"舞蹈"一词没有准确的叫法，于是他就创造了 bujig 一词。第三，他会让你收集一些蒙古语言的说法、念法、叫法，而后他将语言形成一个概念的东西，进行推广或者是使用。以上只是我知道的冰山一角，其他高深的内容，我还不了解。现在我们在深层次文化上还是缺少人才，内蒙古大学要给我们办学习班培养老师，搞一些文字、历史方面的研究，推动它向新的方面发展。

老先生一生成就颇多，我给老先生四个概括性的评价：第一，从小立志要做对社会有用的人；第二，严于律己、谦虚谨慎；第三，吃苦耐劳的品质；第四，时刻惦念家乡发展建设。

二、播种文化

刘锦山：李先生，2008 年咱们成立了内蒙古清格尔泰蒙古语言文化基金会，您担任了第一届理事长，我想请您给大家介绍一下基金会成立前后的详细情况。

李显良：2007 年 12 月，清格尔泰老先生获得了内蒙古自治区政府颁发的 2006 年度内蒙古自治区杰出人才奖。2008 年正月初八，我接到了一个电话，对方是清格尔泰老先生。我们互相进行了新春佳节的问候之后，他跟我说获得杰出人才奖的奖金 20 万元，想委托我在宁城做一件事，以表对家乡的眷恋，也是一个小小的贡献。

我听了以后很激动，老先生是我们国家的民族语言学家，一生为我们的民族语言做了那么多的贡献。他委托我，是我的荣幸，第一个是对我本人的认可；第二个是他放心我做这件事情；第三个我当时是县级领导，我来做这件事也会带来一定的社会影响力。我们进行了一段时间的交谈，我很高兴地应承下来这件事，我也向县里的领导进行了专题的汇报，并说了我对这件事的一些想法和建议。

征求各部门和单位意见时，有人提议弄一个微机室，有人说弄一个语音室或者是买点图书，但我认为这不是老先生的根本意图。老先生的家乡情结、思想品格，很重要的表现是一种传承，我们想了很多传承的办法。经过和民委、县级领导和相关部门积极商量，在清先生的提议倡导下，建立了以清格尔泰名字命名的蒙古语言文化基金会，到内蒙古自治区民政厅进行了注册和登记。

2008年10月，我们在呼和浩特市农业厅的天和宾馆召开了基金会的成立大会，自治区领导连辑、布小林、王凤岐、周德海，赤峰市领导杭桂林、王荣和、斯日古楞、赵兴，内蒙古大学领导陈国庆、刘丽华等一同参加了这次会议。

基金会成立以后，我又到清格尔泰先生家就基金会服务宗旨一事和他进行了一些交谈。第一个是要鼓励、支持学习蒙古语言的优秀分子；第二个是扶助或奖励蒙古语言文化学习的贫困学生；第三个是要奖励学习、使用蒙古语言的先进分子；第四个是若小学、中学、高中的学生在学术研究方面有所创新，要进行奖励；第五个是要对从事本土地区民族文化、民族语言收集、整理工作的人给予鼓励和奖励。

另外，我们主要开展了以下活动：

一是志愿者活动。我们宁城县的在册志愿者一共有108人，其中以中小学的蒙古语文老师为主。志愿者队伍按照清老先生和基金会的工作原则，积极地在学校、社会上做促进蒙古语言的学习、研究等方面的工作。

二是我们搞了"点、片、面"活动。所谓的"点、片、面"就是，以学校老师和志愿者为主体，在班级当中老师要成为学习蒙古语言文化的"点"，他们为大志愿者；那么所在班级的45—50名学生就作为"片"，他们为小志愿者。由大志愿者教给小志愿者，小志愿者再和家里人交流自己学到的这句蒙古语、蒙古语言的词语，这种社会传播过程叫作"面"。总结下来便是："点"是老师、"片"是班级学生、"面"是社会成员，最终目的是在当地普及蒙古语言文化学习。

三是搞校园文化建设。校园文化建设是学校环境建设的一个重要组成部分，基金会去帮助学校做这方面的工作。比如说大城子蒙古族中学的校训石头上提到了清老先生的八个字，正面蒙古语、侧面汉语；还有宁城蒙古族中学，把宁城籍的名人像挂到墙体上，成为学生日常学习的榜样。

图3　2014年3月6日，在清格尔泰基金会年度工作会议上，李显良向8所学校和1所幼儿园捐赠100套民族服装

图4　2015年5月27日，李显良（左三）参加宁城县蒙古族中学组织的校园文化建设座谈会

四是开展蒙古文对联下乡活动。我们每年拿出两三万块钱，和县里民族事务委员会一起到小城子镇、大城子镇、存金沟、大双庙等重点民族集聚村进行调查与摸底活动。我们又每年拿出三五万元用于蒙古文对联的排版、印刷，让15个村2000多户蒙古族人家贴上蒙古文春联。这就相当于春节给他送去了吉祥和幸福，蒙古族家庭都非常高兴。

五是组织宁城的蒙古语地名收集、整理、普查、补正工作。这项工程我们已经搞了五年，邀请宁城县知名的、有一定基础知识的蒙古族同志，一同对宁城县部分地名、河流名、山川名、村庄名进行了普遍调查，对不太准确的地名都进行了补正。工程完成后，很多人进行了对照与甄别，在社会上引起了很大的反响，价值非常大。

刘锦山：五年总共收录了多少地名？

李显良：总共补正了1001个。

刘锦山：那您详细给我们讲讲地名补正的工作。

李显良：首先，这项工作很有意义，我们在处理过程中也相当严谨，列出地名整理原因的相关说明，蒙古语、汉语双语对照，排版。其次，它属于抢救性工程，比如说我们知道五化乡被叫成了驼宝沟，后面经过调查发现它是根据蒙古语地名驼宝起沟村而来的。还有一个村名叫那拉碧流，它不是汉语，我们也不懂得它的蒙古语原意。经我们考证，它的意思是一个山坡上的某个地方有一个泉眼，冬季不冻，四季流水，太阳从东方出来的时候照到了泉水上，泉水溢出来，牛羊到那去饮水。它原本的名字是 nar bulag，意思为阳光散落到泉面的那一刻，时间长了就叫白了，演化成了那拉碧流。地名是有文化传承、文化内涵的，类似的地名我们追本溯源将其补正，让原有的意义体现出来。

刘锦山：李先生，基金会第一届理事会成立的时候您是理事长，理事会成员还有哪些人？

李显良：成立基金会的时候理事长由我来担任，分管民族文化工作的领导同志共有十一位，后期党政机关人员就辞去了基金会的职务。后来，基金会成员都是由社会上的人参加，共五位同志。

图 5　2018 年 8 月 27 日，宁城县城乡景观文化建设指导委员会组织召开清格尔泰文化纪念馆扩改建工程座谈会，李显良（右一）陪同有关领导到工地考察

刘锦山：除了清老先生第一笔捐赠的 20 万元资金以外，基金会后来的资金情况有了怎样的发展和变化？

李显良：政府和社会两方面都给予了资金方面的支持，我们按照章程的规定拿出一部分资金来做一些奖励和社会性的工作。基金会属于慈善组织，原本可以搞一些募捐，但是我们还没有时间着手做，有些同志给了一些资助，都是按照章程的要求去落实的。运转还算顺利，特别是县委、县政府给我们腾出办公室，每年还给一定的工作经费，这就有效地保证了正常的工作开展。

三、殷切期望

刘锦山：李先生，您对基金会的发展有些什么样的期望？

李显良：清老先生是中国民族语言学者，是我们非常敬仰的人，是宁城县的一张名片。建立了基金会之后，我们得到了县委、县政府和各界人士对我们工作的认可。从我本人的角度来说，未来应该做好三件事情：

第一个是讲好清格尔泰老先生的故事。清老先生有很多事迹，我们要从书本当中解读出来，变成口口相传的故事。现在我们对清格尔泰老先生仅仅是一种简单层面的理解和认识，我们仍需要深层次地挖掘、研究清先生的学术思想与蒙古语言文化体系。

第二个是要扩建、改造纪念馆。清先生几麻袋的书稿都存放在简陋的纪念馆里，因为当年并不具备一些设施条件保存。此种情况下，需要从文化保护与建设的角度，建立相应的文化馆设施，把老先生的书籍、手稿、日用品都排序、整理、登记，有条不紊地展示出来，使大家更全面地认识清先生和他的成就。

第三个是做好基金会的"点、片、面"活动、志愿者活动及文化下乡活动。我们要将活动延续下去，更好地在人民群众中传承蒙古语言文化。

刘锦山：李先生，谢谢您接受我们的采访！

后 记

2018年6月,习近平总书记指出:"当前,我国处于近代以来最好的发展时期,世界处于百年未有之大变局,两者同步交织、相互激荡。"我们所处的时代,正是中华民族走向伟大复兴的时代,这是一个伟大的时代。大江南北,大河上下,城市乡村,各行各业,生机盎然、朝气蓬勃……这样的时代需要我们以专业的态度去认真记录。

伟大的时代需要伟大的记录者。在中华民族发展的历史上,曾经涌现过以孔子、司马迁、司马光等为代表的一大批伟大记录者,他们本着"究天人之际,通古今之变,成一家之言""为天地立心,为生民立命,为往圣继绝学,为万世开太平"的伟大理想和情怀,用自己的笔和心血书写、记录着时代的变化与发展,保存和传承了中华文化,使得几千年后的今天,我们仍然可以通过这些作品了解我们的祖先和文化,了解他们如何筚路蓝缕一路走来……

"赤峰记忆"就是这样一项记录赤峰地区优秀历史文化的口述历史数字工程。为保证项目的质量,北京碧虚文化有限公司和赤峰市图书馆抽调精干力量组成项目组。在赤峰市文化新闻出版广电局(现赤峰市文化和旅游局)指导下，本着"我们，为未来保存现在"的初心，项目组认真研究赤峰地区悠久的历史和灿烂的文化，特别是100多年来党领导赤峰地区人民群众为创造美好生活进行的波澜壮阔的伟大斗争，精心策划。从2016年到2022年，先后确立了文化、乌兰牧骑、非物质文化遗产、杰出女性、图书馆、文化旅游6个专题以及烽火草原鲁艺人、清格尔泰这两个特别专题，以便系统反映赤峰地区优秀传统文化、革命文化和社会主义先进文化。在此基础上，我们制定了《"赤峰记忆"人物遴选标准》，从思想品德、个人经历、社会影响、行业分布等多个方面对人物进行遴选，最终遴选出100多位奋战在赤峰市各条战线、有重要影响的人物。在生产环节，制定了包括前期沟通、拟定提纲、录制、视频剪辑、导出音频、音频转字幕、字幕初校、视频加字幕、视频校对、被采访者校对、终审、最终定稿等12个环节在内的生产流程，精心打磨，高质量完成了320多集5700多分钟的视频资源。

为使项目成果多样化呈现，满足人民群众需要，赤峰市图书馆决定对"赤峰记忆"项目成果进行二次挖掘和创作，编辑出版《赤峰记忆》图书。第一，项目组将不带标点符号的一行行字幕文字加上标点符号、划分段落、设置小标题，使其初步成为一篇篇访谈性文章；第二，对访谈初稿进行修改完善，在保证口述历史文本特点的基础上，将一些太过口语化、重复、啰嗦的字词和片段删掉，并配上与内容相关的图片；第三，将稿件发给每位被采访者进行审阅，被采访者审阅后的文章，最后由编委会再统一把关。另外，为增加本书的可读性，我们为被采访者增加了个人介绍，还为他们画了速写，放在每篇访谈内容的篇首；同时，还对一些难以理解的词语添加了注释。因此，与视频版"赤峰记忆"相比，《赤峰记忆》图书在内容上丰富了不少。

希望本书的出版，能够助力于传承赤峰市优秀地方文化，弘扬北疆文化，坚定文化自信，铸牢中华民族共同体意识。由于编者水平有限，书中难免有错漏之处，敬请读者朋友多多包涵。

刘锦山

2024 年 12 月 18 日

图书在版编目（CIP）数据

赤峰记忆：全六卷 / 刘淑华，刘锦山主编. -- 北京：文化艺术出版社，2025.7. -- ISBN 978-7-5039-7820-3

Ⅰ.K292.63

中国国家版本馆CIP数据核字第2025WJ0827号

赤峰记忆（全六卷）

主　　编	刘淑华　刘锦山
责任编辑	董良敏　汪　勇　官　嫔
责任校对	董　斌
书籍设计	姚雪媛
出版发行	文化藝術出版社
地　　址	北京市东城区东四八条52号　（100700）
网　　址	www.caaph.com
电子邮箱	s@caaph.com
电　　话	（010）84057666（总编室）84057667（办公室） 84057696—84057699（发行部）
传　　真	（010）84057660（总编室）84057670（办公室） 84057690（发行部）
经　　销	新华书店
印　　刷	国英印务有限公司
版　　次	2025年7月第1版
印　　次	2025年7月第1次印刷
开　　本	710毫米×1000毫米　1/16
印　　张	126
字　　数	2700千字
书　　号	ISBN 978-7-5039-7820-3
定　　价	598.00元（全六卷）

版权所有，侵权必究。如有印装错误，随时调换。